读懂投资 先知未来

舵手证券图书
www.duoshou108.com

大咖智慧
THE GREAT WISDOM IN TRADING

/

成长陪跑
THE PERMANENT SUPPORTS FROM US

/

复合增长
COMPOUND GROWTH IN WEALTH

一站式视频学习训练平台
WWW.DUOSHOU108.COM

股市怪杰

山西人民出版社

图书在版编目（CIP）数据

股市怪杰：美国顶级股票交易者访谈录/（美）施瓦格著；董瑞霞译．—太原：山西人民出版社，2013.9
ISBN 978-7-203-08348-1

Ⅰ.①股如… Ⅱ.①施… ②董… Ⅲ.①股票市场-人物-生平事迹-世界-当代 Ⅳ.①K815.34
中国版本图书馆CIP数据核字（2013）第220335号

著作权合同登记号 图字：04-2013-032号

股市怪杰

著　　者：（美）施瓦格
译　　者：董瑞霞
责任编辑：刘小玲
装帧设计：兆天书装

出 版 者：山西出版传媒集团·山西人民出版社
地　　址：太原市建设南路21号
邮　　编：030012
发行营销：0351-4922220　4955996　4956039
0351-4922127（传真）　4956038（邮购）
E-mail：sxskcb@163.com　发行部
sxskcb@126.com　总编室
网　　址：www.sxskcb.com

经 销 者：山西出版传媒集团·山西人民出版社
承 印 者：三河市航远印刷有限公司

开　　本：710mm×1000mm　1/16
印　　张：19.5
字　　数：315千字
印　　数：1-7000
版　　次：2014年4月第1版
印　　次：2014年4月第1次印刷
书　　号：ISBN 978-7-203-08348-1
定　　价：49.80元

如有印装质量问题请与本社联系调换

为纪念我的母亲玛格丽特·史瓦杰，因为她的和蔼、
同情心和真诚，所有认识她的人都非常爱她。

以及

为纪念我的兄长凯文·法克斯，家人和许多朋友都深深地爱着他，
他们的支持永远存在——反映出一种高质量的生活姿态。

目　录

作者对升级版本的注释

本书中记录的这些采访开始于1999年年中，完成于2000年年初——换句话说，正是在股市出现重要高峰之前（2000年3月）。从那时起，标准普尔500种股票指数下跌近一半，而纳斯达克指数亏损近四分之三（截至2002年9月）。

因此，看完这些采访的那些读者们很有可能会想："嗯，但是，这些顶级交易员最近做得如何呢？"这是一个好问题。

在这个修订版本中，针对这个问题，在每章的结尾，提供详细的答案和一些简短的后续访谈，主要关注于这些顶级交易员在这场旷日持久的熊市中的经历。

致　谢

虽然这本书中的大多数交易员是由我个人联系的，但是一些基金经理数据库和文章也给我提供了有用的帮助。尤其是我将引用的下面的这些参考：

巴克莱 MAP(Windows 版本)。这款软件程序，每月更新一次，允许使用者利用这个令人印象深刻的大型数据库，搜索符合他们要求的对冲基金经理。这款程序高度直观，允许投资者摘录出那些交易系统，而且按照使用者定义的多重标准，为这些系统排名。(巴克莱交易集团:[641]472－3456;www. barclaygrp. com.)

Van 对冲基金国际顾问公司(VAN)。它是一家提供对冲基金顾问服务的公司，编撰自己的对冲基金索引，使其成为最大的对冲基金数据库之一。这家公司为我提供了计算机搜索对冲基金经理的结果，满足我为其而设的极其限制性的那套标准。([615]661－4748;www. hedgefund. com.)

注册会计师(Certified Tax Agent，简称 CTA)报告。这是一个关于注册会计师成绩结果的季度性的综合概要性的报告，包括为每位注册会计师设计得十分精美的两页纸张布局的图表。此外，还有一个使用十分方便的网址，内容是每月都会更新的数据库。正如它的名字暗示的那样，这种服务也涵盖了那些精通期货交易的经理；在这些经理中，只有极少数人关注股票衍生品。(国际交易员研究集团:[858]459－0818;www. managedfutures. com.)

美国海外基金目录。它每年出版一次，包括用一页的纸张对超过 700 只海外对冲基金及其年回报率进行总结。也有一个网址链接，用于时时更新。([212]371－5935;www. hedgefundnews. com.)

当我开始搜索那些值得在《怪杰》系列第三卷中展示的交易员时，我的第一通电话打给了道格·迈克佩斯。他的职业就是发现那些非凡的交易员，将他个人以及客户的基金交给他们投资。在和我分享信息这方面，道格是最慷慨的一位，即使这样做有可能在未来不利于他将额外资金交给这些交易员共同投资，因为在未来，这些交易员也许会被大家熟知。

汤姆·迪马克是一位著名的技术分析师，他的指标被众多美国领先的金融数据服务所采用。他是一位非常有活力的人，全力以赴地帮助我寻找本书中我要采访的交易员。能够给我提供这样的帮助，是因为汤姆得天独厚的有利地位，因为他保持着一项非官方的世界纪录，作为一名技术分析师，他曾经为最多（四位）的金融怪杰工作过。

马丁·舒华兹和琳达·莱斯基是两位前金融怪杰（“前金融怪杰”指的是对他们的访谈曾经出现在《金融怪杰》书中，而不是指他们的交易才华殆尽）。他们两位也帮助我寻找本书中的新股市奇才。

此外，在帮助我寻找那些伟大的交易人才方面，我接触的其他行业的人们也提供了巨大的帮助，他们分别是：索尔·沃克斯曼和乔治·范；鲍勃·莫里斯，安迪·古德，托尼·史密阿斯提，罗兰·弗莱克斯坦，以及杰森·佩尔。

我发现，要评估我正在撰写的书籍的写作质量特别困难。我对写作的期望水平失去了感觉。正因为这个原因，在写这本书的过程中，及时地让某人提供客观的反馈特别重要。我的妻子乔安参与进来。当我完成每章的最终草稿后，她总是阅读它们的第一人。她完成这项工作的积极程度其实并不能反映她的真实阅读兴趣——事实上，再没有比金融市场更让她不感兴趣的话题了——但她没有退缩过，即使我当着她的面不胜其烦地抱怨。（“你真的已经读过了吗?”）乔安提供了诚实的评论——有时甚至是粗鲁的——和一些有益的建议，我几乎全部接受了。不管最终成型的这本书中有多少缺点，我只能向读者保证，要是没有乔安的输入，它会更加糟糕。

前言　一个不幸的开始

男人来自火星，是因为他们错过了飞往金星的航班。该何时出发前往飞机场，我和我妻子的观点从来都不一样——我的观点是：出发时间要足够晚，这样会很刺激；我妻子的观点则是：越早出发越好，可能遇到交通阻塞和汽车爆胎，或者可以在机场购物和享受一顿丰盛的午餐，我们仍然能够赶上飞机。

数年来，在不打出任何富余时间的前提下前往飞机场，我都从未错过任何一班飞机。大约一年半以前，我搬迁到玛莎葡萄园岛，从这里到飞机场的时间可以被估计得十分精确，因为这个岛上的交通淡季，路上的车实在少，而且飞机场特别小——有点像那部老电视连续剧《铁翼雄风》中出现的那个非常小的飞机场，甚至比那更小。（至少当我开始写这本书时，它是这样子；后来又开了一个全新的飞机场。）

在我们已经搬迁到玛莎葡萄园岛的几个月以后的某天清晨，我的妻子乔安，和我正按照日程表要飞往波士顿。关于预计准时到达飞机场的时间，我过于自信，以至于我们离开家时——路程大约需要驾驶 20 分钟——距离原定的飞机起飞时间是 35 分钟。我们受困于一条禁止超车的单行线上，前面是一位开车比我们要缓慢的司机，导致花费的时间比我们预想的要多出许多；我意识到，我把时间卡得太紧了。

“我们能赶上飞机，”我向妻子保证道，“但是，我们不会有太多的富余时间。”她看上去对我的话持怀疑态度——我认为，她毫无理性可言。在飞机起飞前的十分钟，我们开进机场入口。虽然停车场离航站楼只有几步远，我仍然把乔安先放在了航站楼入口处，说道：“让他们知道我们已经赶到了。”

当我 1 分钟后返回来时，发现乔安站在外面等着我，一脸迷茫的表情。

看到她站在那里，我问道："发生了什么事情？"

"飞机已经走了，"她说道，声音介于失望和"我告诉过你会是这样的"之间。

我一边看着手表，一边问道："飞机已经走了？这是什么意思？"虽然我知道飞机起飞的确切时间。"还有8分钟才到10点钟呢。"

我进入航站楼，关于这架小螺旋桨飞机在确定的时间之前就起飞，致使我们误机这个事情特别生气。我对航空公司的柜台小姐说道，"我不明白"，准备作为一名维权顾客向她发难。

她提供的服务好得不能再好了，说道："一旦每位乘客都上了飞机之后，我们的飞机就起飞了。由于在此之前我们并没有收到您打来的电话，通知我们您要来晚，我们就假定你们不会来了。要是您打来电话，我们就让飞机等着。"而且，你知道，他们确实会让飞机等着；那是玛莎葡萄园岛做事的方式。在听到这番解释之后，我还怎么会生其他人的气？我只能生我自己的气。

大约6个月以后——也正是本书中我的采访将要开始的时间。按照制订好的计划，我要赶上我的第一班飞机，从此开始我的错综复杂的旅程。它将花费我四天的时间，前往四个州完成六个采访。这个计划可没有为错过航班而留下任何余地。

智慧来自经验。这次我一定要早早出发前往飞机场，要留有大量的空闲时间。为了让我睡会儿，乔安开车送我到飞机场。在开车的途中，她注意到我的蓝色夹克衫上有些小棉絮。她主动给我出主意，我应该向航空公司柜台的服务人员要一个胶带，把它粘下来。我们提前约30分钟就到达机场。我把车停在路边，然后和乔安道别。办理完登机手续和小坐了一会儿，我意识到我有足够多的时间来处理我的沾了棉絮的夹克衫。于是，我走向柜台，要到了必需的胶带。

在这间小候机室里，大约有十几位乘客。不一会儿，喇叭开始广播，提醒我要登机："现在请第一部分乘客登机，号码一号到八号。"我掏出红色塑料的和信封一样大小的登机牌，注意到那个用纹章装饰的数字"11"。"好奇怪，"我思忖，"登这么小的飞机，他们还要分成两部分。"我坐下来，继续处理着夹克衫上的棉絮。

我出神地坐在那里，聚精会神地粘棉絮。突然之间，我被拉回到现实中。我意识到，距广播通知第一批乘客登机后，至少已经过去5分或10分钟了。我看了看周围的候机区域，令人恐怖的是，我发现，除了我之外，没有一位乘客。我跳起来，穿过数道门，来到飞机跑道上，看到那架小飞机的螺旋桨正在旋转。我大声叫道："等等！"向飞机狂奔的同时，我疯狂地挥舞着双臂。我看到我精心安排的精确的整套行程——四天的时间，走遍四个州，完成六个采访——好像一下子全泡汤了。

一位航空服务员拦住了我。我向他出示我的大的红色登机牌。"你哪儿都不能去。"他坚定地说道。起先，我以为他的意思是，太晚了，我将要错过飞机。但是，随后他又说道："你所属的那部分五分钟之内将要起飞。"直到那时，我才了解到，在玛莎葡萄园岛上的机场中，用"部分"指代不同的飞机！

我潜逃到我的座位上。慌乱的时刻已经过去了，我的意识逐渐恢复清醒，而且，我能够清晰地感觉到我是多么愚蠢。我最后一次觉得自己尴尬，在此之前，我刚刚问过一位我不经常见到的亲戚，她何时"卸车"，刚问完之后，我就想起了早在两月以前，她就已经生完孩子，但是体形仍然和产前的差不多，都是那么胖。真是难为情。

"好吧，好吧，"也许你会说道，"这只是一小件奇闻轶事罢了——也许是吧——但是，这和交易或投资又有什么关系呢？"简单地说：如果你一直忙于粘掉夹克衫上的棉絮，你很有可能要错过航班。换句话说，不要过分关注于细节，这样你就会失去对全局的掌控。下面是一些关于"股市近视症"的例子：

- 有一位交易员，穷尽搜索，试图要找到那些最有前途的新科技公司，但是忽略了这样一个事实：在过去的六个月内，这个行业中的股价上涨了70%，暗示出投资环境是多么不同寻常地具有高风险。

- 有一位交易员细致地核对某家公司的财务报表和报告，却没有意识到这家公司的飙升的利润与某款产品有关。由于新竞争对手马上要进入市场与其竞争，这款产品的未来销售业绩受到严重威胁。

- 有一位交易员正在全神贯注地寻找入市的更好时机的方法，却完全忽略了如此重要的问题，比如：何时退出股市？以何种方式退出？如何控制风险？

在这些例子中，都包含着一种同样的基本信息：要有全局观念。关注整个股市和整个行业，而不是某只股票。要留意那些质的因素，而不是那些可利用的量化信息。制订出一个交易计划，要使它包含交易的各个方面，而不是一个整体的策略。

斯图亚特·沃尔顿

走 出 困 境

1999 年 6 月,正值斯图亚特·沃尔顿的职业高峰,在奠定 20 世纪 90 年代以来最非凡的股票交易纪录的 8 年后,当时正在管理着 1.5 亿美元资产的他把所有的资产返还给他的投资商,完全退出股市。婚姻破裂带给他的情感裂痕正在阻碍他全神贯注地专注于股市,而且他觉得此时不是管理资产的合适时机,直到他能够再次地在这项任务中投入"百分百的精力和热情"。在之前的 8 年中,他每年都实现了令人咂舌的 115% 的平均复合回报率(在扣除管理费用之后,为他的客户带来 92% 的回报率),其中最低的年回报率为 63%,最高的年回报率为 274%(不包括 1999 年半年的业绩)。

斯图亚特·沃尔顿的职业交易员生涯呈现出一连串的矛盾和悖论的特色。他想要成为一位艺术家或者一名作家;结果,他却成为一名交易员。虽然他崇尚学术界,鄙视金融界,但是在股市中交易却成为他的工作。他曾经如此讨厌交易,以至于在第二天早上醒来时,他感觉他不能再从事这份工作,于是就在那天上午辞职;几年以后,交易却成为他的努力和热情的来源。他初次进入股市的成绩是几乎破产,然而后来,他的技术如此娴熟,以至于他的收入每年翻一番。

在旧金山市中心的沃尔顿的办公室中,我拜访了他。他是加拿大籍的美国人。我发现,虽然他管理着高达九位数字的资产,他却没有一位交易助手,没有保安内勤人员,也没有电脑程序员,甚至连一位全职的秘书人员都没有。他的公司驯鹿资本中只有斯图亚特·沃尔顿一人。他的与人隔绝是他在深思熟虑后做出的决定。在经常被那些小道消息和观点误导之后,他逐渐意识到在交易中,不被其他人影响是多么重要。

沃尔顿是个轻松和外向的人。我们连续交谈了五个小时,中间没有任何间断。时间过得很快。

您的公司名称有什么特别意义吗?或者那仅仅是因为您特别钟爱驯鹿吗?

公司名称是以我的曾祖父的名字威廉姆斯·格莱斯顿·沃尔顿命名的,由于他构想和领导的那次著名的艰苦跋涉,人们赠送他这个"驯鹿"的绰号。我是从我祖父那里了解到曾祖父的这些事迹的。我的祖父去年去世,刚好是100岁高龄,差一点就能生活在三个不同的世纪。1892年,我曾祖父刚刚23岁,离开英格兰前往北加拿大工作,职务是一名传教士。他大概要乘坐小船和狗拖的雪橇,漂洋过海2000多英里,花费1年的时间,拜访他的遥远的居民——居住在北极圈附近的印第安人和爱斯基摩人。

有一年,无边的森林大火横穿北魁北克省,几乎破坏了所经之地的所有的植被和猎物,使当地的居民处于饥饿的边缘。这时,我的曾祖父提出了一个想法,要在从阿拉斯加省到北魁北克省的土地上放牧西伯利亚的驯鹿,这些驯鹿也被称为北美驯鹿。在我的曾祖父的不懈努力下,他劝说加拿大政府对他组织和领导的这次艰苦跋涉提供资金支持,引导三千只驯鹿从西伯利亚出发,横穿整个北部加拿大的区域,耗费了他5年的时间(1921年到1925年)。驯鹿和其它动物不一样:只有当它们想迁徙时,它们才会动起来,而且当它们动起来时,它们就会跑向四面八方。

您的曾祖父是如何将这些驯鹿聚拢在一起的?

北美驯鹿会遵循喂养路线。在选择正确的路线方面,他极有远见。他成功地让四分之三的驯鹿自愿动起来;余下来的要么死掉,要么走散。他的艰苦跋涉永久性地改变了西伯利亚驯鹿的迁徙模式。留下来的那部分驯鹿繁荣了北魁北克省,而且我的曾祖父也成为当地的一名英雄。

给公司起这样的名称,您想赋予它什么象征意义吗?或者这仅仅是怀念您的曾祖父?

我告诉人们,我的曾祖父对社会做出的贡献比我想象的还要多。

您什么时候第一次与股市打交道?

当我从麦吉尔大学毕业,获得工商管理硕士学位时。我原本想成为一名漫画家。

一位具有工商管理硕士学位的漫画家?难道您打算成为全世界第一位商业漫画家?

不是,只是想成为漫画家的雄心来得更早些。当我从麦吉尔大学毕业时,我肯定是想成为一名漫画家。当我和艺术系的主任坐在一起交谈时,他告诉我:“如果你觉得你自己能和艺术史上的那些大师一样,知道如何绘画,如何展现人体形状,而且准备好了每个小时通过画漫画挣到 5 美元,那这就是一个适合你的职业生涯。”他的这些话浇灭了我的雄心壮志。在大学期间,我也写过一些文章,而且还有一些短故事集也被出版了。我想,新闻业也许是一个另谋职业道路的好选择,可以更好地发挥我的创造力。

您看起来如此对艺术感兴趣,那您为什么还要攻读工商管理硕士学位呢?

因为从事新闻业这一想法也破灭了,而且我必须谋生糊口。

从事新闻业出了什么岔子?

我申请了几个新闻学院。那个夏天,当我正在巴西看望我的父母时,我接到了卡莱顿大学打来的拒绝我的电话。卡莱顿大学的新闻学院原本是我的第一选择。在一个聚会上,我接到了这通电话。也许是因为在此之前,我喝了太多巴西当地的鸡尾酒,那是一种和朗姆酒调和之后的酒,我对自己说道:“我猜想,这是我的人生中的另外一个岔路口。”于是,我决定放弃成为一名新闻记者的想法。我想,可能是我追求这个职业的意愿还不够强烈。

回头去看,您认为您收到的来自新闻学院的那通拒绝电话是一件幸运的事情吗?

我认为那是大大的好运气。我的父亲经常告诉我,我必须要把我的兴趣和我的职业区分开来。我想,他是对的。我的母亲最近也常问我,对于没有继续追求我的其他兴趣,我是否后悔过。起先,我说我不后悔,因为我正在享受着这个行业带给我的成功感,但是,随着逝去的每一天,我变得越来越后悔。最终,我明白我自己又重回过往了。

又转回到绘画或写作?

也许两者兼有,也许都不是。我常常认为,将我的绘画兴趣和写作兴趣结合在一起的最佳方法就是电影,尤其是短电影。我已经有许多想法了,但是我不打算商业化;如果真的上映,可能世界上观看这些电影的观众也不过三个人而已。

那么，您曾经拍摄过电影吗？

没有。我得先去上电影拍摄课程，学习如何转动摄像机。

您现在打算放弃股市交易去追寻您的其他兴趣吗？

我真的很羡慕那些人，他们做自己喜欢做的事情，从来不在意其他。我有一位大学同窗好友，他决心成为一名摇滚歌手。他组建了一个"烟枪牛仔"乐队。当他刚刚进入大学校门时，他连弹吉他都不会，而现在他的每场音乐会的门票都会卖光。但是，我了解我自己。我喜欢生活的舒适，而且对我来说，这种职业是获取舒适生活的最佳途径。虽然，最终，我也许会继续我的其他兴趣，但是，短期之内还不会。

当您被新闻学院拒绝以后，还发生了什么事情？

我决定要去攻读工商管理硕士学位，因为，我认为，这是我得到工作的最优方法。

您设想过获得工商管理硕士学位以后的职业选择吗？

我打算进入广告界，因为，这也是一个我认为也许能够满足我的创造力的职业生涯。但是，机会从来都没有出现过。当我硕士毕业时，加拿大的经济情形非常恶劣。在大学校园里，只提供两种工作。其中一个是劳埃德银行的管理培训生这个职位。这个职位对我很有诱惑力，因为我很喜欢这家银行的办公地址：纽约或者伦敦。我认为在这两个城市中的任何一个中工作，都非常棒。我投递了简历，然后得到了这份工作。他们派我前往参加纽约的一个培训项目。在外汇交易办公室中，我学习完这个项目中的大部分，这是一个意外的侥幸，因为我本来是要被培养成为一名信贷员，然后学习完成之后，再被派回到加拿大。

因此，您完全是由于偶然才会进入这个行业的。

这就是为什么我认为每个人都能得到这份工作的其中的一个原因；我不认为你得有天分才能做这份工作。

关于您说的每个人都能得到这份工作，我并不认可。我能向您保证，在成千上万的想要从事交易的人们中，只有非常少数的人能够稍稍企及您曾经的成就。当时，您在外汇交易柜台上的工作具体是什么？

我只是个马仔。我听从顾客的指令进行交易，还做一些其他的杂事工作。每天凌晨三点半，我不得不爬起床来开始工作——这对于生活在纽约市的一位单身年轻人来说，是件残酷的事儿——为顾客把一切都准备好。

我为他们把报纸文章剪下来,而且确保他们的交易指令单(原文是 order tickets,也就是纸质的指令条)下达到位。这是一个光荣的听差岗位。

那时您对金融市场产生兴趣了吗?

一点都没有。那时我还仍然沉浸在我之前的学术生活的理想中。我瞧不起我获取的这个工商管理硕士学位。那时,我的想法是,“我过去的学习和学术究竟是怎么回事?难道我以后的生活中都用不上吗?”

在外汇交易部门的这份工作对我并没有丝毫的帮助。如果有些许帮助的话,那就是日复一日,终于把我带到交易这个行业中。这份工作使我首次接触美国人;在此之前,我的周围一直都是加拿大人。与美国人相比,加拿大人更加悠闲;他们更加关注于礼节,而不是追逐名利,或者实现他们的目标。柜台上也有那么一些顾客,他们永远对我大喊大叫。更多情况下,我甚至都不知道他们为什么要对我这样。也许那是因为当他们的持仓情形变糟糕时,他们需要对某人发泄出他们的怒气吧,或者也许是因为我没有足够快速地为他们做事吧。每天晚上下班后回到家里,我都十分郁闷,因为有人对我大声吼叫过。

您从事这份工作有多久?

大约6个月后,我就离开了,因为通过秘密情报,我知道我马上要被调到多伦多。那时,我还十分喜欢居住在纽约,而且我刚刚遇到马上要成为我妻子的那位女士,也不愿意离开她。因此,我接受了另外一家加拿大公司——汇达证券公司(Wood Gundy)纽约分部为我提供的一个工作。新工作的魅力在于,他们主动为我办理美国绿卡;在这之前,我一直依靠临时签证而待在美国。(户口多重要!)

那您得到的是一份什么样的工作?

这是一份没那么马仔的工作。我参加汇达证券的整个培训项目,被安置在股票交易部门。我只是一个听命行事的报单员,一份非常无聊的差事。顾客作决定,场内经纪人执行;我只不过是个中间人。代表股票卖方的经纪人称他们自己为交易员时,我就忍不住想笑。他们当然不是交易员;他们只是听命行事的报单员。他们既没有为公司做自营盘,也没有用他们自己的资金做交易。

就在那时,我完成了个人户头的第一笔交易。那时,我的女朋友,后来成为我的妻子,在丽诗加邦公司工作。她一直告诉我她的公司正在做着多么了不起的业务："我甚至都不用给我的客户打电话，都是他们打给我。"那时我还没有任何资金进行投资，我只是打给我的父亲，向他借些钱。"父亲，"我说道，"我有一个好想法，您只需要借给我一些钱就行。"然后父亲借给我1万美元，我全部用它来买进丽诗加邦公司的股票。这只股票快速地升了三个点，我挣到钱了。但是，作为一名交易员新手，你能做的最坏的事情就是使你的第一次交易成功。仅仅在三周之内，我不仅输掉了从这只股票中挣到的钱，而且还输掉了父亲借给我的所有钱。

您是怎么做到的？

我沉浸在第一次交易带给我的成就感中，以至于我开始听信各种各样的小道消息和谣言。早晨递给我咖啡的那个家伙告诉我某只股票，我买了它。仅在三周之内，我就输光了。每次还父亲一点钱，就这样，五年的时间才还清欠父亲的债。

当您告诉您的父亲，您输光所有的钱时，他怎么说？

"噢，这事在我意料之中，"他说道，"但是，我欣赏当你有一个好想法时，你会遵照它而且还坚持到底的做法。"具有讽刺意义的是，丽诗加邦公司这只股票，我借钱的目标，后来价格一路飞涨，一年后的股价是原来的5倍。

那您在这之后的交易经历又是什么？

汇达证券的股票部门不过是换个版本听纽约骂街。再一次，我发现我又从事这样的工作，柜台上的客户一直在向我大吼大叫。日复一日按部就班的工作，但是我很讨厌它。当我眺望房间的另一边，看到债券交易柜台时，我注意到每个人都很安静。顾客和柜台人员并没有对彼此大喊大叫；他们都很有礼貌。这种情形吸引着我。于是我被允许转到在债券交易部门工作。

那时，汇达证券公司正在努力成为美国债券市场上一个重要的交易商，而且在此之前，还引进了一批"枪手"交易员。这些家伙只会把所有的事情都弄得乱七八糟。结果，给公司造成了巨大的损失。其中的一位交易员甚至把他的成交记录隐藏起来，以掩盖他造成的损失。最后，几乎每个人都被开除了，只有我和另外几位同事留了下来。

在债券部门工作，您觉得您更加幸福吗？

对此，我有一种复杂的情感。远离言语伤害，我肯定特别高兴。而且，在债券部门工作是一件令人兴奋的事情，因为与股票部门的工作相比，它交易的资金数额更大。我喜欢这种感觉,我赚的或者赔掉的钱比股票部门的20个人绑在一起还要大5倍。但是,我不喜欢负责交易各种各样的低流动性资产,在这些低流动性资产中,大部分都是海外债券。

日本人常常在凌晨两点或三点给我打电话,我甚至都不知道是哪儿的市场打来的,但我不得不报出做市买卖价格。而且,由于我昏昏欲睡,在报价时极有可能会出错。如果你报错了100个基点,他们就会揪着你不放。因为这个明显的错误,你可能亏损100万美元,但是,他们还是坚持这笔交易有效。

这种事情会发生在您身上吗?

是的。

您犯过赔掉100万美元的错误?

噢,没有犯过赔掉100万美元的错误,但是有一次犯了输光30万美元的错误。

只是因为您报错价了吗?

当时我很困。我以为收益率是9.5%,可事实上是10.5%。

在交易中,这么明显的错误报价会被认为是正常的吗?

北美地区当然不会认为这是正常的,而且我怀疑,除了日本别的地方都不会拿这当回事。

总的来说,您的交易做得怎么样?

我表现得非常好,而且还被提升为汇达证券公司中最年轻的副总裁。

您根据什么而做出买进和卖出的决定?

我没有使用任何方法。我认为市场是随机的,但我总能找到方向。

但是,如果您一直能赚钱,那您肯定一直在做正确的事情。难道这只与直觉有关?

在我参与的所有交易中,都有直觉的成分。但是,在那段人生岁月中,我想我是稳赚不赔的,因为债券市场是个大牛市,而且我的那些本能感觉似乎很好,让我在大多数情况下都远离做空。在我业绩最好的那年中,我大概为部门赚到了70万美元。要是考虑到要由这么多不同的人们分享这笔资金,这也不算是什么大不了的事情。

有一次,当我和老板喝酒时,我说道:“我们并没有真正地在做投机交易;我们其实是在做投资,就像我们公司的一个客户账户一样。而且如果我们真的在做投资的话,那么就会有更好的值得我们去投资的事情。”

“不要多管闲事,”他说道,“我们只管继续买来卖去就行了。”

正是在那个时候,做了三年以后,我才真正地开始感到兴趣索然。不过我仍旧继续,因为对那么大一笔金钱负责的感觉实在是太令人兴奋了。

直到那个时候,您才真正地对交易产生兴趣了吗?

是的,我知道这是一件我热爱去做的事情。我在抗击市场,我喜欢的是这种感觉。我根本不在乎交易的标的是什么。让我沮丧的一个重要的原因是我们在纽约交易的债券都是流动性非常差的资产。我决定主动请缨前往汇达证券公司多伦多总部工作,因为在那里我能够交易加拿大政府债券,这种债券的流动性要高很多。起先,我很满意能够在多伦多总部工作,交易活跃的债券。然而,6 个月以后,我意识到,我不想在加拿大这个国家中工作。这里的环境就像是一个乡村俱乐部,在这里,成功更多地与政治相联,而不是与你自己的努力相关。因此,我也越来越讨厌债券和利率。

为什么?

因为太像大宗商品了。在我们的早会上,经常会问到一个标准性的问题:“怎么看今天的走势?”所有的与会人员都开始背诵他们的上涨下跌老八股。他们会开始讲汇率变动影响,美国和其他国家的财政政策与货币政策,利率走势趋势等等。当轮到我时,我就说一句话,“我认为今天会走低。”当他们问我原因时,我只会回答,“因为昨天走高。”他们都不知道要不要把我的话当真。因为我已经超脱了,我认为股市很有效率,如果昨天大幅走高,那么第二天很有可能会下跌。

有天早上,当我醒来,意识到今生我不想再为利率操心了。我知道,我再也受不了去交易债券了。于是,我走进办公室,递了辞呈,即使我 7 个月前才刚刚来到加拿大。他们简直不能相信我的这一举动。

在您还没有得到另外一份工作前,您就辞职了?

嗯,是的。我只是不能再忍受下去。还有一件讽刺性的事情,就在那一天,我的妻子打电话告诉我,她也把工作辞了,而且在此之前,我丝毫不曾向她暗示过我打算辞掉我的工作。我知道,在工作上,她一直不快乐,但是,我从来都没有想到她也一直酝酿着辞职。奇怪的是,在同一天,我们两个人竟然分别辞掉了工作。我们打算稍后再找新工作,这样我们就有 6 个月的时间在美国到处旅行,从一个滑雪胜地前往另外一个滑雪胜地。

当我们到达太浩湖(Lake Tahoe)时,顺便也去了旧金山。我们俩都喜欢这个城市,决定要搬到那儿。当我们旅行结束后,我们回到多伦多时,我们都认为,在真正地搬往旧金山之前,再重游一次是个不错的想法,二次重游只是为了要确定我们仍然喜欢它,就像初次逗留时我们喜欢它那样。当我们到达那里后,我们开始找工作,而且都找到了工作。我们甚至找到了一个我们俩都喜欢的房子,它的价钱也在我们能够接受的范围之内。我们认为我们将要定居下来。于是我们飞回多伦多,租了一个卡车,把我们所有的东西都运往旧金山。但是,当我们到达那里时,发现那两份工作都成了泡影。

与您失之交臂的是一份什么样的工作?

我曾经面试了一家小风险投资公司。面试我的那个人也毕业于麦吉尔大学。

那您肯定认为是这个原因让您占据地位?

是的。他也对我非常热情。"噢,当然了,我们会聘用您。回去辞职吧,我们给您安排职位。"当我到达旧金山时,我就一直给他打电话,但是,他没有给我回过电话。当我最后拨通他的电话时,他说道:"噢,今年我们不打算聘用工商管理硕士了。"这和他之前告诉我的完全不符。

我把终身储蓄都用于支付房子的定金上,因此我们几乎没有留下什么闲钱。刚开始我们还都不太担心,因为我们认为会在一个月内或两个月内找到工作。然而,连续几个月都过去了,我们俩都没有得到一次工作机会。我简直不能相信这种事情。我开始喝廉价的啤酒和熬夜。

那时您很消沉吗?

没有,我不是那样的人。只是对我来说,每天早上要早起和徘徊在街头上找工作太有压力了。我简直都不能相信,我在纽约的职业生涯是那样地成功,可是,在这里,却找不到哪怕是工作机会的影子。我很沮丧,以至于我甚至去一些保险公司面试过销售的职位。

听起来好像您很讨厌销售类的工作。

非常讨厌,但是我很沮丧。我愿意从事任何工作。我需要钱还抵押贷款,但是我不想向我的父母寻求帮助。

在这段艰难的岁月中,您的妻子持什么态度?

她相当乐观。她感到我们会迎来好曙光。

那您的积蓄都花光了吗?

是的。然后我们像这样地很穷地过了6个月之后,我的妻子得到了第一份工作，在 J. Crew 公司做零售销售工作，这对她来说，是后退的一大步，因为她原先在丽诗加邦公司是一名商务经理。她也已经到了那个份上，只要有一份工作就行，愿意接受任何样的工作。就在那个月，我们刚刚花光所有的钱，她用她的第一份薪水支付了贷款。

在那种紧急关头，她得到这份工作之前，您一直很恐慌吗？

我已经放弃了希望。我的态度就是无论发生什么，随它去吧。把房子收走吧，我不在乎。我已经非常心烦意乱了。正是这时，我才第一次真正地了解旧金山。如果你不是来自纽约、洛杉矶，或者伦敦，你不会这么印象深刻。它不是一个外向的城市，如果是在纽约或洛杉矶，随便你来自哪个地方，你都能找到一份工作。旧金山更像是一个社区。这里的人们都想看到你已经在这里住过一阵子了。现在我很欣赏这个城市的这个特征，但是，那时，太让人郁闷了。

您是指您应聘的那些工作岗位都用了旧金山当地人？

绝对是的，虽然我也没有应聘太多的工作。我简直就不能相信，我从原来的一个有身份地位的工作沦落到要去星巴克打工。我去图书馆，影印了一份金融行业公司名录，然后挨个给他们发送我的简历。事实上，我接到过一个电话，他很喜欢我的简历。“我自己不能给你提供一份工作，”他说道，“但是，我有一个朋友，我想他可能会对你感兴趣。”

您的简历中，有什么地方吸引了他？

他喜欢多样性——金融类的工作与艺术兴趣相结合。

在您得到那份工作之前，我猜想这段期间肯定是您生命中的低谷。

不，那还不算是。低谷还没到。收到我的简历的那个人劝说他的朋友给我一次面试的机会。他的朋友为当地的一家名叫 Volpe，Welty & Co. 的经纪公司，运营销售和交易服务。当我到达面试会场时，我完全没有什么期望值。他询问了我过去的工作经历，于是我告诉他那些我已经告诉你的。

然后，他问我：“你期望薪资多少？”

我把每月 200 美元的抵押贷款算进去，于是答道：“每月 2500 美元。”

“每月 4000 美元如何？”他问道。

“要是那样的话，非常好。”我答道。

他知道您那时的困境吗？

不，他不知道，但是，他看过我之前的工作经历。我认为，他觉得按照我的要价给我提供那么低的薪水是不正常的。

他为您提供了什么样的工作?

我被聘用为机构客户的证券经纪人,但是,我没有老客户。我不得不当着其他人的面打“陌生拜访”电话,这可真是难倒我了。我从原先的每个人都想邀请共进晚餐的“债券交易员先生”,变成了给无名机构打陌生拜访电话推销股票的人。

当您打陌生拜访电话时,我想很多人都会粗鲁地挂掉您的电话。

绝对是这样。我打过许多这样的电话。我有一个要打电话的名单,而且我埋下头来,开始打电话。我不是一个具有攻击性的人,因此,通过展现我和善的一面,我试着把他们吸引过来。不过,这种方法并不怎么奏效。这真是一个无情的日复一日的过程。看到其他人都在忙正事,而我只是在打这些电话,意识到不管在任何时候只要有人挂掉我的电话,这都很容易被其他人知道,这种感觉很糟。我曾经打过一个五秒的电话,放下电话,开始环顾四周。接着,又开始打电话。这真是一个降低身份的工作。我讨厌它,非常讨厌它。我不知道我何时才能完成我的梦想。一单生意我也没有做成。

不会真的是那样子吧?

是真的。我从来没有获得一笔业务。

这种情况持续了多久?

连续8个月我都没有做成一笔生意。

您给陌生人连续打了8个月的电话,却没有做成一笔业务!这听起来太残忍了。这是您的低谷吗?

不,这还不算是低谷。(他笑道)低谷很快就要来了。不管我是不是缺乏成功销售的运气,我都知道,交易和销售有很大的不同。最终,在观望一阵子股市以后,我决定我必须要再次开始做交易。虽然我没有资金,但是,我意识到,我能够用我们的房子做抵押,拿到一笔贷款,用这笔钱,我可以做我想要做的事情。我对自己说道:“我把我的房子抵押出去,然后用这笔钱进行投资。”

我能看到接下来发生的事情……

我开始出售那些我认为股价过高的股票——强势股,比如丽诗加邦和Gap——购买那些我认为已经处于股价底部的股票。事实上,我在做空好公司的股票并且买进坏公司的股票。

您用您家的房子贷到了多少贷款?

在这个房子上,我支付了7.5万美元的首付款,于是我贷到了5万美元的贷款。仅仅在3周之内,我就输掉了3/4的资金。

您的妻子对这个变故有什么样的反应?

她不知道这件事情。

她不知道您用房子作抵押贷到了一笔贷款?

她知道这笔贷款,但是她不知道我用它做了哪些事情。

关于您如何处理这笔贷款,您告诉她什么了?

我的确告诉了她,我要去投资,但是,我告诉她的是,我要以一种保守的股息方式进行投资,这种方式带给我们的回报率更高,要远远高出我们不得不支付的贷款利率。这也是我的初衷。但是,一旦我拿到了这笔钱,我就想:"我才不会把钱投进这种无聊的股息游戏中呢,只为挣为数不多的介于股息收入和贷款利息之间的价差。"

当你在一家经纪公司工作时,经常会看到一些令人兴奋的事情发生。总会有某只股票的股价翻两番或者三番。在这种时候,你难免坐立不安。我一直都在收听发生在我周围的那些故事。销售员的嘴可以使任何一个故事听起来震撼人心。

这么说来,您似乎没有吸取到教训,做到不听信那些小道消息和谣言。您再一次地犯了同样的错误。

非常正确。我不能告诉我妻子,我输光了所有的贷款。整整一个月内,我都不能安心入睡。我给自己编织所有的理由,为什么我看起来如此苍白。我告诉我的妻子,我得了流行性感冒。她十分担心,但是,她并不知道真相是什么。

有一天,我旁边的那位同事暗示我要买进克门多尔电脑公司的股票。"我认为这个故事靠谱,"他说道,"我们听说,这只股票将继续走高。"我如此绝望,以至于我告诉我自己:"我要买这只股票。"我动用了账户内所有的钱,又用了两倍的杠杆,买进了这只股票。

这才是我人生的低谷。投入到房子上的7.5万美元是我全部的储蓄。想到10年积累的全部家当有可能一把输光,着实把我吓得不轻。这真是苦难的深渊。

这只股票从10美元升至17美元,然后我就出手把它卖掉了。在我平仓之后,股价的高点将近20美元,但是它最终又跌至0美元,这家公司破产了。仅仅就这一笔交易就足以让我翻身了。

事实上,您纯粹是靠走运。这条小道消息也可能是一场灾难,因为股价最终跌到0美元。您只是恰好拿捏准了时机。

这真的是运气。今天,我回头看我生命中的这些关键的坐标点,我不知道是因为运气还是智力,但是,我从来都不在乎这二者之间的区别。世事因缘际会啊。我经常告诉人们,在这个行业中工作,运气是一个非常重要的因素。你得敢碰运气,才有可能交到好运气,但是我认为运气对我们所有人都是公平的——不管好运气还是坏运气。当它来临时,我们只是简单地接受它罢了。

这笔交易救了我。你也许认为我的态度将会是:"小道消息很管用,接下来我还要听信其他小道消息。"但是,那时我承认完全是运气。我意识到,掌管股市的神们正在帮助我走出这个困境。我确实吸取了教训。自从那时起,我的交易就好多了。

那您说"谢谢上帝,我不会再犯了"这句话了吗?

我的确说了这句话。即使事情最终都做成了,压力也是巨大的。因此,能把钱赚回来,是神的赐予。然后,我开始努力不再依靠运气。当然了,我还有许多东西要学习,但是至少,我已经有过一次经历了。我认为经历人生低谷,看见深渊特别重要。

这对您有什么帮助?

这次经历带给我的悸动让我能够更清晰地看透一些事情。我了解到,股市并不会因为假话、小道消息或某个人的观点,就上涨和保持上涨势头;它们上涨是有特殊原因的。我下定决心要找出这些原因,与世隔绝,然后只按照我自己所知而行动。我开始这样做,于是,过了一段时间以后,我的业绩变得越来越好。

这真的是您生命中第一次成功地进行股票交易。促使您成功的都有哪些因素?

我重新发现的主旨早就贯穿于以往的牛市和熊市。它就是:好的公司,总的来说,会继续上涨。就连堪萨斯城的老奶奶们也知道这个道理。

那么,您是如何找到那些好公司的?

我寻找的是那些一直受股市青睐的公司。也许是因为他们发布的一连串的利多季度报告(在这些季度中,公司披露的收入达到或超过人们对它的预期水平),或者是因为另外一些其他的原因。你可以通过公司的行为来甄选股票。由于一些原因,股市特别偏爱某些股票,而且讨厌另外一些股票,但这跟有多少经纪人告诉他们的客户要购买这些更便宜的"另外一些股票"没有关系。

事实上,您完全颠倒了您以前的做法:以前您购买低价股票,当它们的股价大幅上涨后,您出售这些股票,而现在您却购买高价股票。

这种做法直到今天仍在发挥作用。最难做的事情就是购买一只不断攀升的股票或卖掉一只不断下跌的股票,但是我发现,最难做的事情往往是正确的事情。这真是一门难学的学问;而我现在仍在学习。

用您的话说,如何辨别某只股票备受"青睐"?

这是一件复杂的事情。股票的基本面因素只占25%。

那么余下的75%的因素都包括哪些?

技术面因素占25%。

那在技术面因素方面,您着重关注什么?

我喜欢那种具有明显趋势的股票,而不是那种处于调整期的徘徊形的股票。

您刚才提到的基本面因素和技术面因素,已经占了50%。那么余下的50%的比例是什么呢?

另外的25%是看某只股票如何对各种各样的消息做出反应:宏观经济事件和它自己的消息流。此外,我还关注某只股票对整数股价关口如20美元、30美元等等的反应。我试着要找到一种感觉,公司是否有特殊的闪光点。

您在寻找什么样的反应?

我希望能看到有好消息时,股价上涨,比如一个可观的收入报告或者某种新产品的面世,以及对抗负面消息的能力。如果这只股票对负面消息反应羸弱,那么说明它不受市场青睐。

到现在为止,这些因素共计75%,那么余下的25%呢?

最后的25%就是我对整体股市走势的直觉,这要依据于我对股市应对重大的宏观经济因素和其他事件的感觉。这就像是观看整个股市,仿佛它就是某只单个的股票。

当您购买了某只股票以后,一般来说,您会持有多久?

我不会进行日内交易,但是,平均来说,我一般也只是持有某只股票几周。此外,当我购买一只股票时,即使我的头寸是几十万股,大得显眼,在同一天内,我也可能会建仓再平仓两次,一周内反复六次,试图想要确定我是否正在做合乎时机的事情。如果我对股价做出反应的方式不满意,我就退出市场。这也是我喜欢运营对冲基金的一个原因。当我的客户看到我好像精神分裂地在做这些交易时,我一点儿都不担心这个。我过去曾经为某家公司工作,这家公司的客户们会收到一份我每笔交易的确认书。他们会失去理智。他们给我打电话,说道:"你疯了吗?你在做什么?我觉得你应该认真调研。"

什么促使您决定脱手某只股票?

我退出,要么是因为这只股票正在向下暴跌,有了把挣来的钱赔回去的危险;要么是因为这只股票在相当短的一段时间内赚了太多的钱。

那么当价格走势修正后,您会重新购买这只股票吗?

是的。

这有用吗?或者您是否会经常踏空后续的上涨走势?

我经常踏空后面的行情,因为我购买的股票都是好公司的股票,股价通常都会继续上涨。

您考虑过改变您的交易方法吗?这样您就可以更长久地持有它们。

这些年来,我慢慢地在改变,但是直到今天,我仍然是太早出场这个错误的牺牲品。

当您出手后,您有时会在更高的价位上再把它买回来吗?

当然,一直都是这样。

这么说来,您至少能够咬紧牙关,承认您犯了过早出场的错误,然后在更高的价位上再把它买回来。您不会说:"我不会现在买它;比我上次卖的时候高了10美元。"

在原来的那些年中,我也许会这样做,但是现在,在更高的价位上回购这只股票一点儿都不会烦扰到我。对我来说,成功的股票并不是那种我10块钱买进后就一直拿到100块钱的股票,而是那种我在这儿捡起来7块,在那儿捡起来5块,又在别的地方捡起来8块,抓住了整个行情的大部分。

但是，好像听起来，买进这些受市场青睐的股票然后一直持有它是一件更容易的事情。

有时是这样，但是，事实上，要看具体的市场条件。比如说吧，现在所有股票的估值都非常高，对于我原本想要一直持有的那些股票，我也没有重仓。

这让我突然想起了一个我想要问的问题：在这种类型的市场中，那些龙头股票已经经历了不同寻常的飙升，您现在仍然在使用同样的方法吗？如果没有，您如何调整您的方法？

诚实地讲，我现在处于艰难的调整时期。我的处世方法就是像水母那样浮动，让市场推动我前进，直到市场停在它想要停留的地方。我不会画地为牢，然后说这就是我的策略，我就要在这里等着股市来告诉我。我试着指出什么样的策略会在当前的股市中发挥作用。今年也许是动能交易，而明年可能就是价值投资。

因此，为了要与您感知的股市环境相称，您调整了策略。

确实如此。我试图要弄明白股市打算向什么样的策略掏钱。

您如何预知股市会发生巨大变化？

我眼观六路，也耳听八方，不管他们是的士司机还是股票分析师。然后，我静下心来，尽量弄明白什么样的想法会占据统治地位。有时，机会很明显，当它们来临时，你几乎不可能亏损；唯一的一个问题就在于它们并不那么经常来临。关键要在两次机会来临之间的这段期间内不要输钱。

关于机会是明显的，请您举个例子。

去年（1998 年），对我来说很明显——我不喜欢说这样的事情，因为这听起来好像是我有一个水晶球——股市有一个很好的机会，在 8 月的时候暴跌。

什么让您如此肯定？

我一直在评估市场的情绪——市场正在抱希望，还是失望？——然后等待价格行为来确认我的评估。去年冬天和今年春天，市场状况都很复杂。市场上有许多关于亚洲方面潜在问题的报告，但是，市场忽视了一切。因此，赚钱的唯一方法就是做多，即使面临着潜在的麻烦。

于是，在 7 月份我决定要做多。那些领涨股票非常强劲，而且股市也一直在咆哮。有段时间，一个月内我持有的股票就上涨了 15%。然后，突然之间，仅在几天之内，我失去了一切，而且事实上，到了月底我还损失了 3%。只看我自己的投资组合就能知道，股市如此快速地拿走了我的钱。我的这个组合中全是龙头股票,不是那些基本面糟糕的股票,于是我知道某些地方出问题了。

那您是怎么做的?您说在月初时您已经开始做多了。您是不是把多头头寸全都平仓了?您做空了吗?

当时我是130%仓位做多。当我相信市场将要发生一件走熊的重大事件时,我一般的做法就是卖掉手中所有的股票,然后静静地观察。这就是那时我做的事情。

您会卖空吗?

当然会,大约两周后。我那时认为,亚洲危机造成股市突然下跌,肯定还有第二波。通常,你不会仅仅听到某个问题,然后它就结束了。我们也开始从头条新闻上看到一些关于俄罗斯存在的潜在问题。虽然在此之前我们也见过这类的新闻报道,这一次它的不同之处在于股价开始做出响应。我敢肯定,这种情形还将持续下去。俄罗斯并不是那种在第二天就能够康复的国家,泰国和韩国也不是这样的国家,而且股价正在突显出这些恐惧。在8月的第二周,我用130%的仓位开始做空,随后,好戏开演。对我来说,这就是个明显的机会。

您什么时候平空仓的?

我在10月的第二周平掉了空头头寸。我在行情器上贴着一张纸,上面写的是我制定好的规则。其中的一个规则就是:在股市特别疲软的时候买进股票,而且在股市特别强劲的时候卖出股票。识别股市是特别疲软还是特别强劲的最好方法就是感觉市场情绪的变化,兴奋还是悲观。然后你就应该开始快速行动,因为在这时的股市中,经常会突然出现最高点和最低点。在10月的第二周快要结束时,我感到我必须要好好利用股市处于极端疲软的这个机会,回补所有的空头头寸。我在一天之内就平掉了全部头寸,而且事实上,还反手做多25%的仓位。

那天究竟发生了什么特别的事情促使您反手做多呢?

那天,像戴尔公司这样的股票从50美元下降到40美元,临近收盘V型反转收复了2美元或者3美元。

因此,您在稍高的价位上买进了这些股票,而不是在当天上午早些时候进行交易。

正是这样。事实上,当我想要买进股票时,我希望看到的一件事情就是我很难买到这些股票。在戴尔股票是42美元的时候,我发出买进的指令,当我的指令完全成交的时候,股价已经上涨到45美元。我喜欢这样的股票。

您一般用市价指令,还是您试图在某一个特别的价位上买进?

我总是用市价指令买进和卖出。我从不瞎折腾,试图用最好的价格建仓。我是经纪人梦想的那种客户。

您刚才说过,您又做多25%仓位。那么,您什么时候开始对这个多头头寸增仓?

无论何时我平空翻多,我都想要先等等看,市场回升会不会在第二天延续,市场上还有没有利空的消息。如果还有其他的利空的消息而股市又不下跌,那我就真的要发疯了。

这种事情随后真的发生了吗?

它并没有在第二天就发生,但是,一周之内就发生了。股市上到处都是关于长期资本管理要倒闭的消息。(数以亿美元计算的对冲基金在债券市场中被过度杠杆化,带给投资者巨大的损失,使人们担忧整个金融系统将会瘫痪。请看对大卫·肖的访谈。)股市只是对此不屑一顾。这给了我更大的信心,准备大展拳脚做多。

那一次差点赔掉房子最后却翻本的交易是您成功交易生涯开始的标志吗?您后来是否忠于您的誓言,没有再犯?

在很大程度上,这标志着我的成功的交易生涯的开始。那之后,我立即开始交易那些以高质量著称的股票。当股市正在上涨时,我买进那些比大市上涨得还要快的股票。我想这些股票就是值得下注的马。我迫使我自己在回调的日子买进这些股票。我发现它们常常都会在一周之内上升5个百分点,反过来,以前我买的那些低质量的股票,可能一年也涨不了5个百分点。

如果我真的出现了问题,那一定是因为我又成为推销员的牺牲品了。在华尔街,最危险的东西就是推销员的嘴。我和推销员一起工作过。他们会说:"斯图亚特,您必须得看看这个。"有的时候,我在一周之内还在给自己找台阶下:我股票交易做得很好而且我手里有钱做投机,没准这次就真的赚钱了呢,要是不赚钱我也能赶快脱身。等我明白过来,这笔交易已经赔了20%到30%了。这是我不得不反复学习的教训。

即使是现在,您仍然会受小道消息影响吗?

绝对是这样。某种程度上,我有去赌的冲动。我很早以前就明白,我需要满足这种冲动,但是要通过一种廉价的手段。因此,我从对冲基金中抽取一小部分的资金,来做这些投机性的交易。

总的来说,在这些投机性交易中,您最后是输了还是赢了?

大概是不赔不赚吧。

您如何从一位股票经纪人转变成为一位基金经理?说到这一点,您为此做过销售吗?

实际上,作为一名股票经纪人,我开始做得还算可以,因为我学过如何推销。

您是如何推销的?

你需要弄明白客户需要什么,进而相应的包装你的推销演说词——而不是产品。

那么,客户需要什么?

片刻的满足、兴奋,疯狂的收益率,知道许多人正在购买相同的股票带来的安全感,以及无数个关于这只股票会上涨的理由。

因此,您试图使这只股票听起来无条件地尽可能地好?

绝对是这样。这是所有的股票经纪商都在做的事情。

难道您不会困扰吗?把不靠谱的事情说得靠谱。

会受困扰,但是,这和撒谎还不一样,因为我也不确定这只股票是否会上涨。或者说,我做的是非常耀眼的点缀。只是一段时间之后,这种点缀就过期无效了。

您如何避免这种情形?

在我自己的账户做得很好之后,我开始向客户推荐我的一些想法,而不仅仅局限于那些符合公司宗旨的股票。我的一个客户救了我,他喜欢我的做事风格,主动为我提供一份工作,让我替他们管理资金。这正是我想做的事情。要是我没有接受他为我提供的工作,我也不得不辞职了,因为,我再次回到了这样的一种状态,每天清晨醒来,我就觉得我不愿意再从事那种工作了。

新公司是一家什么样的公司?

它是一家注册的投资顾问公司,使用机构账户管理着3亿美元的资本。他们有他们自己的投资策略。

那么，您可以自主做决定进行交易吗？或者您必须要服从他们的指导方针？

我可以买进任何一只我想要购买的股票，但是，它必须先要满足他们的投资标准。

那些限制是什么？

市盈率必须要低于15。年收入的增长率至少是20%。此外，还需要满足一些资产负债表和资产流动性的条件。

对您来说，这是帮助还是阻碍？

这是一个巨大的阻碍，因为它极大地缩小了我可以投资的公司的范围。

由于这个政策，那您错过了哪些股票？

例如，我就不能购买微软或思科公司的股票；相反，我必须要购买诺威尔公司或3Com公司的股票。

因为微软或者思科公司的市盈率高出15？

是的。

您认为试图要买进市盈率低的这些股票是一个有缺陷的投资策略？

并不尽然。要是我一个人能决定投资策略，我永远都不会使用这种投资策略，但是，我觉得只要你坚持下去，任何一种合理的策略都会发挥作用。

那么，以您个人的账户，在您购买股票方面会有一些限制吗？

我可以购买任何一只我想要购买的股票，只要这些股票和我为客户购买的股票不重复就行。

您个人的账户和您为公司管理的账户的表现会有所不同吗？

在为公司管理方面，每年平均会有15%～20%的收益率，而在为我个人账户这方面，每年的收益率平均都达100%以上。

那您没有去找管理层？说，“瞧，这就是我自己没有任何限制的前提下取得的业绩，让我试着用同样的方法管理那些公司账户吧。”

当然说过，但是他们早就把公司定位于特定的投资哲学层面。而且，这也是客户们看重的。投资者最不愿意改变的事情就是投资策略。

然而，我的想法是要试着去适应任何一种看起来会奏效的全新的策略。最终，在我个人的账户内，积累了足够多的资金，我可以单飞了。我开始创立一个130万美元资本的基金，其中大约一半是我个人的资金。

那么,您是如何找到那些投资者的?

严格说来,全靠口耳相传。我没做任何营销。

我认为,您能有这种成就完全是您个人努力的结果,管理价值高达1亿5000万美元的对冲基金真是一件了不起的事情。难道您不需要其他人的帮助吗?

我有一个秘书,他每隔一天就来公司上班。

仅仅如此?难道您不再需要其他更多的帮助?

去年我聘用了某个人——一位了不起的家伙,他现在给他自己打工——我很快就明白我不适合用助手。

为什么您会这么认为?

我发现,办公室中出现另外一种观点对我来说,非常不安全。我的问题就是,我是一个非常易受影响的人。如果我让某人每天都为我工作,他就会参与管理资金,那么我就不再自行作决定了。

我喜欢安静。我可以整天打电话,这对我来说已经足够了。我不需要董事会议、讨论会议,以及例行会议报告为什么某只股票正在下跌。我甚至更喜欢我的助理每隔一天才来一次,因此,每隔一天我就能够完全地自主作决定,静静地坐在那里,开始思考问题。

我完全地了解,因为我也是在家工作。我发现,当您一个人工作时,您就会全身心地投入到您正在做的事情中。

确实如此。这也是我喜欢一个人工作的主要原因。人们来到我的办公室,经常问我:"您一个人是如何做到管理如此多金额的资金?难道您不想使您的公司成为一家更大的公司吗?"

那您是怎么回答他们的?

噢,到目前为止,这种方式对我来说很好。唯一重要的是我的业绩如何,而不是我管理的资金有多少。

看看您过去的业绩,您很容易就能募集到更多资金吧。

那就会毁掉一切。保持住我的良好业绩记录的唯一的一种方式,就是要确保我不能让资金量压倒自己。现在,如果这一季度的股市不错,它就增加了我现在管理的资金量。通过资本增值逐渐扩大资金量,我就可以让我的交易风格逐步适应管理更多的资产。

我猜想您更倾向于使1亿5000万美元增长50%，而不是使10亿美元增长20%。

的确如此。许多表现不错的人们都决定要大幅增加他们的资产，结果发现他们的第一年就是业绩最好的一年。之后，就走向下坡路。当然，他们仍然赚到很大一笔钱。但是，我想要每天进入股市时都有很好的感觉。我想要看到我的客户都是幸福的，想看到我的资产稳定地增加。我不想把我的伟大生活置于一笔越来越糟的生意上。我几乎没有开支，因此我仍然有巨额的收入。没有必要变得太贪婪。

您认为几近破产这段经历有利于您日后的成功吗？

绝对有帮助。

以何种方式？

关于这个行业，奇怪的事情是，不管你多么成功，如果你让自负冲昏头脑，那么一个倒霉的电话就会把你扔出这个行业。我曾经见过深渊，也许正是这样才使我没接到这样的倒霉电话。我知道事态变化急转直下的速度。任何一只股票的股价都有可能变为0，你需要意识到这点。

当我和那些潜在的新投资商们交谈时，我都会谈到我犯过的错误。因为，如果你将要和某人进行共同投资，你就会期望这个人已经用他自己的资金犯过错误，而不是让他们用你的资金犯错误。那些从未犯过错误的人很危险，因为他迟早会犯错误的。如果你已经犯了错误，你要意识到这些错误会再次出现，当它再次出现时，你就会更加细心。

我们已经讨论了您在职业生涯早期犯过的那些错误。在您最近成功的岁月中，您犯过什么错误吗？

今年，我看空后市，但是没有耐心等待股价变化确认我对市场的评估。

什么事让您如此盲目地看空？

我非常担心上涨的利率。过去，高利率经常导致低股价，而且我认为，今年仍会重复这一模式。然而，股市倾向于看重其他因素。我没有等待股市去确认其对高利率的恐惧，因此，我赔钱的速度很快。在3月份的时候，我的资金曲线下跌7%，这对我来说，是最大程度的单月回撤。

您还记得您还犯有其他错误吗？

在1998年1月，我投资了一些首次公开募股的小盘股，在刚上市的第一个季度内，它们都表现得相当差。

那么,在这个事情上,您犯了什么错误?

我的错误就是在调研不足的前提下,盲目投资低流动性的证券。

什么因素诱使您购买了这些股票?

市场情绪。股市越来越青睐概念股首发——这些股票有梦想和传言,但就是没有盈利。当这样的股票不再受欢迎时,股价很快地下降70%或者更多。它就像一阵暴风,在我的证券投资组合中迅速蔓延。那个月内,我的资金下跌了12%,于是决定要清算手中所有的股票。其中有一只股票,买进时的价格是18美元,而出手时的价格仅仅是2美元。

如果这些股票都像那只股票那样,难道您不想继续持有它们,以备万一未来它们的价格会反弹回来?在您全部清仓以后,发生了什么事情?

它们的股价的确有些反弹,但是,反弹得并不多。在我全部清算了这些股票之后,我用这笔钱购买了那些我早就应该购买的股票——更高的价位上的好公司的股票。

这么说来,您偏离了您的投资哲学原理。

是的,再一次地偏离了我的投资策略。这就像是一位吸毒者,在成功地戒毒三年以后,然后偶然遇到了某一位毒品贩子,他成功地劝说他再次开始吸毒。我这样说,并不是要有意责怪那些劝服我的人。这是我自己的过错,因为我让我自己易受这些传言的影响。我认为,我还没有吸取足够多的教训,在不听信传言的基础上进行交易。好消息就是我快速地转回到购买我喜欢的那类公司的股票的道路上来。在这个季度结束以前,我赚到的钱足以补偿所有的损失。

我猜想,这暗示着持有某只输钱的股票是一个错误,即使股价会反弹回来,因为这笔资金本可以在其他地方发挥更好的作用。

绝对是这样子。通过清点我的证券投资组合和再次投资稳健的股票,我赚回了更多的资金,远比我继续持有那些股票,然后等待诈尸反弹还要挣得多。

您会和那些公司进行交谈吗?

当我在为那家投资顾问公司工作时,我过去常常一直拜访那些公司。

这有利于您的投资吗?

几乎没有任何帮助。我发现,他们要么重复那些在此之前已经告诉每一个人的说法,其实已经反映在股价里了,要么他们就向我撒谎。也许会有一次千载难逢的好机会，你会听到一些有用的东西，但是，这样的机会成本非常高，为了要得到那一点点有用的信息，你需要从一家公司辗转到另一家公司。

关于公司管理团队向您撒谎的情形，您能给我提供一个例子吗？

例子多到你都记不清楚了。

那您就挑选一个最过分的例子。

我曾经看过秋天软件[①]在会议上做展示。在此之前，我从未听说过一个如此伟大的故事。他们制造的软件应用在全球计算机上的备用系统中。这个公司的管理团队非常令人信服，表达能力特别强，股价也特别高，但是我感到这是一匹势头迅猛的奔马。于是，我买进了50万股，但是，就在我刚刚买进后不久，这只股票的股价就开始狂跌。

我给那些管理层打电话，质问他们发生了什么事情。“我们也不知道，”他们说道，“公司业绩其实比上个月还要好。”某天，当我外出待在楠塔基特岛时，我接到了一通电话，通知我这家公司提前宣布在未来一个季度他们的业绩会令人失望。结果，前一天收市的时候，股价还是30美元，然而在第二天开市时，股价却只有7美元。这十分可笑，因为每一次当我和公司交谈，他们都说“生意前所未有地好”。这也向我证明了，作为一名外部投资者，你永远都不会知道真相。

这也是一个忽视您自己的规则的例子吗？没有注意股价对消息的反应，或者没有明显的原因，股价就下降了。

对于我的前雇主来说，这是不幸的，而我同时也仍在吸取同样的教训。

这段经历让您完全对和公司管理层交谈失去兴趣了吗？

并不完全是这样。当股价非常低而且没有其他投资商和这家公司的管理层交谈时，我也许会给他们打电话，因为，此时，他们已经非常沮丧，愿意开诚布公。我的希望也许是会了解到使股价反转向上的刺激因素。

一位成功的交易员应该具备的特征是什么？

我认为，许多成功的交易员都非常理性，努力工作，而且十分自律。具有讽刺意味的是，我发现我自己不具备这些特征。我非常感性；事实上我也

---

① 化名。

不怎么努力工作;而且我并不像我应该的那样自律。我更愿意将我自己的成功归因于既相信我的直觉,又有能力根据这些直觉快速行动。这非常关键。

所以在您过去的案例中,您能在几次亏损之后又弥补回来,只是简单地依靠抓住直觉?

确实如此,你说得非常对。

人们对股市最大的误解是什么?

目前来说,最大的误解就是人们普遍认为,在股市中进行交易是个容易的谋生手段。人们觉得,他们可以放弃他们的工作,然后只依靠股市交易就能生活;大部分人注定是要失望的。

那么,您贴在电脑上的交易规则都有哪些?

- 要耐心——等待时机。
- 依靠你自己的想法和风格进行交易。
- 永远都不要冲动地交易,尤其是不要再听别人的建议进行交易。
- 不要在一件事或者一只股票上冒太大的风险。
- 保持专注,尤其是当股市有行情的时候。
- 提前做好准备,不打无准备之仗。
- 听市场怎么说,而不是外界观点。
- 在建仓之前就考虑好一切,包括盈利/亏损出场点。
- 如果你对你的持仓不确定,那就赶紧退出。
- 迫使你自己和大众唱反调。
- 识别交易模式。
- 检验过去的预判;建立对未来6个月和一年的展望。
- 股价的变化先于基本面的变化。
- 如果市场没有对股价正确地做出反应,那么这是一个警告标志。
- 要充分放松;一旦错了马上承认。
- 你会经常犯错;尽快识别交易成败。
- 昨天的收盘价就是你的成本价,最初的成本已经不算数了。
- 给亏损的头寸增仓最容易,但往往是错误的。
- 迫使你自己在股市极度疲软的时候买进股票,在股市极度强劲的时候出售股票。

- 远离所有的干扰。
- 保持自信——机会永远都在。

我知道您没有和其他人共同工作的意愿，但是，让我们假设，5 年以后，您决定要追逐一个全新的职业生涯，拍摄电影。那么您能够培养一个人根据您的投资方针接替您的工作，进行投资吗？

我可以教给他们一些基本规则，但是，我不能教会他们复制我正在做的事情，因为，那要基于经验和直觉，这对每个人来说，都不一样。

当您在财务上达到某种程度的成功后，是什么激励您继续前进？

对我以前业绩的挑战以及了解到我对人们的财产安全做出了巨大贡献后获得的成就感。这种感觉非常棒。我有许多客户，有一些客户差不多和我同龄，我使他们实现了财务独立。

您如何应对连续的亏损？

降低交易额。我知道这样做不会挣到太多钱，但是，同时我也知道，我也不会输得太多。这就像是一个加油站。我需要让自己休息一下。然后，当下一个大机会来临时——它经常会来临——如果我抓住时机，业绩效果不比我在过渡期间错过的一些交易差。

您有什么建议要告诫那些初学者们吗？

要么全身心地投入到股市中，要么就不要进入股市。不要浅尝辄止。

还有其他的要点我们没有谈论到吗？

对我来说，公平而又礼貌地对待每位客户非常重要。这也许是我对我在纽约交易室中受到的谩骂的直接反应。但是，不管什么原因，努力做到每天诚恳地对待他人终于以正面的方式回馈了我。

斯图尔特·沃尔顿对成为一名交易员没有强烈的愿望，也没有特别的分析或数学方面的技能，而且易于在感情的影响下做出交易的决定，导致他在一些交易中输光或者几乎输光所有的资金。然而，为什么他成功了，而且是巨大的成功？

有五个关键的因素：

坚持不懈。他没有在那么多次失败之后停下他前进的脚步。

自省。他知道他自己的弱点，容易听信他人的观点，于是他采取措施以弥补这个个人缺陷。为此,他决定一个人要做所有的工作,而且留出极小一部分的资金——资金太少,对他构不成任何伤害——以发泄他听信谣言而导致的赌博欲望。

方法。沃尔顿成为一名成功的人士,正是因为他发明出一套详细的哲学和方法。

灵活性。虽然沃尔顿一开始出售强势股和买进便宜股,但是他足够灵活,基于对股市运作的敏锐的观察,完全背驰了原来的策略。如果在卖出之后,他相信原来拥有的那只股票将要上涨,他会毫不犹豫地在更高的价位上再把它买回来。如果他意识到他已经犯了错误,他毫不保留地开始全部清盘,即使卖出的价格远比他购买时的价格要低得多。最终,他调整了他的策略,以适应他对股市整体环境的感觉。用沃尔顿的话说:“今年也许是动能交易,而明年可能就是价值投资。”

诊断能力。绝大多数的交易员都有一些特别的技巧或能力。沃尔顿的才能是当看到别人同样看到的新闻和信息时,具有更清晰的洞察力,看到整体市场的可能的发展趋势——有时,市场未来的趋势对他来说甚至是显而易见的。这种对市场的诊断能力也许是先天具备的,并非后天习得。作为类比,两个同样聪明的学生考入同一所医学院学习,都一样努力地学习,然后进入同一所医院工作,然而,其中的一位掌握了更好的诊断技巧,因为能力也依赖于内在的天赋。

沃尔顿的个案历史向我们证明了,早期的失败并不能阻止后来的成功。这也给我们提供了一个示例,发现你自己的方法和排除所有其他观点是多么重要。

对斯图尔特·沃尔顿访谈记录的更新

当沃尔顿在股市的8年中取得了非凡的三位数字的年均收益率(毛收利)之后,他选择在大牛市中离开了股市。在熊市的中期(2001年1月),他回到了股市中,与已经发生了变化的投资环境不合拍。在他回到股市后的21个月中,他的投资业绩经历了类似股指的连续不断的下跌,比标准普尔的收益率还低6个百分点,比纳斯达克指数的收益率高4个百分点。在接下来的这段后续的采访

中，我们讨论了他的投资业绩为什么会有如此大的转变，以及最后他为什么改变了他原来的交易方法。

在您之前进入股市的8年中，您都取得了非常显著的成绩，然后，您休息了一段时间，结果，当您再次回到股市中时，却经历了一个非常糟糕的年份。这期间发生了什么事情？

当我在1999年中期停止交易时，纳斯达克还没有走到它最疯狂的上冲阶段。我在的那几年，纳斯达克每年上涨的幅度都超过了20%，但是，在我退出市场以后的仅仅8个月内，它上升的幅度就超过了75%。因此，在这段爆炸式的收益和市场疯狂期间，我并没有进行任何交易。当我在2001年再回到股市中时，由于我没有经历过股市过度的上涨，所以我没有完全地理解市场在2000年忍受的情感伤害。我最近的成功交易的经历还是20世纪90年代，踩着来来回回的市场节奏。结果，我没有找准大方向，股市一直在下跌，而且，我仍然试着从多空两个方向进行交易。事后回头看，很明显地，我迷失了大方向，赔了许多钱。

数十年来一直都很管用的那些指标现在在熊市中却不起作用了，让许多专业的市场参与者看起来都很愚蠢。问题就在于，我们中的许多交易员在我们的有限生命中从来都没有见过这样的股市情形。很少交易员能够经受住市场泡沫的破灭。与当前的熊市情形最近的市场情形就是20世纪30年代发生在美国的经济大萧条和20世纪90年代日本的经济大衰退。

您这么说是想暗示出当前的熊市就像上述的那两种情形一样，要持续很长时间吗？

当前的熊市情形并不完全适用于上述的两种情形。到目前为止，美国当前的经济的形势要远远好过20世纪30年代的经济大萧条或者10到15年前的日本经济大衰退。但是，用这种方式进行思考的一个原因就是，除非人们头脑中20世纪90年代的牛市记忆完全消失，否则我不相信当前的股市疾病会结束。太多的人做好准备试图想要抄底，买进那些科技股。

如果你稍微留心一下那些科技公司的基本面因素——负收入，巨额债务，高估值——没有像样的理由能让我们接近它们。然而，只要稍有反弹，还是有许多人蹦进去买进科技股。为什么？因为他们仍然记得这些股票在20世纪90年代是如何从10美元上涨到200美元的。这让我们不禁想到计算机时代的打字机公司。投资者一直以来都如此习惯于打字机占据着统治地位,即使现在已经很清楚地表明,计算机的时代已经来临,但是,他们仍然购买 Smith – Corona 公司的股票,在股价下跌到零的过程中一直有人买。类似的剧情还在高科技股投机中不断上演。

又如,你再也不会见过比"九一一"事件更恐怖、更具破坏性的事件了。但是,市场竟然还没有触底,仍旧延续之前高科技泡沫崩溃的过程。我发现这很神奇;我意识到,这种下跌的过程要花费极长的一段时间才能使自己止步。市场每一次出现反弹,之后都会再创新低,2001 年 9 月这一次也是一样,越来越多的人认清了这个现象。大底部不出现,意味着这个过程还要继续重复下去,直到熊市真的走到尽头。

您所说的大底部,是指极低的估值吗?

是的,2001 年 9 月的估值够低了,2002 年 7 月更低,尽管看上去它们都比之前的低点更低,但是我所说的底部还要加上市场情绪的衡量,比如说下跌过程的成交量对比上涨过程的成交量。这样说来,"九一一"后的低点和 2002 年 7 月的低点都算不上我们曾经见过的大底部,这也是为什么我认为终止现在的下跌趋势比终止 20 世纪 90 年代的上涨趋势更加困难。但是,不管怎么说,如果市场出现了连续 3 个月的反弹走势,那我就会进场抓反弹,无论我的长期观点如何悲观。

您如何区分中期反弹和一周行情?

从技术面来说,我会找突破多条趋势线并且成交量放大的股票。此外,我的交易方法是每次只拿一只股票,只拿一天。我可并不是说,现在就是三个月反弹的机会,你应该建立多头仓位。如果一只股票的技术面看起来不错,这只股票和它所属的版块技术面不错,并且大行情正在逐渐改善,我可能会建仓,只要这些因素没有恶化,那我就一直拿着。

您经常使用止损点吗?

是的。

为什么止损在 2001 年不管用呢?

我一直都在使用止损点,但是,有一个月投资成绩非常糟糕——2 月,在这个月内,我的整个投资组合有两次止损出场。龙头股都已经下跌了 50% 至 70%,所以,我买进了一篮子的龙头股,然后这些股票又继续下跌了 10 个百分点,让我止损离场。月末的时候,我尝试着进行同样的交易,还是止损离场。现在,除了在个股上,我还在组合层面上应用风险控制。如果整个组合下跌了5%,我就减仓,如果下跌了10%,我就全部清仓。

除了投资组合的整体风险控制没起到作用,自从您再次回到股市中以来,犯过的最严重的错误是什么?

没有想到熊市这么大程度上改变了收益和风险之间的平衡。比如说你喜欢一家医药公司,因为你已经对这家公司做了详尽的调查,这让你相信美国食品和药物管理局有80%的可能性会批准它们的新药物申请。在当前的熊市环境下,即使你估计的几率是对的,但是,这笔交易也有可能是一个很坏的赌注,因为,通过了申请这只股票也许只上涨5个百分点,但是不通过就会下跌50个百分点。

从2001年那段困难的经历中,您学到了哪些最重要的教训?

交易优势的重要性——当市场上不具备交易的条件时,就不要进行交易。

您现在的交易量更少了吗?

是的,少到荒谬的程度。我已经重新检查了对冲基金在这段时间的交易,发现在这段期间我的失误率是最高的,我没有取得任何实质的进步。当我现在回头看那段期间时,我意识到在这段时间里我也是最情绪化的。太多的情绪化就会导致失误,做出错误决定。虽然我仍旧喜欢率性而为,但是,现在,在我做出交易决定之前,我经常会反复权衡。

史蒂夫·沃森

打电话赚钱

承担风险对史蒂夫·沃森来说从来都不是问题。他天真地回忆着儿时在夏季和他的堂兄一起在欧扎克山脉抓蛇的那段经历。当时他还是一个11岁的孩子,他和他的堂兄认为,抓有毒的蛇要比抓无毒的蛇“好玩”。他们发现了两条巨型水蝮蛇。在用一根长树枝把它们打昏后,他们紧紧地抓住蛇头部的正下方,突然他们就想到,要是把这两条猎物扛回到他们家的储藏室中,骄傲地向他们的父亲展示一番,这肯定是一个不错的想法。他们的家在这条河流的下游约一英里处。胳膊上缠着蛇,两手紧紧抓住蛇头,涉水而行大概半英里之后,他们的手累了,开始吃不消,于是又有了新想法,“也许把蛇带回家不是个好主意”。他们都这么认为。最后,由于他们不能再继续这么紧紧地抓着蛇,他们把这两条蛇突然地扔进河中,然后向相反的方向跑去。和抓蛇相比之下,买进股票和卖出股票就看起来相当乏味。

沃森一直都很乐意承担职业生涯中的风险。在成为一名经纪人之后的两年内,他越来越清醒地意识到,对于交易股票这个最终目标,他选错了道路,于是,他辞掉了这份工作并且前往纽约。在没有任何行业熟人、面试机会或者悦目的履历的前提下,他就这么做了。事实上,对史蒂夫·沃森而言,在追求成功的道路上绝对没有其他合乎逻辑的理由——除了他的决心以外。若干年以后,他辞掉了一份安稳的管理大规模基金的工作,开始创办他自己的对冲基金。在没有足够多的资金租赁办公场地的前提下,他开始了这个新业务。

然而,在做股票交易时,沃森愿意接受风险,但是不愿意冒险。“你必须乐意接受某种程度上的风险,”沃森说道,“否则你永远都不能迈出这一步。”

但是，他相信要把风险牢牢控制在你能控制的范围内。一般来说，他的净多头头寸不足资产的一半，甚至是更少的比例。自从四年半以前他开始创立他的对冲基金以后，最糟糕的一次资金回撤，从峰值到接下来的低点，还不到4%——与他扣除费用之后的客户月平均收益率相当。收益和风险之间的比率足以让他位于最优秀的基金经理之列。

在要完成“金融怪杰”系列丛书而进行的访谈中，我学到的其中一个最重要的教训就是，毫无例外地，那些成功的交易员最终都运用的是适合他们个性的那种方法。沃森已经找到了一种方法，要高度依赖于和其他人交流并且从这些人身上获取信息，这也是和他随和的个性十分搭配的一种方式。当他被问到让那些完全陌生的人花费时间和他交谈是不是一件困难的事情时，沃森说道：“我的父亲是那种你最期望遇到的最和善的人。他教会我的一件事情就是，‘要像对待你的好朋友似的一视同仁地对待每个人。’我发现，如果你用这种态度对待他们，大多数情况下，他们都会试图帮你走出困境。”

沃森的公司位于曼哈顿，我在其中的一间会议室里见到了他。他非常放松、友好，带着他的家乡阿肯色州的腔调和我交谈。

您什么时候开始对股市感兴趣？

我出身的家庭从不读《华尔街时报》，从不购买任何一只股票，而且从来都不投资共同基金。我对股市一窍不通，直到我进入大学以后。当我进入阿肯色州大学，我选修了一门投资课程，它激发了我对股市的兴趣。

这门课程如何激发了您的兴趣？

研究某只股票。教授要求我们每位学生挑选一只股票，然后针对这只股票写一份报告，这是这门课的主要内容。我的那个小组选了当地一家正在经历困难的实业公司作为我们的研究对象。我们仔细对其分析，然后得出结论：这是一家非常糟糕的公司。我们都打算要在课堂上的展示中，说明这是一只垃圾股。

在展示的前一天，组内的某位成员想出了一个非常聪明的方法，这就是前往当地的一家经纪公司，看看关于这只股票，他们会说些什么。于是，这家经纪公司给出了一份对它赞美吹捧的报告，报告中全是各种各样的正面信息，而且还得出了结论，要推荐人们购买。而我们只是一群正在学习初级投资课程的大学生,我们认为,既然这帮人拿着薪水并以此为生,我们的结论肯定错了。于是,我们完全改变了报告的内容,而且还得出积极的结论,即使这和我们相信的内容完全相反。

第二天,我们上交了这份报告,教授拿到手一看就把它撕碎了。"这是一家糟糕的公司!"他大声喊道,还列举出一系列原因,用于支持他的结论——我们原来的那份报告中包含着这些所有的原因。当然了,我们并没有说出任何事情。(他大笑)

那只股票最终怎么样了?

股价下跌了。这就是我学到的关于股市的第一个和最重要的教训:必须要坚定你自己相信的东西。

那门课程促使您下决心要在股市中追逐您的职业生涯吗?

是的。当我毕业后,我就搬到了达拉斯市,我唯一曾经游览过的大城市,去寻找一份股票经纪商的工作。我认为,成为一名股票经纪商就意味着你必须要管理其他人的资产和每天都泡在股市中。我很快就发现了股票经纪商的工作更像是一种销售工作,而且坦白地说,我并不擅长销售。我的最大的客户是捡来的,因为在 1987 年 10 月股市崩溃的那天,他自己的经纪人不接电话——他没有办法和每个客户交谈——而我是他的这位客户唯一能联系到的一位经纪人。

当我在那家公司工作约两年后,我记得那时我给父亲打电话,说道:"我不想成为一名股票经纪人。我每天做的事情就是打陌生拜访电话,试图向他们推销那些不需要的股票。"把我的感受一吐为快帮助我做出了辞职的决定。我知道我真的想成为一名基金经理。于是,我搬到纽约市,期望找到一份更贴近我的目标的工作。

那么,在此之前,作为一名经纪人,在筛选股票方面,您一直都很成功吗?

没有,在这方面,我一直都很不成功。

那么为什么您有信心成功地管理资金?

我没有期望能够在第一天就找到一份管理资金的工作,我只是想要进入到这个行业中。一旦我决定我将要去做某事时,我就下决心一定要成功,不管遇到什么困难。如果我没有这份态度,我肯定不会取得现在的成功。

当我到达纽约市时,我不认识任何人,而且我的简历——毕业于美国阿肯色州大学，平均成绩是 2.7 学分，只有两年经纪人的工作经历——肯定不能给任何人留下深刻的印象。我根本就不能和那些哈佛毕业、高盛实习的人相比。因此，我不得不努力奋斗。我开始为一家保险公司工作，做贷款分析工作，这对还款是非常重要的一部分，而且还积累了一些分析经验。此外，我还向纽约大学商学院申请了读研的机会，但是他们没有录取我。于是，我进入了福德汉姆大学学习了一学期，拿到了很好的学分，然后转校到纽约。

毕业以后，我参加了 40 次不同的对冲基金经理的面试，这对我来说，十分有帮助，因为这给我一种体会，让我了解到其他人正在做的事情。我选择在信孚银行的小盘股部门工作。即使在这个行业中，我还是个新手，我被录用的原因就是我比其他人更加了解小盘股。我都没法告诉你，曾经在多少个夜晚里，我熬夜工作到凌晨三点，在彭博财经上浏览股票。那时，任何交易所的任何一家市值不超过 3 亿美元的公司，我都略知一二。

您为什么决定要关注于小盘股？

小盘股一直都是我的最爱，因为对于微软或英特尔这样的股票，我没有任何优势。我不能打电话给这些公司的财务总监们。在大学时，即使那时我还没有工作，我也能给小公司的财务总监们打电话，告诉他们我正在做一项关于他们公司的研究，还可以向他们问问题。我的公寓里堆满了这些公司的报告。

那您在信孚银行的工作职责是什么？

我是比尔·纽曼的得力助手，他负责这家公司的两只小盘股基金中的一只。在工作上，他给了我许多自由。如果我喜欢某个主意，他就让我去做。这就好像我是投资组合经理似的，因为他很少反驳我挑选出来的股票。不幸的是，在我加入这家银行的 3 个月后，他就离开了。我和接替他的那个经理相处得不好——我们的投资哲学相冲突。

在哪些方面相冲突呢？

我的新老板——顺便说一句，他是我曾经见过的最糟糕的股票投资者——他是一位动能投资者，相信要买进那些市盈率高（交易价格是每股收益的很多倍），并且股价攀升得特别快的股票，而我却相信买进那些价值股，还要对这家公司进行细致的调查。大约一年半后，我就离开了这家银行，而且在广泛搜索了华尔街工作以后，在佛莱斯联合公司，我找到一份工作，这家公司经营白兰地基金。

那么,这家公司为您提供了什么样的工作?

正式地来说,我被聘请为顾问,因为我在分公司工作。那时,这家公司的主要分部位于特拉华州的威尔明顿市,但是我在曼哈顿工作。佛莱斯管理的方式是,每位员工既是研究分析员,又是投资组合经理。他采用他自创的“只有一头猪在槽内”的方法。如果你找到了一只你喜欢的股票而且想要买进它,那么你就必须要劝服其他人清算他们持有的其中的一只股票,以便为你喜欢的那只股票在投资组合中留出空间,这正像是如果一只猪想要在槽内拥有属于它的位置,那么它就必须要把另外一只猪挤走。

您在这家公司待了多久?

大约两年。

您为什么要离开?

白兰地基金的资产一直在快速上升。我喜欢那些小盘股。但是,这只基金的资产已经增长得太过雄厚,我们已经不能用小盘股来打扰它,而且这笔基金的关注点差不多转向了只关注那些中盘股和大盘股,这让我更难以接近那些财务总监,更别提向他们问问题了。而且,随着资产的增加,公司中的分析员也越来越多。当公司有 15 名分析员时,你的投资成绩就不会对这基金产生太大的影响。我想待在我能控制一切的环境中。于是,我决定要离开,开始创办自己的基金。

那您从何处募集资金创办您自己的基金呢?

那时,我只有约 2 万美元的储蓄。在此之前,在那些财务总监用他们个人的账户购买股票方面,我曾经给他们提供了一些建议,而且这些建议非常有用,于是我就找他们帮忙。结果,我只募集到了 70 万美元的资金;我是世界上最糟糕的推销员。但是,这笔资金对我来说,已经足够创办我自己的基金了。

您如何支付公司的营业费用?

那时,我非常幸运。爱德·麦吉恩已经租给我一块办公空地。他想帮助我开始创建我的基金。他知道靠我一己之力肯定支付不起租金,于是,他就让我免费使用其中的一间特别小的办公室。这是我曾经见过的最小的办公室——长约 4 米,宽约 2 米——但是,我对他非常感激。他甚至还帮我支付了一个月的使用彭博公司数据的费用。

我注意到，在您成为一名基金经理的第一年内，您的收益率要高出许多，大约是两倍。为什么会是这样？

关于风险回报，在第一年内，我有着不同的观点，因为我正在管理着不足100万美元的资产。我允许我的可以达到70%至80%，可以高达5%或6%。结果，那一年，我们的收益率达到了三位数字。

您如何挑选您要买进的那些股票？

我们有基金，专门用于投资那些市场资产不足3.5亿美元的公司，和小盘股基金，用于投资那些市场资产在3.5亿美元和15亿美元之间的公司。在这两种基金中，我们首要做的事情就是寻找那些相对廉价的公司——8倍到12倍进行交易。在这，我们得弄明白对于哪些公司投资者的观点会改变。总的来说，这些公司有可能就是那些正处于麻烦中的公司，但是，它们的生意将要扭亏为盈。我们一定要比其他人更先找到这些公司。

关于这一点，您是如何做到的？

我们打了许多电话。我们公司和其他大多数的对冲基金公司的不同之处就在于，给这些公司打电话是我们最应该要做的事情。在我的公司中，有两名员工四分之三的时间预约那些公司的管理层，还有五名研究人员，他们则要把时间全部用在给这些公司打电话以及和财务总监交谈上。

在这个行业中，你不能等待一新股票。原先的三倍。通过我们自己的研究，如果你买进别的股票——这些股票只在8倍至12倍——那么，任何一个变化都能对其价格产生影响。

难道那些财务总监没有向您绘声绘色地说过他们公司的前途有多么美好吗？

他们当然会这样做。只是你不能就这么简单地相信了他们的话。这些财务总监也只是人，而且他们也会夸大他们的公司业绩现在有多么好。但是，我们也会和他们的分销商、顾客及竞争对手们交谈。如果我们打算要持有某只股票，那么我们不仅要和这家公司交谈，而且还要和那些销售商以及顾客交谈。

您如何教您的员工做电话访谈？

你只需要让电话另一端的那个人站在你这一边就行了。永远不要告诉财务总监他是不对的，或者告诉他如何经营他的生意。如果你这样做了，他可能下次就不会再接你的电话。还有，你必须要用恰当的方式问他问题。

你不能直接地问他问题,比如“这个季度的收入怎么样”,因为,很显然,他不会告诉你。但是,反过来说,如果你问他,竞争对手正在推出的一款新产品,这将对他的公司产生何种影响,那么,你也许会得到一些有用的信息。我们就像是侦探。我们正在试图找到这种还没有被大众知晓的信息,然后把这样的各种各样的信息组合在一起,获得某种优势。

当您要买进某只股票时,除上述之外,您还看重什么?

价格低廉和即将要的前景。除此之外,如果你了解到公司管理层正在增持,那么这也帮助你肯定公司的前景将要向好的方向发展。

公司内部增持是您定期要关注的吗?

是的,但是,我宁愿这种消息没有出现在头版头条中。

为什么?

因为我不愿意秘密被其他人知道。

但是,内部其实并不算是秘密。事实上,在本书的许多访谈中,它都出现过。

在我的职业生涯道路上华尔街经历中,我肯定已经参加了多达 80 家公司的面试。那时,关于许多对冲基金经理都使用图表和卖方信息(券商研究报告)而不使用内部认购信息,我很惊讶。事实上,有许多基金经理都告诉我,内部这一做法非常愚蠢。(他笑道)

股票投资并不是一门精准的科学。你能看到越多有用的信息,你的胜算就越大。我们和公司交谈比我们不和公司交谈更能增加我们的胜算,我们更能做出正确的投资决策。类似地,如果我们关注那些正在进行内部增持的公司,这并不意味着这些股票就要上涨,它肯定会增加我们的胜算。

难道这暗示出您从来都不用那些图表或者华尔街研究吗?

当我为基金组合买进股票时,我不会看那些图表。

您不使用这些图表的原因是因为您讨厌使用它们,不能找到任何有用的信息,还是因为您从来都没有尝试着用它们呢?

那是因为大多人都在借助这些图表。如果太多人都在用这种方法,那我就觉得我的优势不会太大。

那券商研究报告呢? 您也从来都没有用过吗?

我会参考那些分析员的盈利预测报告,因为我的部分工作就是要弄清楚这家公司是否正在表现得比人们的预期还要好或者还要差。但是,我从来都没有给卖方分析员打过一通电话，询问他们的建议。我这么说，你不要误会我；华尔街上也有一些伟大的分析员。但是，这要归结为我的投资哲学：自己做研究会更靠谱，这样你自己就能做出何时买进和何时出手的决定。

如果由于某位分析员的推荐我买进了这家公司的股票，而且当这只股票突然下跌20%时，那么接下来我还会依赖他的信息。如果我给他打电话，他说道，"没关系，不用担心"，随后又试着给这家公司的财务总监打电话，他极有可能不会给我回电话，因为他根本就不知道我是谁。在不回我的同时，关于发生了什么事情，他正在告诉他认识的其他的十个人。如果我也认识他，那么，他也许会最先打给我。

另一方面就是卖方研究报告具有偏见性；它受投资银行关系的驱使。如果一家经纪公司在为某只股票承销的过程中，挣到了数百万的美元，那么，这家公司的分析员就很难发布除此以外的任何信息，即使他认为这家公司存在着很严重的问题。我的公司中有一些研究分析员，他们的非常要好的朋友就是卖方的分析员，而他们也看过他们的朋友在迫于压力的情况下向别人推荐他们不喜欢的股票。

比如说，某只股票在市盈率的8倍至12倍的范围内进行交易，而且您喜欢这只股票的基本面。那么您如何决定购买的时机呢？很明显，由于您甚至都不会看图表一眼，您也不会借助任何技术分析技巧来确定买进的时机。

你需要一个刺激因素，它能够促使股价上涨。

关于这个促使您买进股票的刺激因素，请您列举一个例子。

当前的一个例子就是Amerigon公司的股票。两周以前，他们举办了一场新闻发布会，宣布其与福特汽车公司达成了一个五年的协议，制造通风良好的汽车。然而，这个新闻发布会并没有包括太多关于合约大小的信息。但是，通过不仅与这家公司的交谈，而且还与福特公司的交谈，我们了解到这个合约非常大。此外，我们还了解到，正在达成相似的合作。

关于这个刺激因素，还有其他例子吗？

利润率的一个变化。我们长期持有的一只股票就是温德米尔公司的股票，它主要制造个人护理用品，例如吹风机。去年，他们收购了百得公司的一个分部，被收购的这个分部的巨额的营业成本拖累着他们的营业收入。当我们了解到这家公司打算要关闭那些不营利的——这个举动将削减他们的营业成本,在未来的几个季度中,营业收入会超出人们的预期水平,我们最近购买了这只股票。

那您还能列举一些其他的例子吗?

有时,这个刺激因素也会是公司推出的新产品。去年,我们最大的赢家就是 LTXX,一家半导体公司。它们推出了一款新产品,而且通过和它们的顾客交谈,我们了解到销售前景非常棒。然而,华尔街上的那些人并不知道,因为这种新产品的销售额并没有在盈利报告中出现过。当营业收入开始超过人们的预期时,这只股票开始狂涨。

如果您购买了某只股票,股价随后上涨,那么您?

(他笑道)我们经常。如果我们在 10 倍市盈率的时候购买了股票,然后它开始上涨,经常在涨到 20 倍的市盈率之前,我们就已经出手了。我们将回笼的钱用在购买相近数量的另外一只股票上,这样我们就能把投资组合的风险/回报比率维持得尽可能低。LTXX 就是一个极好的例子。当它的股价在 5 美元左右时,我们开始买进这只股票,然后当它升到 15 美元时,我们开始转手出售,即使我们预测市盈率仍然会上升。如今,这只股票的交易价格是 45 美元。这种现象很普遍。但是,在股市下挫时出现的相同特点迫使我们太早清仓,这对我们来说是有益的,因为我们并不会在高市盈率的情况下长期持有股票,避免在股市调整的过程中受到重创。

如果您买进某只股票,而且它就在那里,那么您决定何时退出?

如果它看起来像死钱,而且我原先以为会发生的事情结果并没有发生,这时,对我们来说,最好要退出。

换句话说,一旦市场变得很明朗,表现出您当初买进股票的理由不再有效时,您就会立即清仓?

或者是由于我有了更好的想法。毕竟我们可利用的资金十分有限。因此,投资于你最好的想法,这一点很重要。

在一次交易中,您同时会有多少个仓位?

我同时会有 100 多个仓位。我们不会让任何一笔交易发展得特别大。最大的交易也只会占到总资产的 3% 左右,而且就连这样的交易也特别少。总而言之,我们最大的交易也只会占到一半的比例。

您如何平衡买进和卖出?

一般来说,我们的总盘口会在净长仓中大约占 20% 至 50%,虽然在遇到熊市时,这种比例可能会更低。此时,我们的买进股票的交易占 80%,卖出股票的交易占 40%,这种现象非常普遍。我们一直保持做相当一大部分的短线交易,而且会继续这样做下去。这样做的部分原因就是我一直期盼着熊市的到来。

在历史上最伟大的牛市中突然出现熊市——这可不是一个好特征。您为什么要期待熊市?

不管怎样,谢谢上帝保佑我们一直在挣钱。我只是暂时地感受到这是一个牛市,但是现在(2000 年 3 月),我认为我们已经看到了公众对某些行业的狂热,比如对互联网和科技的追捧。股价都高高在上,就像在臭氧层中。这与我们过去经历过的股市狂热没有任何不同:几年前的俄罗斯市场,20 世纪 80 年代的日本市场, 20 世纪 70 年代的房地产市场,甚至远在 17 世纪的发生在荷兰的郁金香热。现在,当每个人的高尔夫球友都正在从买进股票中赚钱时,顺应这一趋势也很有压力。你持有某只机车的股票,可它的股价一直在上升,但是,问题在于,当这只股票不再上升,反而下降时,正像它往常的情形那样,那么会发生什么事情。

我们现在就会接近峰值还是从现在起,三年以后峰值才能出现?我回答不了这种问题。我能做的只是控制那些我能影响股价波动的因素,但是,我决定不了股市的发展方向。

和您短线交易的那些公司的财务总监一起交谈不是一件难事吧?我能想象出,他们不太乐意同那些正在出售他们公司股票的经理交谈。

在从事短线交易时,我们无论如何都不会同这些总监交谈的。

是因为您无法联系到他们吗?

不是,那是因为和他们交谈往往会影响我们的想法。前些年,许多次我都想改变我的想法,要把这只股票卖掉,因为那位财务总监向我保证过,公司运营得很好,可是,随后这只股票就崩盘了。如果我们认为这只股票适合短线交易,那么我们就会花费大量的时间同这家公司的顾客、供应商和竞争对手交谈。

您如何选择适合短线交易的那些股票?

我们肯定会寻找更高价格的股票——在 30 倍至 40 倍的市盈率的价格上进行交易,或者是那些没有收入的股票。在这种情况下,我们设法确定哪些公司的商业计划有缺陷。

请举出一个关于有缺陷的商业计划的例子。

在短线交易中,我最喜欢的公司就是那些只有一种产品的公司,因为如果这种产品失败了,它们就没有其他产品可以依靠。而且,销售这种只有一种产品的公司的股票,然后离开,这是一件更容易的事情。一个典型的例子就是 Milestone Scientific 公司。这家公司生产了一种本可以代替牙齿奴佛卡因注射剂的无痛产品。这听起来像是一个非常好的想法,于是我们开始计划要买进这只股票。那时,我们公司中的其中一位分析员参加了牙科贸易展,从前来参展的牙医那里收集到了许多名片。正在研究这只股票的那位主要的华尔街分析师假设每间牙科诊所都会购买五台机器,于是他预测这家公司的未来营业收入十分可观。

我去看了看这家位于新泽西的公司。在租赁的办公场所内,只有三位员工,他们把所有工作都外包出去。我们开始给牙医打电话,结果发现这种产品并不像其广告中夸大的那么有效;它并不完全是无痛产品,而且它的麻醉时间还没有奴佛卡因的作用时间长。另外一个关键的原因就是这家公司在销售产品时,还承诺了退钱。他们把出货量作为预定收入,却没有将退货这个风险计算在内。

除此之外,我们还与这家公司把生产的任务外包给的那家生产厂商交谈过,弄清楚了真实的装船数量和未来的生产计划。结果,我们发现,订单大大落后于生产的数量。这种现实情况与华尔街的研究报告之间的差别是我见过的最大的差别。

这只股票最终怎么样了?

股价下跌到不足 1 美元。

在那种情况下,让生产厂商和您交谈不是很困难吗,更别说要让他给您提供详细的信息了?

如果你打了电话,至少还有一个他会告诉你的机会。我告诉我们公司中的分析人员的其中的一件事情就是,"一定要给他们打电话。也许他们不会接你的电话,但是,如果你不打电话,他们肯定不会告诉你"。在这种情形下,刚开始,生产厂商非常乐意帮助我们,但是,后来他们变聪明了,注意到我们正在做的事情,于是就不再接听我们的电话。但是,在他们拒接之前,我们已经拿到了我们需要的全部信息。

在那种情形下，当您给生产厂家打电话时，您会说些什么？

我告诉他实话。我告诉他，我是一名基金经理，目前正在研究那家公司和那个行业。在某些情况下，当我们给一家公司打电话时，我们就让他们说一些高端顾客的名字，以帮助我们评估他们的产品。

有时，为您提供这种信息会对公司不利吗？因为这些顾客就像他们相信的那样，不喜欢这家公司。

当我开始这么做时，我以为，给这些顾客打电话就像是面试那些应聘者——他们只会说些赞美的话语。然而，事实上，并不经常是这种情形，这就让我惊讶。我非常想知道，公司是否会知道他们的顾客对他们的看法。有时，我们用这种方式，找到最有用的信息。

关于您如何挑选短线股，还有其他的例子吗？

还有一个不错的例子，Balance Bars 公司。您可以走进任何一家 GNC 商店，看到货架上摆满了很有竞争力的产品，而且 Balance Bars 产品的价格都很低。但是，这只股票的交易价格却是其市盈率的 70 倍；它本应该在 10 倍市盈率的价格上进行交易。

这听起来很像彼得·林奇讲过的通过和家人一起去超市购物而获得好的交易想法。

一直以来，彼得·林奇都比任何人更能给我提供一些灵感。我至少读过他的《选股战略》10 次。我问过我曾经采访过的人们，他们是否读过这本书。如果他们没有读过，那么，这就说明，他们并不像他们说的那样认真地对待股市。

从您个人方面来讲，您认为这本书的哪个方面最重要？

它向你传达了一种信息，做你自己的研究比听信华尔街上的券商研究报告更为重要。

哪种类型的研究报告？

和公司以及顾客交谈的那种报告。

但是，普通投资者无法拨通那些公司的电话。

普通投资者也许不能拨通公司的财务总监的电话，但是，按照林奇的建议，那些非专业人士仍然可以给投资者关系办公室打电话，而且只要他们问的问题恰当，他们就会得到有用的信息。林奇对普通投资者给出的建议的宗旨就是：投资那些你熟悉的公司——你所在的公司（假设它运营得非常好),你所在行业中的某家公司,或者生产你能够触摸和感觉到的产品的公司。要点就是,投资他们熟悉的公司远比听信他们的经纪商而投资那些他们毫不知情的公司挣到的钱要多得多。彼得·林奇的投资哲学中的一部分就是,如果你不能用四句话总结你为什么要持有这只股票,那么,很有可能,你就不应该持有它。

您曾经见过彼得·林奇吗?

我从来都没有见过他,但是,好几次,我在富达公司面试时和他擦肩而过。那时,我非常期望能够在那里工作,因为我想成为第二个彼得·林奇,最终管理麦哲伦基金。最后一次我在富达公司面试时,正是在我要接受去佛莱斯联合公司工作之前。我远远地见过杰夫·维尼克(林奇的首选继任者,麦哲伦基金的管理者)。他只问了我两个问题,但是这两个问题会永远地刻在我的脑海中。他问的第一个问题就是,"什么是债券利率?"我一直从事股票交易,从来都没有关注过债券市场。我后来才了解到维尼克特别关注利率,是因为他从事大量债券的交易。他的第二个问题是,"现在你已经29岁了;在过去的29年中,你都做过什么事情?"这个面试不到5分钟就结束了。

您会像彼得·林奇那样,在去过购物中心后,才有了更好的交易想法吗?

一直以来都是这样。我喜欢去购物中心。投资并不像人们想象的那么简单。有时,它只需要投资者具备常识。谁都可以去购物中心,要是看到了像Bombay这样的商店没有人气,而Gap店中却挤满了顾客这样的现象,如果你连续去了四五家购物中心,都看到这种情况,那么,这里面肯定有原因。这说明,数年来,Bombay的商店中肯定没有合适的使顾客想要购买的商品,而随着时间的流逝,Gap店一直在改变,及时更新库存产品,因此能够满足顾客的要求。

那么,这么说来,您会买进Gap的股票,以及做空Bombay的股票吗?

我们没有交易Gap这只股票,因为我们只交易那些小盘股。有时,我们会短线交易Bombay的股票。

关于那些在很大程度上受逛商场启发的交易,有一些这样的例子吗?

去年圣诞节的时候,我去了男人衣仓这家商店,因为我需要一套西装。我讨厌交易衣服类的股票,而且我注意到这家商店几乎没有顾客。为确定是否要做这笔交易,我们又做了一些其他的研究,但是,最终我们还是把它做空了。

长期交易的股票都有哪些?

我们购买的其中一只股票就是 Claire's。我注意到在这家商店中,经常挤满了十几岁的顾客。此外,我们也喜欢它们的财务报告,发现它们的管理人员很正直。

我们一直都在谈论那些公司,这些公司的商业计划有一定的缺陷。关于这些公司,还有其他例子吗?

比如 Enamalon 公司。这家公司的唯一产品是一种可以增白牙齿的牙膏。如果它们不花费大量的金钱在更新产品和做广告上,它们就不能在竞争激烈的牙膏市场上有立足之地。另一方面,如果它们花费足够多的金钱,让更多的顾客认识它们的产品,那么它们就要烧蚀大部分的营业收入。从一开始,这就是一笔不盈利的生意。另外一个问题就是,这个产品的价格比一般牙膏的价格要高,但是增白的效果并不怎么明显。我让办公室中的每位员工都试用了这款牙膏,结果,只有一位员工喜欢它。

刚才您说道,这家公司的名字是 Enamalon? 我怎么从来都没有听说过这种牙膏。

的确是这样,这就是我的观点。

那这只股票后来怎么样了?

上一次我看大盘的时候,它的交易价格是 1 美元。

这听起来像是,在您要做空这只股票的决定中一个重要的因素,这就是让办公室中的每位员工都试用这种产品。还有另外一些关于由"消费者研究"得出的做空想法的例子吗?

(他搜索着他的记忆,然后大声笑起来。)我们做空的其中一只股票就是 Ultrafem。这是一家只有一种产品的公司,而且市场交易的价值高于 1 亿美元。这种产品可替代女性使用的护垫,采用这家公司所谓的"软杯技术"而制造出来。在此之前,这家公司举办了几场新闻发布会,宣布它的新产品相对于传统产品而言具有的优势。于是,我就给生产厂商打电话,让他们送给我五个样品。我收到后就转交给我的五位女性朋友。当她们都试用过之后,都回电话给我,反应几乎一致:"你在开玩笑吧。"于是我做空了这只股票。当我做"市场研究"时,这只股票的交易价格还是二十几美元;而现在仅有3美分,市场价值缩小至26万美元。

您何时做空的?

我们最近才刚刚平完仓。

股价一路下降,您却一直持有它?

这可能是我有史以来挑选的第一只股票,但是不幸地,这一路以来,我们持有越来越少的股票,因为我们被迫买进了很多其他的股票。

您说"被迫买进",那您的意思是您借用的那些股票被收回了吗?(为了要做空某只股票,卖方必须要借用他出售的股份。如果贷方要求借方归还他们的这些股份,那么做空的卖方要么从其他贷方那里借用股份,这也许不易实现,要么在市场上再把这些股份买回来。)

确实是这样,而且这只股票被绑定了(市场上没有可供借用的闲置股份)。这就是我在那会儿学到的教训:做空股票这个游戏是非常独立的。如果市场上只有非常少的可供借用的股份,而且此时我正在和一位大型基金经理竞争,他比我更多地和那家经纪公司做生意,那么试着猜想一下谁会得到这些股份。这个事情发生在1997年;那时我们还是一家实力相对弱小的公司。

为什么借用的股份要被收回?

因为那位投资者需要股票证书在他的名下。[除非某位投资者特别要求持有股票证书,否则的话,将由经纪公司持有它("以华尔街的名义"),并负责借出。]

为什么那位投资者会突然要求他的股票证书呢?

由于这些公司的基本面很疲软,股价非常脆弱,因此这些公司就经常是那些大量的做空交易青睐的对象。有时,这些公司也会鼓励它们的投资者去要求持有在他们名下的股票证书,希望通过召回那些借用的股份去平仓那些做空的交易。有时,还有一些极少数的公司也会买进大量的股份,把这些股份借给他人,征收特别高的短期利率,然后又召回这些股份,迫使那些已经做空的交易人员再次在更高的价格上买进它们。然后,他们就快速清盘,获得丰厚的利润。

这么说来,您是在暗示着那些大型基金经理有时会合伙挤兑那些做空的交易人员吗?

投资组合经理聚在一起拉动股价上升或迫使股价下跌是违法的事

情——这被认为是市场操纵行为。尽管如此,这种事情还会发生吗?当然了,它一直都在发生。在过去的5个月内,几乎每一只高短期利率的股票都曾经遭过挤压。

那些受到挤压的股票最终都下跌了吗?

我坚信,如果某只股票被严重做空,通常来讲,肯定有一个基本面上的原因。大多数时候,这些股票的股价最后都会跌至更低。但是,在中间某段时期内,哪怕是一只几乎没有价值的股票都会迅速地上涨,这是因为人为原因导致的可贷股票的缺乏。

您如何确定做短线交易的时机?市场上肯定会有许多标价太高的股票,它们的标价实在是太高了。

确定时机绝对是最困难的事情。这是因为我们在如此众多的股票上都实行短线交易,而且在短线交易中,采用严格的风险控制措施。只要我仍然相信基本面仍然是稳健的,我不在乎我的长线交易是否会下跌40%。如果某个短线交易下降20%到30%,但是,我们仍开始平仓,即使我对这只股票的分析保持不变。事实上,即使我不得不要相信,这家公司最终会破产,我也要平仓。我已经见过太多的例子了,公司已经做好一切准备事宜,等待股价跌至零,但是,股价却开始增长5倍,这是因为这家公司召开了一些新闻发布会,不适合做短线交易。如果这只股票在我们的股票组合中只占1%的比例,那么我就会把亏损控制在5%以内。我们做过的许多交易都是以短线交易而结束的,因为它们对我们不利,而且随后就会崩盘。但是,我们更多关注的是如何避免损失惨重,而不是错过一次有利可图的机会。

对由于受到挤兑的原因,短线交易某只股票实质上是非常危险的谈论引向沃森小时候捕捉毒蛇的经历,这在本章的开头就已经描述过。

当您紧握那些毒蛇时,您感到害怕吗?

没有害怕,我更乐意将这种感觉描述为接近于兴奋。我小时候是一个相当极度活跃的小孩。

那您害怕过一些事情吗?

在捉完蛇的第二周,我就去跳伞了——这真的吓倒了我。

为什么会是跳伞吓倒您?

我想到了我正在跳伞。我意识到只有我不能控制的事情才会吓倒我。当我紧握那些蛇时,我能够控制它们。今年,我正在打算在意大利学习驾驶赛车,而且这件事也不会吓倒我,因为我能控制得住赛车。但是,我却不能控制降落伞。我只希望,那个为我准备降落伞的家伙那天的心情不会太糟。

如果您控制不住,那么您为什么还要去跳伞呢?

这周六,我刚刚过完我的生日;这是我其中的一个生日礼物。我没有其他选择。也许送我这份礼物的那个人忘记了这点——但是,对此,我持怀疑态度。(他大声笑着)

当您要录取一位分析员时,您会看重他的什么优点?

我之所以会录用他有许多原因。我录用的每位员工都只有二十几岁。首先,他们每周能够工作 80 至 100 个小时。其次,他们还没有挣到足够多的金钱,让他们休息和放松。第三,他们会毫不犹豫地给某位财务总监、分销商或顾客打电话。此外,我还雇用那些想要成功的人们。

筛选股票既是一门艺术,又是一门科学。总有那么一些人,不管他们工作得多么努力,做了多少研究,或者给多少家公司打过电话,他们总不能成功,因为他们没有掌握到什么策略行得通和什么策略行不通的技巧。

您曾经雇用过那些没有完成工作任务的员工吗?

我雇用的第一位员工就是这样的人。他是我曾经认识的最聪明的人。问题是,他对股市没有任何直觉,而且他也不愿意冒任何风险。比如,他就会说:"我们要在 10 美元的时候做空雅虎这只股票,因为它的股价应该是零。"对于股市上将要发生什么事情,他也没有直观的感觉。

因此,您的策略看起来都和公司管理层交谈捆绑在一起。如果明天清晨您在金融这个迷离的境界醒来后,发现您自己更适合做一名普通的投资商,而不是一位管理上亿美元资产的基金经理,那么您要如何转变您的策略?

哦,首先,我仍然会需要一部电话。也许我不能拨通财务总监的电话,但是,我能拨通这家公司中的其他职员的电话,还有顾客和分销商的电话。而且,如今的互联网已经允许你在不和任何其他人交流的前提下,就能够获得海量的信息。在网上,你就能查到关于这家公司的 10 份季度报告和 10 份年度报告(证券交易委员会需要备案公司的季度和年度报告),公司新闻发布会的内容、内部交易统计数据，以及许多其他有用的信息。此外，我还可以去购物中心，检查这家公司的产品，这也是我们要做的其中一大部分的内容。

在您的最好交易中，发生过哪些最突出的事情？

（他想了一会儿）即使我交易成功，我一般来说都不会显得太过于兴奋；我一直都在忙着寻找下次交易的机会。

关于投资，您都学到了哪些教训？

做调研然后相信你的研究成果。不要受其他人的观点的影响。

还有吗？

你必须要理性投资。如果你让感情掺和进来，你就会做出错误的决定。

你不要害怕遭受损失。在这个行业中，成功的人们都是那些愿意输钱的。

在《股市怪杰》中，谈及得最频繁的其中的一个交易失误就是愚蠢地听信他人的建议——对某人（像沃尔顿和米内尔维尼这样的人们）来说，这是一个能给他们带来惨重损失的错误。史蒂夫·沃森是幸运的：他是从大学课程中，而不是从自己的资金中学到了不听信他人的建议这个教训的。

通过集中关注那些价格相对低廉（低市盈率）的股票，沃森开始他的投资选择生涯。这种投资特点可以有效地控制风险。价格低廉是必要的，但不是充分的条件。许多标价低廉的股票必然有其价格如此低廉的原因，而且会继续保持相对较低的价格。沃森采用的策略中的关键因素就是预测在这些标价低廉的股票中，有哪些股票会有可能由于投资者的看法而发生变化。为了要辨别那些潜在的即将会来临的变化，这些变化能够引起市场情绪的转变，沃森开展了广泛地与公司及其竞争对手、顾客和分销商的交流。而且，他还大力提倡尝试某个公司的产品等常识性的研究，或者，如果他要购买零售公司的股票，那么他就会去看一看这家公司的商店。最后，沃森认为内部认购就是他在筛选股票中的一个确认条件。

短线交易被认为是一项高风险的活动，它并不适合普通投资者投资。但是，沃森成功地证明了，如果风险控制得当，能避免在短线交易中出现的无限制的损失，那么，通过包括那些与投资组合中的其他交易相反的交易，短线交易也能够降低投资组合的风险。在短线交易中,沃森寻求那些标价高和有缺陷的商业计划的公司——这些公司经常只有一种产品,由于这款唯一的产品远远达不到向顾客宣传的那种特点,或者由于竞争对手不费吹灰之力就能够进入市场与其相抗衡,所以这类公司非常脆弱。

通过分散投资、筛选股票,以及限制亏损等这些规则,沃森实现了风险控制。他充分地分散他的投资组合,于是,最大的长线交易也只不过占有2%至3%的比例。那些短线交易也只在投资组合中约占1.5%的比例。沃森从众多标价低廉的股票中,限制要投资的公司的数量,他这样做就能控制长线交易的风险。而在短线交易方面,通过采用资本管理规则,降低或者清算某只正在上涨的股票,控制风险,即使从事这笔交易的基本理由保持完全不变。

沃森一直施行他在佛莱斯联合公司工作时发现的“槽内只有一只猪”的哲学原理。他连续不断地更新他的投资组合——用那些收益/风险前景看起来更加美好的股票代替原来的股票。因此,总而言之,他出售的是那些有利可图的长期持有的股票,即使他期望着股价会上升,因为,在股价上涨了一阵子后,他又找到了另外一只股票,它的潜在收益率和之前的那只相比,差不多甚至更高,但是风险更小。与此相关地,他从来都不会问像这样的问题“这是一只要持有的好股票吗?”而会问“这是一只比还未在我们的投资组合中的任何其他的一只可替代的股票还要好的股票吗?”

对史蒂夫·沃森访谈记录的更新

这个访谈结束后不久,沃森把每天管理他的基金任务转交给他公司中的两位投资组合经理,这样他就可以在西岸追逐他的兴趣爱好。(他拒绝谈论这些新的尝试,以及将它们记录在案。)沃森仍然投资基金,而且继续参与投资决策,利用电话频繁地与他任命的两位经理交谈。在这个牛市结束之前,沃森转变他的职业生涯之前,我们每一个人都想知道,他的先天的市场触觉,至少在潜意识上,是否还能够对交易的时机产生影响。

您为什么要决定离开这份活跃的基金管理工作?

我聘请了两位员工,我非常尊敬他们,而且我认为,他们会做得很好。

这就像是一个老人,要把接力棒传给其他人。

但是,您不是老人——您比我还要年轻很多!

我想去追求一些新的挑战。

关于股市未来的发展,您有什么看法?

我从来都没有见过如此低价格的微型股,但是,我也从来没有见过如此多的股票,市场缺乏一个刺激因素,促使这些股票的价格上涨得更高。因此,股市等待着反弹,但是,这不会马上就发生。我昨天刚看了200只微型股,就吃惊地发现,这些股票是以现金交易的或者是低于现金交易的。这些交易肯定都不是大笔交易,但是交易的成本正在下降。由于它们的成本结构在下降,如果经济开始改善而且你的收入也会增加,那么它们就会处在盈利收入增加的水平线上。虽然市场在此之前也许会更加疲软,(这个访谈是在2002年8月进行的)对于股市未来的发展前景——比如说,2003年初,我持相当乐观的态度。

德纳·加兰特

逆潮流而上

想象着河流里有两位游泳选手,他们之间的距离约 1.7 公里,他们现在决定要比赛,每个选手要游到另外一个选手的起点。而且,河流的逆流速率很大。顺流而游的那位选手最后赢得了比赛。那么,她是更好的那名选手吗?很明显,这是一个无意义的问题。如果逆流速率很大,一名奥林匹克的选手也会输给一名新手。

现在,想象着有两位资金经理:其中的一位只买进股票,而且在这段时间内,年均收益率高达 25%;另外一位只卖出股票,在相同的时间段内,年均收益率高达 10%。那么,他们谁是更优秀的交易员?这又是一个无聊的问题。答案要取决于股市这条河流的方向和河流速率——股市走向。如果在那段时间内,股市的年均增长是 30%,那么,那位收益率达 25% 的经理就表现不佳,而另一位经理就在非常恶劣的环境中实现了两位数字的收益率。

在 1994 年到 1999 年这段时期内,德纳·加兰特就实现了 15% 的年均复合收益。这听起来也许并不那么令人印象深刻,直到你意识到加兰特只是一位纯粹的卖空交易人员。和那位传统经理不同,只会当加兰特的投资组合中的股票下跌时,她才能盈利;如果股票上涨,她反而会亏损。在某段期间内,当代表性的股市指数(纳斯达克,大约占她的总交易数量的 80%)的年均收益上升了高达 32% 时,加兰特实现了 15% 的收益率。为了更加客观地看待她的表现,她的成就与在那段时期内,当股市每年都下跌 32% 时,收益率实现年均 15% 的经理的成就不相伯仲,在交易众多的股票中克服股市中的强大逆流需要一些特殊的筛选股票的技巧。

这么说来,在稳健向前发展的股市中,通过卖空,实现 15% 的收益率也是一项非常好的业绩，但是，要点是什么呢？即使现在的股市无法超越其在20世纪90年代中实现的股票市场收益，自从其成立以来，股票市场一直是在向上发展。为什么要与以十年，而不是以百年衡量出来的趋势相抗衡呢？要点就是，一般来说，这种卖空的方法其实并不是一种独立的投资策略；相反，它实际上是和买进这种投资策略（与卖空的投资策略刚刚相反）联系在一起的，旨在使整个投资组合产生更好的收益/风险比。大多数，如果不是所有的，投资者都使用她的基金来平衡他们采用的长期买进股票的策略。从表面上来看，大多数的投资者都已经意识到加兰特的这种相对的表现业绩的重要性，因此，她的基金——米拉马尔资产管理基金，拒绝接受新投资。

许多人并没有意识到卖空策略赚取的金钱比借贷的成本还要多，它可以和一种被动的投资策略结合在一起，诸如指数基金或者长期指数期货，创造出一种净投资，这样它既比指数基金的收益率高，又比其的风险低。这是真的，即使这种卖空策略的收益率远远低于某种指数基金的收益率。例如，某位投资者既使用基于纳斯达克指数的投资方式，又将同等数量的资金投入到加兰特的基金中（借用所需的额外的资金，来进行双重投资），那么他得到的收益就会越过只投资于指数基金而得到的收益（在扣除借贷成本之后），而且他的投资风险也会大幅度地降低。从风险角度衡量，要是在1994年至1999年，这个综合的投资组合的最大跌幅就会介于5%和10%之间，而指数基金在这段时间内的最大跌幅则介于13%和20%之间。

加兰特原来在一家机构投资管理公司做办公室后勤工作，由此开始她的金融生涯。她后来被提升为一名交易员（负责订单输入工作）。令人惊奇的是，加兰特找到的第一份工作就是一名基金经理，而在此之前，她没有筛选过任何一只股票。幸运的是，加兰特证明了她更擅长于筛选股票，而不是挑选老板。在1997年创立她自己的公司之前，在加兰特的14年的职业生涯中都有一个显著的特点，那就是她遇到了无数个令人讨厌的老板。

加兰特喜欢在股市中交易，而且，通过只交易金融界中的与买进股票相对立的卖空股票，享受尽量去盈利而带给她的挑战快感。但是，这些只是她的业余爱好，不是她一直以来的最爱。她每天都会离开办公室，将注意力从股市中转移到家庭中，这既是精神上的需要，又是物质上的需要。每天她都及时地下班，去学校接她的孩子，这已经成为一个惯例，也许是受她家乡时区的影响，她尽量避免在家中做任何研究或交易。

对她的访谈是在一间会议室中进行的,在这个房间内,可以俯瞰到旧金山地平线的全景。那天的天气非常晴朗,环美金字塔大楼、电报山、旧金山海湾,以及恶魔岛全都以一条直线的姿态展现在我们的眼前。这种壮观的景色让我想起,在以前的两套《金融怪杰》的书中,在那些富丽堂皇的住宅中完成的那些采访。加兰特开玩笑地说我本应该在她的家中采访她。"那么,"她说道,"你就可以描绘我们家后院的那个立体方格钢架的景色了。"

备注:为了那些很明显的原因,在这个访谈中,所有出现的人名和公司名称都将用假名代替。

您何时开始了解股票市场?

我的父亲是场外交易市场上的一名做市商。当我还在上高中时,每逢暑假和学校假期,我就和他一起在交易柜台上工作。

那您替他做了哪些事情?

那时,虽然我们有终端机器,但是我们没有计算机。每件事情都需要手工来完成。当他在交易时,我就张贴这些交易信息。

那时您发现您自己正在试图预测股市走向吗?

我不太记得了,但是,我从来都不迷恋股市,就像你采访过的那些交易员一样。我喜欢股市,而且我认为它让人兴奋,也很有挑战性,但是,我不会在回家后还在思考它。

当您大学毕业后,您的第一份工作是什么?

我在金斯顿资本工作,这是一家大型的机构投资管理公司。一开始,我只做后台管理和行政工作。后来,我被提升为交易员,而且只有我一个人在为这家公司做交易,管理10亿美元的资产。

在成为交易员之前,我想您只负责订单输入吧,而不负责做出交易的决定?

正是这样,我只输入订单。

在您的职业生涯发展中,接下来发生了什么事情?

在1985年,在某项并购交易中,金斯顿被其他公司收购了。收购方改变了我们每位员工的工作职责。他们告诉我,接下来我不再负责交易,因此,所有的交易业务都要在纽约以外的办公场所内完成。他们想要我成为一名管理人员，这对我来说，我的职业生涯向后退了一步。

金斯顿分公司的前经理亨利·斯奇夫也有过类似的经历。他被调去从事一份他不能忍受的结构化的工作。当金斯顿被收购后，收购方就新组建了一家他们自己的机构投资管理公司，他就和另外一位同事离开了金斯顿。亨利为我提供了一份交易员和研究员的工作。虽然和亨利共事不是一件容易的事情，可是，我喜欢其他同事，而且我也不想再退回去，从事管理工作。

在帮助亨利为他的新公司找到办公室之后，我就离开了他。我为他做了两年的研究和交易。虽然这次的经历非常棒，但是，我意识到我的未来非常受限，因为亨利不愿意放弃对投资组合的控制。在我做出决定我必须要离开的差不多同时，我的丈夫获得了一个不错的在另外一个城市工作的机会。于是我们决定搬家。随后，我就在阿塔卡马投资公司找到了一份工作，这也是一家机构投资管理公司。一开始，我只是个投资组合经理，协助管理他们的微型股基金（只投资于小市值公司的基金），其资产只有20亿美元。

在此之前，您有过类似的经历吗？

我还没有过筛选股票的经历。

那么，您如何得到投资组合经理这个工作的？

我原来的工作只是采访，后来才开始从事交易。但是，一直在管理这个投资组合的那位女性经理简，休产假了。她本人也只有6个月的经历，可是，这家公司需要某个人来填补这个职位。这家公司的老板马克·汉尼根认为，任何人都能做那份工作。他称我们为“猴子”。他常常告诉我们：“我可以让任何一只猴子坐到那个位置上，做你们现在正在做的事情。”而且，他过去还常常告诉我，我顾虑得太多了，这真的惹恼了我。

马克主张的投资哲学就是，如果股价在图表中不断上涨，那么收益就会增加25%或者更多，而且如果某家经纪公司恰好也在推荐这只股票，那么你就应该买进它。这是最小限度的基本面分析，而且还没有考虑到收入或管理的质量。这也是我为什么只做短线交易的最初的原因。

您的女性身份对获得这个工作有帮助吗？因为您正在代替另外一个女人。

没有，我得到这份工作，可能是因为他们能付给我更少的薪水。

他们付给您的薪水是多少？

我的起薪是每年2.5万美元。

简后来发生了什么事情?

两个月后,她休完了产假就回来了,我们一起工作。她就像是一头公牛,每件事情都做得很好。她也很乐意买进任何一只股票。我永远是那个人,认为在买进某只股票之前,我们应该等一等,或者建议在我们持有的那只股票崩盘之前,卖空它。

您和简的工作地位平等吗?或者,由于她比你先进公司,她是您的老板吗?

我们俩都是投资组合经理。事实上,我比她拥有更多的交易经历,但是,她比我早6个月加入这家公司。我们是一个团队。我们每一个人都可以挑选出股票,并把它放到投资组合中。

必须要和另外一个人共同管理这个基金,这会是一个问题吗?

这并不会是一个问题,因为我们俩都没有太多的交易经历。当我挑选出一只股票后,往往会告诉她:"看下这只股票。"而且简也会说:"好的,它看起来很不错;我们先买10万股吧。"真实的问题就出在交易柜台上。一旦我们下达买进的指令后,我们就不能控制接下来发生的情形了。这笔交易可能在高出我们预期的几个点上成交,或者几天以后才能成交,而且对此,我们无能为力。

您是指字面上的那些意思吗?在需要完成的交易中,怎么会延误这么久?

因为,我们公司的那位交易员只做那些抢先交易的订单(以他的名义,先为更大的客户或者公司下订单,从在股市中他优先下的这种更大的订单中,为他个人获取更多的利润,这才是他的目的)。如果哪天我们想要买进的股票是10万股,结果我们却没有买到一股时,他就会说道:"对不起,我尽力了。"因为我是一名交易员,我非常了解,要时时核对时间和销售表(这是一种电子记录表,记录各个行业中的交易和每笔交易的准确时间)。但是,如果你质疑他,那么他就会在所有人面前使你难堪。(我们都在一个大房间内工作。)

他会以何种方式让您难堪?

他就会对我大喊大叫道:"关于他妈的交易,你什么都不知道。滚回去,坐到你的办公桌前。"

那时您意识到他也被骗了吗？还是您后来才明白了这一点？

他是公司内薪水最高的人。一年内，他也许会赚到几十万美元的薪水。但是，他的消费水平远远高于他的薪水。他的住宅非常大，而且，无论他走到哪儿，他都开着一辆豪华轿车。公司中的每位同事都怀疑发生了什么事情。后来证明果真有事情发生，几年后，当美国证券交易委员会介入调查和不准他再进入这个行业后，真相才水落石出。

作为一名只负责进来的订单的交易员，他的收入却是你们两位投资组合经理的收入的10倍，这可真是一件具有讽刺意义的事情。我想这种事情肯定不寻常。

是的，很不寻常。一般来讲，那些交易员的薪水经常会比我们的少。

您何时开始第一次有做短线交易的意愿？

我的座位离吉姆·莱维特的很近，当时他掌管着阿塔卡马公司的对冲基金。由于他成功地管理着这个基金，我对他正在做的事情非常感兴趣。

那对您来说，在短线交易方面，他是您的导师吗？

是的，他是我的导师，因为他有能力从华尔街的炒作中看出事情的真相。对于我要做短线交易的决定，我开玩笑地责怪他。当事情进展得非常不顺时，我就给他打电话，告诉他这全是他的错。

相对于长线交易来说，短线交易的哪些地方吸引着您？

我觉得短线交易更具挑战性。事实上，你必须要了解你正在做的事情。在这里，我仅仅是一个苦工，不断地攻击那些正在推荐这只股票的分析员和正在买进这只股票的经理。当我正确的时候，这种感觉会很好。我觉得好像是我真的赚到了钱，而不是由于某只股票上涨而盲目地买进它。这就像是我是一个侦探，发现了其他人还没有发现的事情。

您何时开始短线交易股票？

那一年是1990年，就在吉姆·莱维特离开阿塔卡马公司创立他自己的基金后，我开始短线交易。他离开这家公司是因为他感到他在管理对冲基金方面受到了限制，不能大展拳脚，特别沮丧。

那么他都受到了哪些限制？

当时公司的环境特别不利于管理对冲基金。其中的一条规则就是你不能做空任何一只公司持有的股票。由于不管在何时，这家公司都会持有至少1000只不同的股票，那些潜在的做空交易都极大地受到了限制。关于把任何一只股票都卖空这个想法,公司也持否定态度。

当吉姆·莱维特辞职的时候,我正在太浩湖度假。马克打电话告诉我,我将要接管这个对冲基金,因为吉姆已经离开了公司。马克的想法就是任何一个人都能做短线交易。基于相对优势(基于股市指数的不断变化而引起的股票价格的变动)和收入增长,他在电脑屏幕上对这些股票进行排名。然后,他就会买进排在第一名的那只股票,卖出排在最后一名的那只股票。这样做就会出现一个问题,在那些股票成为他的名单上的最后一名的股票之前,它们极有可能也曾经是强势股。最后,你会长期持有那些增长股,卖空那些价值股——这种方法并不经常有用。但是,他从来都不会成为一名对冲基金经理,而且他认为这就是你应该做的方式。

那您采用了他的这种方法了吗?

没有,事实上,我从来都没有。

那时,您如何挑选您的短线股?

我寻找的公司都是那些我预测过的收入要减少的公司,而不是做空那些收入已经减少的股票。

您如何预测某个公司的收入要减少?

许多情况下采取的都是由上而下的方法。例如,在我接管这个对冲基金的同年,由于海湾战争,石油价格就已经冲上了天。这只是一个标志着经济和周期股将要变弱的迹象。

为什么您要离开阿塔卡马公司?

1993 年,阿塔卡马公司调整了它的业务方向,从机构投资管理公司转变成为一家互惠基金公司。而且,在这个时候,我和丈夫都想再搬回到旧金山市。在此之前,我和许多对冲基金经理都交谈过,但是,他们中没有一个人愿意放弃部分控制权,并把这部分控制权转交给我,而且,在已经做过投资组合经理后,我也不想再退回去只做分析员的工作。

我不情愿地和亨利一起吃了晚饭。这是他在离开公司的 5 年后,我第一次见到他。他讲了所有的好事情。他还向我保证道,他已经改变了,而且对于我所说的一切事情,他都会表示同意。他曾经管理着 100 万美元的资产,而且和某些机构进行过小范围的合作。他告诉我,我可以把它发展成为一个对冲基金,以任何一种我想要的方式来管理它,而且还能拿到 1% 的管理费。

当您在5年前和亨利一起工作时，准确地来说，您不喜欢亨利的哪些方面呢？

他作为一名投资组合经理，我没有那么尊敬他。接下来我要告诉你一个例子，这可以说是个完美的例证。在我为他工作的那段期间内，垃圾债券非常受投资者欢迎。亨利有一个在经纪公司工作的朋友，如果亨利能够管理垃圾债券这个投资组合，他就会主动向亨利提供大量的债券。那时我们都还不了解垃圾债券。亨利给我们每个人一本书，要求我们利用周末把这本书看完。接下来的星期一，我们就开始交易这种债券；亨利是经理，而我是交易员。这本书讲道，违约率只占1%。后来证明，这种说法完全是假的结果，整件事情以破产和死亡而告终。而且，虽然直到数年后我才弄明白这是怎么一回事，亨利粉饰他在这家公司的营销文件中的学术成就，假称他的员工都毕业于那些著名的学府，获得的都是学士和硕士学位。

不管怎么样，亨利都说服了我，让我觉得再次加入他的团队是个巨大的机会。关于我过去一直在做的事情，他主动给我增加了薪水。他甚至还主动提出要为我的搬家而支付费用。我想，这份工作会给我一种方式，让我可以再搬回到旧金山，而且，如果这份工作不是我想要的，我也能在旧金山市找到另外一份工作。亨利聘请了一个非常擅长营销的家伙，于是，我们很快就把这个基金的资产增加到9000万美元。但是，亨利一点儿都没有改变；他猜测我做的每一件事情。

当亨利看到某只股票上涨了5美分后，他就变得特别兴奋，说道："嗨，德纳，你为什么不买进这只股票呢？"他甚至根本都不了解这家公司在做什么业务。我会买进这只股票，那是因为他想让我买进它。第二天，买进的指令就会到达交易员那里，然后他就又问我："嗨，德纳，这是什么股票？"这又是另外一段经历，让我不愿意再做长线交易。

这家公司的员工流动性非常大，因为亨利对他的员工非常差劲。每天早上我们都要参加早会，在这个会议上，每位经理都要讨论他的投资组合内的每只股票。亨利就把这些经理们分开，让他们分别讨论。其中有一位员工，已经50多岁了，就因为这样自杀了。亨利会把员工的自信心打击得粉碎，而且这个可怜的老头从他的内心深处不愿意接受亨利。我和这个老头共事了一阵子后，看出他已经心碎了。我不能说，他的自杀是由于这份工作，但是，要说这是其中的一个因素，我一点儿都不奇怪。

亨利也会对您很挑剔吗?

他一直都在猜测我的工作,而且当我每做一笔他不同意的交易时,他就会和我争论不休。

那么,您有多少的独立性?

只要我一直还做得不错,我就会还有一些独立性,但是,每一次当市场恢复元气时,他就要让我把所有短线交易都平仓。我们为此争论不止,因为我不想放弃。其中我做的一件事情就是,如果亨利要坚持认为我应该买进某只股票,那么我会买进它,但是,我会立即把另外一只股票卖空。这就是我把他一直在试图对投资组合施加的影响削减的方式。我做得很好,但是两年后,我再也不能忍受,于是就辞职了。

当您第二次和亨利分道扬镳后,您就开始创办您自己的公司了吗?

没有。当我辞职后,彼得·博伊德就聘请了我。他管理着一个对冲基金,最高资产曾高达2亿美元。他告诉我,在此之前,他已经听说过关于我的许多好事情,而且打算给我部分基金,让我管理它。他说,我可以以任何一种我希望的方式来管理它。我告诉他,我的想法就是,通过只做短线交易,我能为这笔基金增加更多资产,因为他从来都没有做过短线交易。他拨给我1000万美元的资产,而且还授予我管理它的全部权力。这对我来说是一件非常棒的事情,因为这就像是我自己的生意,而且还不用为那些管理上的琐事而头疼。

前两年,每件事情都进展得非常顺利,但是,在第三年,由于业绩不好,基金的资产开始大幅缩水。博伊德不得不收回我这里的资金,因为他自己的投资组合也很缺钱。他赔了很多钱,这是因为他大量买进了OEX这只股票,一天以后它却一文不值。(他购买的那些期权本可以随着市场快速下跌而赚取巨大利润,但是事实上,最终却一文不值。)

这听起来,好像是他正在拿这个投资组合进行赌博。

这听起来肯定就是在赌博。如果要回头看,他试图通过标记投资组合中的那些私有公司的股票价格来掩盖这些损失。他完全有自主权私自定价。

他怎么能够当他想私自定价时,他就能定价这些股票?

因为这些公司都是私有公司;投资组合内没有上市公司的股票。

拥有这么大的自主权对私有公司的股票进行定价,这合法吗?

合法。关于这些私有公司,按照披露的对冲基金的文件,普通合伙人都会被赋予这样大的自主权。那些审计人员每年也会按照这些数字买断这些股票。他会告诉他们,他认为这些公司的市值会是多少,以及为什么市值会值这么多,而且他们也会接受他的估价。他们都是刚刚走出大学的22岁的审计员,而他则是那年管理着2000万美元的对冲基金的经理;他们对他的想法不会持任何怀疑态度。

我曾经采访过的另外一位对冲基金经理也从事过许多卖空交易,他说道,从0到100的审计价值都没有用。您认同他的这种说法吗?

是的。

即使这是一家非常好的会计师事务所?

噢,是的。

那些对冲基金投资者如何明白某位经理是否对其投资组合内的股票标错了价格?

季度业绩报表就会表明在投资组合中,私有公司的股票的交易就占多少比例。到目前为止,他的业绩很好,因此人们不会怀疑他。

那在他的投资组合中,私有公司的股票的交易会占到多少比例?

刚开始,它大约只占10%的比例,但是,随着他亏损越来越多的资金,在投资组合中,私有公司的股票的交易比例就一直在攀升。截止到最后,这些比例已经占有相当大的一部分,而且,别人也都给他留下了一堆几乎是一文不值的纸。

这听起来好像是他在期权市场上赌博和以自主定价那些私有交易的方式在掩盖他的损失。当那些投资者们要求退还他们的资金,收回的资金远比报告中的净资产价值少时,真相难道不会浮出水面吗?

虽然我不确定,但是我相信,第一批要求退还资金的投资者收到了全额的资产,但是,随着越来越多的投资者要求退还他们的资金,真实的亏损就变得很明朗。

那么您知道那时他在做什么吗?

我只知道期权市场上的亏损,但是,没有一个人了解这些私有交易到底亏损了多少。它们都在资产负债表上。

听起来好像是您和各种各样的人们都共事过。在挑选老板这方面,您做得还真是不好。

是的,我知道这一点。你也知道,这不是一个好现象,但是……

您如何开始创立您自己的公司?

我有一个账户,是在和彼得工作的那段时间建立的。他雇用我,是为了让我帮助他管理那个只做空头交易的基金。这就是我开始起步的那个账户。

这是哪一年?

1997 年。

在您的业绩记录中,年份只显示到 1994 年。

为了使我的业绩记录能提早几年,我摘录了那种期间内的一些短线交易,直到我开始只做空头的交易。

您使用过图表吗?

我使用它们,是为了揣测市场最佳时机。我认为,这是多年来救我的其中的一个方法。例如,如果我正在做空的那只股票需要崩盘的支持,那么我就可能会退出。

您如何定义"支持"?

在那些价格区域内,过去已经发生了许多笔买进业务——在这些点的周围,在股价向上攀升之前就一直很稳定。有些人会认为,空头仍然会继续坚挺到他们指定的位置,但是,这时我经常会使其满仓。我会猜想,股市已经下跌了 50%,也许接下来它还会再下跌 10% 或者 20%,但是,这已经不在我的关注范围之内。我寻找的是那些与其价值高度相关的股票。

这就是您使用图表赚取利润的其中的一个例子。那么,您会使用图表来止损吗?

当某个图表中的价格突然爆发至新高时,除非我能掌握一些特别令人信服的信息,否则我只能卖空。

您要回头看多长时间的价格才能决定新高?如果某只股票只有一年的新高,但是这个新高却仍低于接下来两年的高度,那么您会卖空它吗?

不会,我只关心那些一直在创新高的股票。

您经常避免卖空某只曾经创新高的股票吗?或者您有时也会被套牢?

不是的,有时我也被套牢。

那您能列举一个例子吗?

今年,我卖空的这只股票名叫桑切斯计算机协会,它的股价在一天之内就从 32 美元上涨到 80 美元。

仅仅在一天之内?

它是一家生产适用于银行内部的后勤办公和业务处理的软件的公司。它的大部分客户都是不发达国家的公司,而且这些公司都没有它们自己的系统。这种生意正在减速发展,而且华尔街估计它的年收入会从每股 75 美分降至 50 美分。那时,这只股票的交易价格还是 25 美元,而且,总的来说,这对我来说,是个不错的消息。我原以为,这只股票会跌得更低。不久以后,这家公司就对外宣布它们将要开展一项在线的银行系统服务。那时,在线银行股票正发展得如日中天。

之前创新高的那只股票怎么样了?

股价还在 30 美元以下。它刚刚错过了最好时机。

当它的股价冲到 80 美元时,您仍然认为它会下跌吗?

是的,我对它的看法一直都没有改变。

从资金管理的角度出发,您如何看待这种情形?

我从来都没遇到过这种情形——和这种情形一点儿都不沾边儿。我们的投资组合相当分散。在一天之内由于某只股票,我输得最惨的也就只占投资组合中的 0.5% 比例。就在那天,我亏损了 4% 。

那么,这只股票在您的投资组合中占有多大的比例?

在股价上升之前,大约只占 2.5% 。对我来说,这种比例相当大,但是,我对这笔交易有很大的信心。

当这只股票的股价飙升的那天,您尽量去平仓了吗?

从一开始,股价大约上涨了 10 美元。我就开始心烦意乱,试图要弄明白究竟发生了什么事情。然后,它又上涨了 20 美元。然后,又上涨了 30 美元。我试图要去平仓,但是,此时,我只能买到 1000 股股票,我总共需要持有 4 万只股票才能平仓。

截至那天的股市结束之前,您还需要买进 39,000 只股票,而且这时的股价已经从 30 美元飙升到 80 美元,并且,从大盘的基本面来看,您仍然认为它的股价会下跌。在那种情形下,您做出了什么举措?您下决心只持有这 1000 只股票,因为它的股价此时已经太高,或者由于要管理资金的缘故,您

完全平仓了?

这种情形很特别。我从来都不会持有对我不利的股票,就像那只股票一样。而且,我也从来都没有卖空过某只因特网股票。首先,因为我是一个现实主义者,我只想尽力去了解真相。我又重新核查了一遍所有做因特网银行业务的公司,希望能够发现它们使用了什么类型的软件,结果发现,桑切斯这个名字从来都没被人们提及过。

第二天,它的股价就跌了15美元。我认为接下来它会继续攀升,因为,一般来讲,这些情形会持续一天,甚至更长的时间。于是,我就开始满仓,直至它又在我的投资组合中占到2.5%的比例。由于股价不断攀升,比例后来占7%,这样高比例是我不允许的。然后,股市开始稍稍下跌。在股价下跌到50美元以前,我就已经把空头的头寸控制到5,000股。

对于这段经历,从感情上来说,您的反应会是什么?

我简直吓坏了,因为我感觉我完全失去了控制权。在此之前,我从来没有经历过这样的事情。许多人害怕卖空,因为他们认为无法控制风险。这一点从来都不会烦扰到我。我认为我自己相当自律。我常常认为,我很擅长控制风险,在任何一笔卖空交易对我造成巨大损失之前,就像它曾经对我造成的最大损失那样,我都能够快速摆脱它。但是,在这种情形中,股价几乎在一天之内翻了两倍,而且我不知道接下来我要做什么。我完全傻了。

我被这个可怕的想法吓坏了:这种同样的事情会发生在我的投资组合中的任何其他的一只股票吗?我开始担心,哪一笔卖空交易中的下一家公司会向外宣布它要开展一项在线的网页服务。我开始梳理我的投资组合,寻找任何一只有可能成为第二个桑切斯的股票。

最终,那只股票怎么样了?

股价又开始上涨了。但是,当桑切斯开始看起来它已经为大幅上涨而做好准备时,我重建了我的空头头寸。具有讽刺意义的是,当它后来破灭时,在新的空头头寸上挣到的钱远远超过了我在卖空交易中亏损的钱,当时这只股票在几个月以前就开始激涨。

您的公司有多大呢?

只有我和另外一位员工。扎克和我一起工作,而且他在米拉马尔基金中,占据着重要的位置。这个基金中有许多资金,而且对这个基金有意向的投资商们几乎每天都给我打电话。我告诉他们,我拒绝新投资。

那是因为您的方法不能再容纳更多的资金了吗?

我不想使这个基金再扩展得更大。我不想管理员工;我只想管理这个投资组合。

您是通过扩大您的空头头寸来壮大您的基金吗?而不是以增加短线交易的数量的方式?

我只在牛市中做短线交易。这是一场持续的战役。为打赢这场战役,我必须要找到一种最佳的方法,而且风险要最低。我需要知道,在不得已的情况下,我能够平仓。空头头寸越大,就越难控制它。我已经见过什么事情会发生在那些发展过快的人们的身上,而且,我已经采取了极端的相反的措施。我想要舒服地做我正在做的这些事情。我不想要不断追求那些新的短线交易,因为我正在管理更多的资金。我有我自己的家庭,而且当我回到家后,我不想再思考工作上的事情。我也不想在周末还要看《巴伦周刊》。

我想,在某种程度上,您的态度反映了男人观点和女人观点之间的差别。也许,我们这一代人,男人希望成为王国的缔造者,而女人则不想。

也许正是因为这个原因。

您如何挑选您要做空的那些股票?

我寻找那些正处于发展中的公司,它们的股票被定价太高——具备高市盈率的股票——但是,仅仅依靠这个还不够,必须还要有刺激因素。

请列举一个关于刺激因素的例子。

比如,期待这家公司的收入下降。

您如何预测它的收入要下降?

我要寻找的就是哪些公司的收入增长速度比较慢。公司一般要通过降低各种各样的费用才能保持可观的收入。一般来说,这些公司的收入增长速度迟早都要放慢,这只是个时间问题。我要看重的另外一件事情就是,这家公司的业务目前发展得很好,但是,它的竞争对手正在神不知鬼不觉地进入市场中。关键就是要预测出哪些因素才会影响这家公司的未来收入,而且这要与市场的预期相关。

从本质上来讲,你寻找的是一只高市盈率的股票,而且还要有一个刺激因素,促使其股价下跌。

是的,但是,此外,还有另外一个关键的条件:我不会卖空正在向上飙升的股票。如果我要卖空它,那么它必须要显示出它已经疲软的迹象,或者至少已经停滞向前发展了。

那么,您能列举一个典型的空头头寸交易的例子吗?

在过去的两年里,我一直做空的都是网络联合公司的股票。通过承担与每个季度的收购相关的大笔的调研费用,这家公司正在掩盖更高额的营业费用。与此同时,它们也承担了其他一次性的费用。美国证券交易委员会最终让它们改变它们的会计程序,随着时间的推移,逐步承担每笔费用,而不是一次承担所有的费用。当美国证券交易委员会介入后,委员会主席就站出来,说了类似的话,“这只是一个会计上的问题。我们一直不怎么关注会计。”此外,他还发表讲话,严厉指责那些卖空的交易,还说这些交易迟早将要被终结。

当某家公司责备其股价下跌是由于卖空者的缘故时,这是一个危险信号。公司对卖空者的最佳报复方式就是只报告那些好的数字。那些正派的公司就不会把时间浪费在只关注卖空交易人员上。“我们股票下跌是因为卖空了。”让我先喘口气。我们也许代表着10亿美元空头头寸与9万亿美元长头头寸之间的较量。

网络联合公司的产品或服务是什么?

它们的主要产品就是一款杀毒软件,这是一个低收益的项目,随着时间的推移,它的价格正在下降。此外,这家公司还经常以大幅度的溢价收购了同行内的许多家公司。我一直在卖空它正在收购的那些公司中的股票。我很郁闷,因为,一旦它们收购了这些公司,我就不能再做空那些股票了。在某一时刻,它们实际上正在放弃它们的杀毒产品。此时,你必须要做的就是查看刊登在《Comp USA》上面的广告。在为所有的折扣都做出调整后,它们正在销售它们的软件,销售价格不足5美元。这就告诉了你,它们的产品不受消费者的欢迎。

如果他们把销售价格定得如此低,那么他们的销量难道不会出现明显的下滑吗?

不会,因为他们的销售渠道很多。

那是什么意思?

他们用船把他们的库存产品运送给各个分销商,即使这些分销商卖不出这些产品。

如果他们知道这款产品还要再被船运送回来，为什么这家公司还要这么做呢？

为了让收入看起来更好看。一旦他们运出产品，他们认为已经卖出了这些产品。

但是，他们不能永远这么做下去。

无论如何，他们还是这样做了。但是，这些产品确实也被运了回来，这很让他们伤脑筋；最终，股价崩盘了。

您刚才提到，当一家公司把其股价的下跌归咎于卖空者时，这是一个危险信号。那么，还有其他的危险信号吗？

如果某家公司要从一项传统业务转移到当下最流行的业务，那么这也是一个危险的信号。例如，在赌博股票的这股热潮中，还有一些公司将其业务从经营比萨餐厅转移到游船赌博上来。就像现在，同样的事情正在发生在互联网领域中。我们最近刚刚做空的那家公司就舍弃了原来的平面显示器的业务，转向提供互联网传真服务，而且在转变的过程中，逐渐全部丢弃他们的整体业务计划。

还有其他的危险信号吗？

公司高层领导人员的频繁更换，尤其是财务总监的频繁更换。而且，审计人员的变换也是一个重要的危险信号。

您能列举一个例子吗？

我做空的其中一家公司就是 Pegasystem，这是一家能够吸引我的软件公司，因为它有着可观的应收账款（关于已经销售的产品和服务，还有大量未付的账单）。这家公司正在给它的软件产品申请许可证，允许它可以被租出去，收取月租费，一般来说，都是五年的合约，而且这家公司马上就要实现这个合约的整个贴现值。

这是一步有效的会计程序吗？

这肯定违背了行业惯例。从表面上来看，那些原来的会计师不赞同这些数据，因为公司解雇了他们，而且还聘请了一家新的会计师事务所。这家公司说，他们正在改变，因为他们之前的会计师事务所不理解他们的业务，而且野心也不够大。但是，不可思议的事情就是人们已经忽视了这个危险信号。

您的意思是说,即使在这家公司辞退了他们的审计员之后,它的股价还会上升?

是的。

那您何时开始卖空这只股票?

当他们解雇了审计人员以后。

关于会计舞弊,还有其他的例子吗?

我以前的一些做空交易,最终却演变成了欺诈。其中的一个例子就是那家经营职业学校的公司,这家学校据称要教授人们学习计算机技能。他们一直都拿到了政府的拨款,但是,他们提供的教育质量越来越差。因为这家公司的高额的应收账款,我才注意到了这只股票。

对于一家培训公司,会有什么样的应收账款?

学费。这家公司要求学生不允许拖欠学费。正是因为这项规定才让我注意到了这只股票。然后,我开始了解到,在教育部收到学生们的抱怨——他们正在使用旧的软件,而且老师都很不称职之后,教育部就开始着手调查这家公司。在四十几美元的时候,我买进了这只股票,而卖出的价格却不足10 美元。这只股票最终跌至 1 美元。

这听起来,对您来说,好像高应收账款是一个重要的指标。

是的,它是我们关注的事项之一。

那您还关注其他事项吗?

当然,我们也还关注收入骤减,盈利减少,高市盈率,高库存,以及其他的一些技术指票,比如跌破其五十天移动平均线水平的那些股票。

您会分别关注这些因素吗? 或者,您只关注那些多重特征?

我经常关注那些多重特征,但是,你不能一次就关注到所有的因素,或者你也找不到一只股票能够满足所有的搜索要求。

虽然您作为一名纯粹的卖空者,一直以来的表现都很不错,但是,由于我们身处在这样一个无情的股市中,关于您的这个选择,您会在重新考虑后再改变主意吗?

不会,我发现卖空的回报率更大,这是因为这是一个挑战。在卖空交易中,你能挣到许多钱,但是,我认为,为了你想要得到的,你需要去奋斗。每天都只是傻傻地坐在办公室里,然后买进一些互联网领域中的股票,看起来并不是一件恰当的事情。我可以不做这样的事情。事实上,我想知道如果我们曾经真的进入了熊市，我会怎么做，因为我已经习惯了牛市，不断地看到股市中的人们忽视坏消息，而且又利用这一优势。

但是，我会猜想，要是在熊市中，您的工作就会更加容易。

1998 年 8 月，当股市又快又硬地下跌时，我的精神比平时更加紧张。

但是，在那段期间内，您的表现非常出色。

确实如此，但是我认为它太容易了。我并不是在战斗。我感觉我好像我没有必要去工作。我卖空的任何一只股票都会下跌。这真是一种奇怪的感觉。这也是那些做长期交线的人们一直在做的事情；他们只是买进股票，然后等待这些股票上涨。

您不喜欢这种情形吗？

是的，我不喜欢，这样子让我很不舒服。也许我有点生病了；我不知道我自己怎么了。

当市场突然大幅下跌时，就像往常的市场那样，您会削减您持有的空头头寸吗？

在那种情形下，我是那么做的，因为事情发展得太快了。仅在一个月内我就减持了 30% 的股份。在我身上，从来没有发生过这样的事情。我大约平仓了投资组合中 40% 的股份。

您采取了哪些风险控制策略？

如果我在某只股票上亏损 20%，那么我就会补进三分之一的股份。分摊到投资组合内的每只股票的比例都很受限制，最高比例大约只占 3%。如果某只股票由于股价上升，增加到相当大的一部分的比例，我就会减持它。此外，通过分散投资，我可以控制风险：一般来讲，投资组合会包括五十至六十种关于各行各业的股票。

您认识其他的卖空交易员吗？

是的。除了那两位卖空者已经成为我的朋友之外，其他的大多数卖空者都对这个世界和生命持悲观态度。他们往往都是悲观的人。

但是，您不是悲观的人？

我想我不是。我认为我只是一个现实主义者。能够区分我和其他卖空者的一件事情就是我曾经从事过买进交易。

为什么那段经历是重要的？

因为它只与人们买卖股票的交易有关。我和那些动力形的经理共事的那段经历让我领悟到他们的思维过程,这帮助我了解何时退出股市以及何时增加我的赌注。我有一些朋友,他们都是纯粹的卖空者,从来都没有从事过买进交易。他们也会给我打电话,问我为什么他们要买进这只股票?这家公司现在有负现金流,高应付账款等等。他们也看那些原始数据,而且他们也都是现实主义者。他们不明白,这么多人买进这只股票的理由竟然只是它的股价快要上涨了,或者因为图表看起来还不错。我们现在已经身处云层了。我认识的那些卖空者都已经破产了。他们再也不问我那些问题了。

您会给那些只从事买进交易的普通投资者提供哪些建议?

好公司的股票也会很糟糕,反过来讲,坏公司的股票也会很好。例如,迪斯尼就是家不错的公司——或者,至少我的孩子很喜欢这家公司。但是,在过去的几年中,我们都能够依靠卖空交易而赚取金钱,因为这家公司的股价标得很高,认为它的生意会永远稳固地发展下去,这种期望太过于乐观。

虽然加兰特是一个纯粹的卖空交易员,但是,她的思想仍然与多头投资者相关。加兰特的方法可以说是特别有用,起到一种高屋建瓴的作用,可以避免错过股票或清算股票。加兰特采用的这些因素包括:

- 非常高的市盈率
- 一个刺激因素,使股价在近期内会下跌
- 一个停滞的或者反转的上升趋势

这三个条件必须要同时满足。投资者也许只考虑定期检讨他们的投资组合以及用另外的一些股票替换能够全部满足上述三个条件的任何一只股票。通过这样做,投资者就能够降低他们投资组合中的风险。

此外,加兰特还列举了一系列的危险信号,把她的注意力吸引到那些潜在的适合卖空交易的股票上。含蓄地说,任何一种条件对投资者们来说,都是一个好理由。这些投资者们持有某只股票,认真地打算要清算他们的仓位。这位危险的信号包括:

- 高应付账款
- 会计师事务所的更替

- 财务总监的频繁更替
- 某家公司把其股价下跌归绺于那些卖空者
- 某家公司完全改变了他们的主营业务，旨在充分利用当前流行的热门趋势

对德纳·加兰特访谈记录的更新

在整个职业生涯都在与买进股票的上升趋势做过抗争之后，加兰特在最近几年，终于找到了适合她自己的股市交易方向。因此，这个事实应该不算是一个惊奇，在熊市中，加兰特一直都表现得特别出色。自从熊市来到的第一个月(2000 年 4 月)以后的两年半中，加兰特的基金不可思议地向上涨了 89%(在扣除各种费用之前，上涨了 119%)。

这对您来说，是一段相当不寻常的经历：在熊市中从事卖空交易。针对这个广阔的市场发展趋势，这么多年来，您一直都在交易，按照您的交易方向，在这个发展趋势中，您感觉怎么样？

在股市下跌的第一年(2000 年)，感觉还相当不错，因为市场上有很多标价过高的卖空机会。但是，在随后的两年里，我感到越来越难，因为一些零星的和尖锐的牛市机会不断反弹。而且，尤其是现在的越来越低的估价让我们更难找到那些卖空交易的机会。

您如何对比熊市和牛市中的卖空者之间的不同和相似性？

在以前，市场上有很多下跌的股票。而现在，许多股票都更接近真实价值水平。结果，我们持有的股票数量要远远低于我们在牛市中持有的数量。在 1999 年至 2000 年，我们把全部的资金用于投资。然而，在今年(2002 年)，我们只投入了 70% 的资金，而目前我们只投入了 20% 的资金。

您关注卖空交易中的许多公司，尤其关注其他的对冲基金(而不仅仅是那些卖空基金)吗？

在过去的二十年中，我一直在股市中进行交易，经常会有一些新的观点影响我正在做的事情。我试图去看待我如何能在新形势下进行投资，而不是担心它会如何伤害我。当新投资者也做卖空交易时，事实上，我的想法是这样会带来更多的机会，因为你可以得到关于某些股即将要上升或下跌的

短期的预备阶段,因为那些正在卖空这些股票的人们根本就不知道他们正在做什么。市场上有许多以前只做买进股票交易的经理,现在他们已经下定决心要变成对冲基金经理,尽管他们缺乏从事卖空交易的经验,他们仍然要从事这种交易。

您认为卖空者更容易成为股市下跌中的替罪羊吗?关于这种指责,您的看法是什么?

那些人们说他们即使在熊市中也会很快乐,这样的人们只有可能是卖空者,因为他们是正在买进股票的人们。那些卖空者也有理由要去买进股票,也有权力去买进,而且在这个熊市中看到的那些反弹一直在受空头回补的驱使。在我的生命中,我唯一一次觉得卖空交易是很糟糕的就是在9月11日以后;那时从事卖空交易,我一直都很内疚,因此,在那段时间内,我们并没有做太多交易。

在您的方法中,确认那些聘请咄咄逼人的会计师事务所的公司是一个重要的组成部分。最近发生的那些大张旗鼓地宣传的会计丑闻对改变这种情形有用吗?

在过去,只要某家公司披露可观的收入,即使它在用一便士打败其他人的看法,也没有一个人会注意到他们是如何得到那种数据的。市场几乎完全忽略了我们寻找到的那些危险信号,诸如负现金流、高应收账款、高库存,以及咄咄逼人的收入确认。对我们来说,好事情就是现在,如果有人会看到某家公司中存在这些问题,那么这家公司的确有问题。

由于市场要求更加详细地调查这些会计问题,您预测还有什么其他的变化?

我期盼能够吸引大众注意力的其中的一个问题就是,要在更大范围内推广使用试算报表,而不是使用公认会计原则。

请您对试算报表做一个定义。

试算报表是人类在20世纪90年代后期发明创造出来的东西,记录各种各样的费用,公司常常会宣称这些费用不是营业费用,可是事实上它们就是营业费用。还有一些公司,它们甚至会记录每个季度中出现的费用,这也是营业费用中必须的一部分。美国证券交易委员会要求每家公司都要使用公认会计准则,而这也是某家公司在其年度报告中列出的数字;但是,它可以向公众宣布任何一种数字。最严重的犯罪者就是第一声资讯服务公司,因为它们把试算报表中的收入当成了公司中的收入估计，因此外界也就看到了其收入的真实情况。一些经纪公司——美林证券公司是第一家公司——现在正在使用这种两式向公众宣布其收入情况。对许多公司来说，公认会计准则和试算报表中的数字有很大的不同。即使是对标准普尔来说，试算报表中的收入数字高出公认会计准则中的数字的20%至30%——这种差距还真是相当大！要辨别那些潜在的损失，我们现在正在做的一件事情就是要找出哪些公司的试算报表中的收入和公认会计准则中的收入之间存在着巨大差别。

这么说来，由于所有的立法和宣传行动(包括已经制定的和待制定的)，欺诈事件是不是变得越来越少了?

贪婪是永远都不会消失的东西。也许我们看到的这些欺诈类型正在发生变化，但是，经常会有一些新计划，要充分利用投资者的优势。

马克·库克

收获标普利润[①]

马克·库克把他的小型货车停靠在上山的路边上，从这里可以俯瞰到他父亲在俄亥俄州东斯巴达郊区的农场。让人惊喜的是，天气非常暖和，感觉这像是晚春中的某一天，但是，事实上已经是深冬了。展现在我们眼前的连绵起伏的土地都呈现出不同程度的棕色。“我想让你看下这个，”库克说道，“当这片土地在春天里变绿时，世界上再也没有比这更漂亮的景色了。”

我把这种景色深刻在我的脑海中，很轻松地就看到了在季节的更替中，当春天来临时，它呈现出多么令人愉悦的景色。但是，在库克的庄严的语调中看到这片土地，你必须要借助那些已经在这片土地上耕耘了很久的农民的眼光来看待这片土地，那么你就会看到它既能为农民提供生计来源，又能寄托几代人之间的联系。

“当我父亲大约在六十年前买到这片土地时，”库克说道，“这片土地如此贫瘠，以至于就连猪草都长不到一尺高。不管我的交易在何时变得糟糕，和我也感到很沮丧时，我就会来到这里。当我看到通过努力奋斗而完成所有的工作后，尽管在这期间也会遇到各种各样的困难，但它带给我一种宁静的感觉。”库克很热爱交易，但是，他对股市生涯的热爱也只能屈居第三，排在家庭和土地之后。

我第一次见到马克·库克，他正要在一个行业会议上发言，而且在他还没开口之前就已经给我留下了深刻的印象。他穿着挂肩工作服走到演讲台

① 本章中包括了一些针对期权的参考内容。那些完全不熟悉期权的读者可能会觉得先阅读附录中的概要内容会对他们很有帮助。

上。他这么做是为了要强调他的出身,但是,他对着装的选择并不只是为了要吸引大家的眼球,也有本质上的深刻意义。即使他交易的是数百万美元的交易,库克仍然亲自干一些农活儿。我们无法从经济学上的任何一个角度来合理地判断他的这种体力劳动。库克把他的一部分时间合理化地用于干农活,除此之外,作为一名交易员,他每周还要花费 50 至 60 个小时的时间在交易上,这么说来,他可真是个工作狂。这是真的,但是,我也相信,如果库克"只是"一名交易员,而他的 81 岁高龄的父亲还在把干农活作为他的全职工作,从这方面来讲,库克会感到些许内疚。

库克曾经带我参观过他父亲的农场,算是参观当地风景中的一段小插曲。当我们驱车前行时,库克指给我看那些不同的大片土地,这些土地都以年份进行区分。"那是 1997 年的土地。"他说道,指的是他用他在 1997 年在交易中赚到的利润而买到的土地。"那是 1995 年的土地。"几分钟后他说道,然后又分别说到了其他几块土地。从表面上来看,他好像有很多好收成的年份。库克似乎对将他的交易利润转变成为实物资产充满热情——而且,对库克来说,农田就是最终的实物资产。

这次参观之行的最精彩的部分还要与库克的交易利润的另外一个出口紧密相连,那就是珍贵的农用拖拉机。库克分享了他父亲对收集那些独一无二的拖拉机的热情,这是他们两人之间的共同爱好,由此促成库克拖拉机博物馆的建立。你不会在任何一本旅游指南中找到这个博物馆,它就在库克的农舍贸易公司的隔壁。这个博物馆中的所有展览品都被陈列在一间很大的金属棚中,它于 1996 年建立,用于储藏那些新型的独一无二的拖拉机。

库克开车去接了他的父亲马文,这样他就能够陪我们参观那个博物馆。马文·库克是那些沉默寡言的农民的典型代表,但是,当我们进入金属棚中后,他马上就变成了导游先生。他详细地讲述了每一台陈列的拖拉机模型的与众不同的特点,以及每个生产厂商的历史。在大多数情况下,这些生产厂商在很久以前就退出了美国的历史舞台。这个博物馆包含了一些真正的瑰宝,比如由一家俄亥俄州的公司只生产的那五台美式拖拉机中的两台(在这两台拖拉机中,只有一台现在还仍然存在于世),这家公司在全面生产拖拉机以前,就破产了。

在参观完博物馆之后,库克接下来带我去参观他用他的 1994 年的交易利润而买到的那片农田。他最近刚刚把这片土地出租给一家挖煤的公司，于是，我们徒步穿过这片高高低低的土地，从满是鹅卵石的山坡上走下来，看到了露天的采煤作业。能够买到这片土地带给库克一种特别的满足感，因为，他的曾祖父在1890年决定要把他们的最原始的农庄定居在这片土地上之前，就已经考虑过要购买这片土地。

前一天晚上，我在85岁老人Tozzi的家族式的餐馆里完成了对库克的采访。这个餐馆是俄亥俄州马格诺利亚市最好，而且也是唯一的一家餐馆。这里的人口只有1000人。但是，从表面上看起来，缺乏竞争并不是一件坏事：这里的食物非常可口，而且服务也十分周到。两个小时的晚餐过后，库克好像也变得开朗起来，开始准备向我讲述他的职业生涯。在库克的有着125年悠久历史的农场办公室里，我开始对他进行采访。这是一间昏暗的用花生点缀着的房间，除了一幅奶牛的油画以外，什么装饰都没有（库克的妻子泰瑞是一名艺术家）。采访一直进行到午后1点钟左右，但是还没有完成。我知道库克明天早上还要赶飞机，于是就决定要在明天继续完成剩下的采访。第二天吃早饭时，我开始继续对他进行采访。当我们乘坐他的皮卡车到达飞机场的停车场时，我才完成了采访。

库克在早期尝试股市交易中也屡遭挫折，他在接受记者采访时也曾经谈过这些经历。然而，库克从来都没有放弃。早期的失败只会让他更加努力地工作。最终，经过多年精心地研究股市，写大量的关于股市的日记，以及刻苦地记录和分析他做成的每一笔交易，他的交易终于开始不断盈利。

一旦库克对他的交易才能变得自信后，他就参加了一些股市竞赛，在1989年4个月的比赛中，他的收益率达到了89%，而且在1992年年初开始举办的接下来的1990年和1991年的年度竞赛中，分别实现了563%和322%的收益率。自从那时起，在6年间，他的最低年度收益率只有30%，而最高年收益率就不可思议地高达1422%。这些统计数字都是在确定百分比的收益率的基础上的，收益率是每年的美元利润占使用的平均资本的百分比，这是一种保守的评估方法，不能真实地评估出马克的投资成绩，因为他频繁地把利润从他的账户中取出来，但是，从来都没有往账户中加过钱。例如，在他获得低收益率的那年（基于我们对收益率的确定基础之上），他取出的资金已经远远超出了年初账户内的资金。库克为我提供了他最近4年的年度报表。在这4年的所有交易日子中，有87%的交易日子都能盈利，三分之一的月份全都是盈利的月份。

一位农家男孩是如何成长为一名交易标普的交易人员的?

我开始学习交易,是因为一头奶牛。

您必须要把这个缘由仔细解释给我听。

1975 年,我刚刚进入俄亥俄州立大学,学习农业经营这个专业,我当时代表俄亥俄州在国家的牛评审团队中工作。这段经历帮助我得到一份暑期工作,我和另外一个牛仔男孩,每天牵着埃尔希奶牛绕着村庄走几圈,借此为博登宣传。

这听起来很像《灵犬莱西》中的故事情节。当埃尔希去世后,她家的人用另外一头奶牛代替她吗?

当巡演结束后,他们用另外一头牛代替了那头牛。这次的巡演大约持续了 13 周。

这次巡演您都去了哪里?

我们去过全国各地。我们甚至收到了芝加哥的戴利市长送给我们的参观这座城市的钥匙,因为这座城市的吉祥物是一头奶牛。而且,我还接受了一些电视台和广播电台的采访。

关于那头奶牛,他们都问了您什么样的问题?

噢,它能生产多少牛奶?它是一头什么样的奶牛?它一天能拉多少屎?它多大年龄了?它吃什么?它会踢人吗?它为什么不招苍蝇呢?不管何时我听到最后一个问题时,我都会说道:"那是因为我们每天都会给它洗澡;它甚至比您都干净。"

有一天晚上,我们正在芝加哥做一个广播电台的节目。主持人是埃迪·施瓦茨,早在 20 世纪 70 年代,在他主持的这个节目变大以前,他一直都在通宵主持这档节目。他只采访了我们几个小时。在凌晨 3 点左右时,他问道:"嘿,你们这两个家伙现在想要做什么?"

"我们一直在到处奔走,"我答道,"有一阵子,我们没有和女生约会过了。"

"这没问题。"他说道。"你喜欢什么样的女孩子?"他问我们。

我的想法有点儿蹩脚,于是我说道:"刚才从这里下楼的那两位穿着比基尼的女孩,今天晚上我们要带她们参观这个小镇。"

"女孩被这两个家伙约到了,"他大声宣布道,"你们听到了吗?"

"我只是开玩笑的。"我很快地辩解道。

"没关系,"他说道,"你们已经听到她们已经被约了。"他告诉他的听众。还不到15分钟,这两个穿着比基尼的女孩就又出现在广播室中。

在我们离开之前,他对我们说道:"每天我都接到很多不愉快的电话。我想要录下你们的奶牛的声音,这样不管在任何时候,当我接到我不想接听的电话时,我就把它打开。"当我们外出闲逛时,我们就把这头奶牛安置在当地的一个农场中。第二天早上,我们就会去农场去看它。

等等,等等,不要讲得这么快。关于那两位比基尼女孩,发生了什么事情?

什么事情都没有发生,因为我的妻子也许会看到这段。(他笑道)

第二天早上,当施瓦茨到达农场时,他说道:"马克,你们俩确定你们能让它哞哞叫吗?"

"噢,当然了,我可以让它做任何事情。"我把它拴到一辆马车上,而且在马车的里面放了一台录音机。

"可它现在并没有在哞哞叫。"他说道。

"没关系,"我说道,"每个人都要为它让路。我会让它冷静下来,而且一旦我走开时,它就会开始哭。它会哭,因为它是一位名人,而且那些名人们都需要别人的注意。"

"你是在开我的玩笑吧。"他说道。

"没有,我很认真,"我说道,"慢慢看吧。"然后我就走开了,不久后,它就开始从它的肺部顶端发出低而沉的声音。他就用曾经在芝加哥广播电台使用多年的录音机录下了这段声音。

成为她的牛仔也帮助我们拿到了进入花花公子俱乐部的入场券。当我还在芝加哥时的某一个晚上,我的老板加入了我们。我说道:"我们应该前往花花公子俱乐部。"

"噢,当然了,马克,"他说道,"我们该如何进入呢?"要想进入花花公子俱乐部,你必须要拿到别人送给你的邀请柬。

"不要担心,"我告诉他,"我能让我们都进去。"

"那么,你打算怎么做呢?"他问道。

"你先等着,然后你就明白了。"我告诉他。当我们到达花花公子俱乐部后,我径直走向站在门口的那位仪表堂堂的保安,说道:"这里只允许名人进入,是吗?"

"噢,当然了。"他说道,"我们都喜欢名人。你是谁?"

"我不是名人,"我答道,"但是,我能代表名人进来。"我掏出我的那头奶牛的身份证。这只是我们刚刚参加完戴利市长为我们举办的庆典活动后不久的事情。

"噢,当然了,"他用怀疑的口吻说道。虽然这可能是第一次有人想要利用他的宠物牛而取得入场券,但是,在此之前,他肯定听过那些想要进入俱乐部的人们编造的各种理由。

"我有我的女友,就在这里。"我一边掏出她和我合影的照片,一边对他说道。

"稍等一会儿。"他边说边走向俱乐部后面的禁止顾客进入的门。不一会儿,他回来了,手里拿着一个给名人的钥匙,于是,我们就这样进去了。

这听起来太有趣了,但是,这和您后来成为一名交易员有什么关系呢?

大学毕业以后,我想要得到一份股票经纪人的工作。但是,我没有被录用。我的简历中的内容似乎对此没有任何帮助——我的学分不够高,而且还有这么一个事实:我没有参加过大学篮球比赛。最后,我重写了简历,重点讲述我曾经当过一名牛仔的经历。在那不久后,我收到了一通电话,通知我去 Canton 的一家当地的经纪人事务所中参加面试,最终,我也得到了在这儿工作的机会。替这家公司浏览我的简历的那位女士后来告诉我:"每天我都会看到数百份的简历。当我看到你的简历时,我就说道,'嘿,这就是那个照顾埃尔希奶牛的那个家伙。'"当我以前做巡演时,我曾经在 Canton 呆过,而且她也曾经在当地的报纸上看过我的相片。这就是由于一头奶牛的缘故,我进入了这个行业中。

您为什么想要成为一名股票经纪人呢?您那时在交易股票吗?

大学毕业以后,我就开始交易股票。通过买卖牛,我赚够了 2 万美元的本金。

在此之前,您做过任何调研吗?您使用了什么方法?

没有,我只是就这么一头就扎进来了。到现在,我都记得我的前两笔交易:我买进哥伦比亚公司和三宝公司的股票。前者被买断了;而后者却破产了。从一开始,我就经历了最好的交易和最坏的交易。从此我迷上它了。

那么,您现在还记得您为什么要买进那两只特别的股票吗?

是的,许多研究都支持要买进这两只股票。我买进哥伦比亚公司的股票是因为在此之前,我曾经看过一个关于拍摄《第三类接触》电影的文档,哥伦比亚公司将要负责这部电影的发行,而且,那时我认为,这部电影肯定会很火。在这部电影被发行之前,哥伦比亚公司的股票就已经被买断了,因此,不管是什么样的结果,都没有任何差别。

三宝公司的股票后来怎么样了?

当我和大学生联谊会的兄弟们一起去看玫瑰杯美式足球赛时,我们一起在三宝吃的晚餐。我从来都没有听过说这个连锁店,而且认为它一直很整洁,于是我买进了这只股票。这大概就是我的全部研究。关于这两家公司中的任何一家,我都不太了解。随后,给我做交易的那位股票经纪人对我说道:"马克,你喜欢行动。为什么你不试着去尝试一下股票期权呢?"

"我一点都不了解股票期权。"我告诉他。然后,他给了我一本小册子,让我阅读。当我认真地读完每一页的内容后,我就给我的兄长打电话,说道:"对我来说,这听起来太冒险了。"

"噢,不是这样子的,它和股票交易差不多。"他说道。

1978 年 4 月,我完成了首笔股票期权交易:在 9 美元的时候,我买进了两手特利丹公司股票的买入期权,支付了全部的保证金 1,800 美元。两天后,我把它们全部以 13 美元的价格卖出,于是用 1,800 美元的资金赚取了 800 美元。我就对自己说道:"嘿,这可比铲粪和挤奶牛容易多了。"关于我的第二笔期权交易,我又买了两手特利丹公司股票,这一次我也赚钱了。我以为我很快就会成为一名百万富翁。我一直都做得这么好,以至于我这样想道:"为什么要用这么小部分的资金进行投资呢? 我不妨用全部的资金吧。"我一直在交易特利丹公司的期权。最后,我孤注一掷地投资的这个股票下跌了。我想我要一直持有它,一直等到它的股价再反弹回来。结果,它却跌至零美元。我输掉了所有的资金。

输掉了全部的 2 万美元?

还不包括我先前为进入这个行业中而事先准备好的大约 3000 美元。到现在,我还清楚地记得那年填写所得税表格的情形。那一年,我的收入共有 13,000 美元,可是在股票期权交易方面,我却亏损了 20,000 美元。最糟糕的事情就是我只能在我的收入中扣除 3,000 美元的亏损。因此,我不得不支付收入所得税，即使我的收入是负的。

从这段经历中，您学到了一些东西吗？

是的。我意识到我想要赢回我的资金。我绝不是一个半途而废的人。我决心要尽我所能，学会一切关于股票和期权的知识。这只是我立志要成为一名股票经纪人的开始。我想成为一名股票经纪人的唯一原因就是要赢回我的资金。

您的父母知道您已经输掉所有的资金了吗？

他们不知道，他们也许会认为我把所有的钱都用来买 CD 了。

呃，您的确是把钱存在 CD 中了。

我没明白你的话。

我的意思是，您完全失败了。

就是这样子。我的目标是要一年赚够 10 万美元。在 1979 年我被聘请为一名股票经纪人之前，我就已经相当完整地学习了期权。我再次开始交易期权，但是，我仍然一直在输钱。我分析了我的几笔交易后，发现了我输钱是因为我在数周内，甚至更长的时间都不进行交易，结果，最后的股价跌至零美元。我意识到我输钱是由于那些向我出售这些股票期权的交易商们一手促成的结果。从那时起，我就决定，我也要卖股票期权。我采取了一种及时出售关于高波动性股票的买入期权和卖出期权的策略。

那段时间内的短期期权头寸的保证金有时比我从出售这些期权中获得的溢价还要少。在 1979 年，当金价暴涨时，我就开始出售关于黄金股票的期权。我断定，我能在美国标准协会上出售这个投资组合（既销售买入期权，又销售卖出期权），赚取更多的资金，远远超过我为这笔交易垫付的保证金。那时，保证金部门还没有弄明白这是怎么一回事儿。只有一个小问题——这只股票抛弃了我。我让出一点点的期权，结果是无用的，但是在买入期权方面亏损更多，直到把我的资金全部耗尽为止。这像是又重新回到了起点。

那么，您是如何赚到足够多的资金来弥补您输掉的资金的？

噢，我那时还是一个非常优秀的经纪人。在全国第一届的经纪人比赛中，我为那家公司拿得了第二名。在 1981 年，我为出售期权发明出一套可行的方案，当时，出售期权的溢价看起来太高，于是，我就找到某人为我编写这些规则。每周，这个程序都会吐出一个关于潜在交易的清单。因为我一直在出售一些看起来在跌的期权,它们最终也会变得一文不值。每周五当股市结束后,我就会启动这个程序,而且在接下来的每一个周一的早晨,我就可以看到这些交易。每个月我都要花费几千美元。

截至1982年5月,我账户内的资金已经累积达115,000美元。而我也变得更加贪婪。我原以为,我已经发明出这么完美的程序,它就会工作得特别好。我加紧步伐,不仅用我自己的账户,而且还用家人的账户中的资金进行交易。仅仅在那个月内,采用同一种策略,我就多赚了5万美元。

在1982年6月,我决定继续加大交易的步伐。在这个月的某周,我使用这个程序,于是电脑打印出若干个关于城市服务公司的交易清单。那时,它的交易价格还是27美元,然后,35美元、40美元和45美元价位上的认购期权正在市场上出售,希望能获得那些远远高于模型内隐藏价格的保证金,此时,距离股价下跌只有一周左右的时间。(这些期权合约内的执行价格将下跌到零,除非股价能够在期权合约结束前的一周内上涨到这个水平。)我不相信这些价格;我感觉好像他们正在要送给我资金。我出售了数百种这样的期权。到现在,我仍然记得,在1982年的6月16日——正是在我将遗臭万年的那一天之前的一天——在股市刚刚要结束的某一特定价位上,我试图想要再卖掉另外100种的股票期权,但是,我没有做到。

第二天,他们就宣布,城市服务公司将要在超出我的最高的执行价格20美元的基础上被买断。他们在接下来的一周内都关闭交易和认证,而且当认证都结束后,才又重新开始交易。当然,这些认证都被执行(对于库克持有的每一笔认证,都缺少100股),而且截止到这只股票再次开始交易之前,我已经赔了50万美元。

这笔钱包括您家人的资金吗?

不包括,只是我一个人的资金。6月初,我还有16.5万美元的资金,现在亏损额却超过35万美元。此外,我母亲、父亲和姑妈的账户里都各赔了10万美元。到现在为止,在我的办公桌的抽屉里还保存着当时的交易便条。直到去年——发生这件事情的17年后——我才有勇气打开抽屉,看着这些交易条子。我的账户要求我要有100万美元保证金,在那个时候,如果我想要继续持有这些股票的空头头寸,而不是重新将它们买回来,那么我必须能够拿出这笔资金。从技术上来讲,你可以有5天的时间来筹足这笔保证金,但是,这家公司一直在敦促我,要求我立即交这笔钱。

那天晚上，我给母亲打电话，这是我最难打的一个电话。我感到了完全的失败。我觉得我应该手脚戴着枷锁，然后被拖走。“妈妈，”我说道，“我需要和您谈谈。”

“什么事儿？”她问道。

“我想您最好明天早上来我家里，这样方便和您谈。”

“那时还太早，”她说道，“因为我还要去学校。”（那时，库克的母亲玛莎，是俄亥俄州坎顿市马隆学院的教育系的主席，她在这所学院里教授英语语法课。）

“那样也行吧，妈妈，越早越好吧。”第二天早上，大约六点半左右时，我从窗户向外望，看到母亲步履蹒跚，走得非常缓慢，这可真不像她的特点。

她进屋后问道：“马克，出了什么事儿？”

“坐沙发上，妈妈。”我严肃地说道。

她坐下来后，问道：“出了什么事，马克？发生了特别糟糕的事情了吗？”

“是的，恐怕是这样，”我回答道，“妈妈，我把您的 10 万全赔了。”

她一点儿都没有表现出畏惧。她直视着我的眼睛，然后同情地问道：“马克，你赔了多少？”

“我赔了 50 万美元。”我说道。

“但是，你没有 50 万美元呀。”

“我知道，妈妈。”

“还出了什么事情？”她问道。

“您问‘还出了什么事情’是什么意思？”我问道。

“除了赔了那 50 万美元以外，还发生了什么事情？”

“只是赔了这 50 万，妈妈。”我答道。

“噢，就只有这样！我以为你得了癌症。”

这是用另外一种眼光看待这些事情吗？我简直不敢相信她接下来问我的话儿：“要花多久的时间你才能再把它们赚回来？”她问道。

如果此时母亲说了其他话，我也许就离开了。但是，她只是在正确的时间点上说了正确的事情。我振作了一下，于是说道：“五年。”从空气中随便挑了一个数字，因为我不知道我要怎么把它们赚回来。

“如果在 10 年内，你能把它们赚回来，这还差不多，”她说道，“那么，现在就去做吧。”

从那个时候起,我从来都没有再卖过我的裸头寸(如果股市快速上涨或下跌,这些头寸允许开放式的损失)。

当那家经纪公司清算完您的账户之后,城市服务这只股票最后怎么样了?

这是一件具有讽刺意义的事情。这笔交易落空了。如果在此之前,我能够在1个月内完仓,我就会赚回我所有的资金,说不定还能挣一些利润。正是在期权合约结束之前,完成了收购,随后又收回了收购。我本应该要对其进行调研的,但是,事实上我并没有这样去做。虽然,从积极方面来说,如果在收购宣布前的那一天,我能够补仓,也许我就不会被逼得破产了。

您如何偿还您的账户中的35万美元的贷款?

我的父母给了我20万美元,而且,我用我的农场作抵押,从银行借到了剩余的15万美元的贷款。没有什么事情比把借来的资金放到一个经纪公司的账户中,然后再使其变成零更要小心翼翼的了。那时,我只有28岁,而且我已经下定决心要再爬回到原来的路上。每天我都工作14个小时。每天早上五点半起床,一直挤牛奶到上午九点,然后洗澡,前往办公室,做经纪人的工作一直到下午五点半。当我晚上回到家后,换下衣服,然后又走进谷仓挤奶,一直工作到九点,回屋吃完饭后就上床睡觉。本质上,我做了两份全职的工作。这种惯例我一直保持了五年,直到我最后卖掉奶制品这项业务。

您一直保持这种累人的工作惯例,是因为您想尽快地赚回所有的钱吗?

我必须要让这个农场继续经营下去,因为我是用它作抵押才借到的贷款。而且,请记住这时是1982年,利率周期已经达到虚拟中的顶端。每月我需要向银行支付的利息就高达8,800美元。那时我还有20万美元的欠款。很多人都建议我要宣告破产,但是,我不愿意这么做。现在,当我回头再看时,我意识到,宣告破产也许会是正确的经营决定。但是,如果我这么做了,我肯定不会成为拥有现在成就的交易员,因为那样也需要承认失败。

那么,您也觉得这种自我奴役的状态也只是对您自己的惩罚吗?

我的确这么觉得。

对于这整件事情,您妻子持什么态度?

事实上,她非常支持我。当我开始把我自己从这个坟墓中拽出来时,她说道:“我从来都没有见过像你这样的人,非要在一棵树上吊死。”她是对的。即使是现在,不管何时要是在某个月里我赔钱了,我就会像一只老虎一样不断用爪刨，直到把钱再赚回来。那时正是我最努力工作的时候。当数天来每天我都工作15个小时时，我的妻子就知道，我的交易进展得并不顺利。反过来说，当我每次回家都很早时，她都会说道："你的交易肯定进展得一帆风顺。"

关于短线交易，我曾经采访过的那些大多数交易员都说，他们很放松，或者即使在那些时候，也能休假。

我的做法刚刚相反。不管在何时，当我低落时，我就会加快交易的步伐。

但是，难道您不害怕这样做会增加您的损失吗？

我增加的是交易次数，而不是我的头寸。事实上，当我赔钱的时候，我所做的第一件事情就是止血。这也是为什么我要在我的电脑上保留这个标记。（他指着那张"变得更小"的纸张。）我不会完全退出正在伤害我的那笔交易；我只是减少交易的头寸。当我接下来做第二笔交易时，我就感到我要被迫去赚钱。赚多少无所谓。关键是要重建我的自信心。即使在那笔交易中我只能赚到几百美元，这说明，我仍然能够赚钱。一旦我的交易成功，我就乐意再去做下一笔交易。

关于处理这些情形，您能给其他交易员提供哪些建议？

希望不应该只出现在你的词汇表中。这是我认识的最坏的一个四个字母的单词。一旦你说道，"孩子，我希望这个位置要回来。"你就应该降低交易额。

另一方面——关于连胜——您有什么建议吗？

永远都不要在连胜的情况下增加头寸。除非你能保证，在股市下跌时，你能持有最多数量的股票。

在城市服务这只股票上失利后，隔了多久您才再次开始交易？

大约两年。第一笔交易时间是1984年4月，那时我的第一个女儿刚刚出生后不久。

当您再次开始交易时，您赚到钱了吗？

1984年和1985年的交易大约都是保本的交易。我在1986年才赚到了大钱。

那时有一些事情发生变化了吗？

是的，在此之前我就已经发现了累积勾指标。从1986年开始，我每天都记录股市交易的日记。每天我都会记录下我在股市中发现的周期模式。看起来有用的其中一个指标就是现在所谓的股价格指数,它是由纽约证券交易所编制的,上一笔交易的编号是一个报升的股价减去上一笔交易是低价的数字。当股市上涨时,股价格指数就是正数;而当股市下跌时,它就会呈现负数。此外,我还注意到,不管在何时,当它呈现负数时,市场都会迅速恢复上涨趋势。反过来说,强烈的积极的正股价格指数之后似乎就是抛售。

我曾经问过一位具有30年从业经历的经纪商,股价格指数呈现正数或者负数是什么意思。他说道:“负股价格指数表明市场要下跌了,而正股价格指数则表明现市场要上涨了。”

“是的,我知道这个,”我说道,“但是,当它们呈现正数或负数时,我该怎么做?”

“嗯,如果股市高开,那么你就买进;如果股市低开,那么你就卖出。”他答道。我还向其他经纪商们问了这个问题,而他们给我的建议是一致的。

因为这个建议和我观察的现象相矛盾,我的做法也是相反的:当股价格指数超过400点时,我就会卖出;反之买进。我把每笔交易的结果都记录在我的日记中,最后发现这种策略可以赚钱。然而,我注意到,股价格指数呈现的负数越低,市场反弹得就越厉害,反之,抛得越厉害。这就是我得到累积勾指标这一想法的过程。使用这个指标我从来都没有失败过,但是,在交易时,你需要钢铁般的意志,因为市场经常会陷入疯狂的情形——经常是由于某件外部新闻事件的影响——当许多人都读到这则新闻时。

我知道,您的累积勾指标是一项您个人使用的措施,但是,关于它,您还能告诉我另外一些情况吗?

当股价格指数处于中立区域时,计算时忽略了时间段。我把这段中立区域定义为-400到+400。当股价格指数越过这些门槛时,在固定的时间间隔内记录下读数,然后读数再被增加到总的运行的交易读数中。当这个总的读数低于历史5个百分点时,它就显示出股市现在处于卖空的情形(有买进的机会),而且当它超出95个百分点时,它就显示出股市现在处于买空的情形(有卖出的机会)。

偿还城市服务交易留给您的35万欠款花费了您多长的时间?

从城市服务那笔交易开始,到后来我再次开始交易,共花费了我5年的时间。盈利最多的那年是1987年。当我这么说时,人们往往会自动地认定,在10月股市崩盘的时候,我肯定已经卖空了,但是,在同年早些时候的牛市中,事实上,我赚到了许多钱。

那时,我还没有开始做日间交易。1987年5月,在股票指数看涨的期权中,我看到了,而且我也相信这是一个惊人的买入机会。两种因素聚焦在一起:我的累积勾指票正在给出特别牛的市场信息,而且股市在波动中下跌也使期权的保证金特别便宜。我的祖父过去常常告诉我:"当人们不想要那些东西的时候就买进它们,而且当人们需要的时候就卖出。"我用55,000美元买进了那些不值钱的股票,当时买入期权的交易价格位于0.5至0.625之间。(在这种情形中,交易员往往会给那些最开始的买进者留出许多出口,以防价格继续上升,但是,当股价下跌时,就会失去所有的投资。)我买进了1000多只股票。在接下来的几个月内,股价开始暴涨,而且股市波动得也很厉害——这两种情形导致我手中持有的股票开始飙升。

自从1982年城市服务公司的股票狂跌以后,我就一直想向我的父母证明,我没有失败。在1987年8月7日,我去看望他们时,告诉他们:"我又开始交易股票期权了。"

"噢,不要!"我的父亲大声叫道,"这一次,又有什么坏消息?"

"爸爸,这也是为什么我在这儿的原因。"我答道。

"那么,马克,你为什么要交易这些东西呢?难道你还没有吸取到教训吗?你又遇到问题了吗?"

"是的,我遇到了收入所得税这个问题,"我答道,"这次我买进的股票值75美元。"

"这一次,你投入了多少资金?"父亲问道。

"5.5万美元。"我答道。

"天呀,就此收手吧!"他说道。

"不,"我说道,"明天它们要上涨得更多。"结果,第二天,我共赚了140万美元的利润。

除了这个累积勾指标,您还依靠其他的什么工具而做出交易的决定?

累积勾指标只是一个过渡性的工具,每年大约只有两到四次有用;余下的时间,它只是一个中立的阅读器。针对于不同的行业,使用不同的工具。

您能给我列举一个例子吗?

我把我现在的一个交易称为"合并交易",因为要买进某只股票,它需要同时满足两个条件:股价格指数下跌到 -400 点,而且股价格指数指标(Tiki)也要下跌至 -22 点。股价格指数指标是股价格指数的一个指标,基于第三方的道琼斯指数。这笔交易必须要在我规定的 21 分钟内完成。不管我在何时收到一个信号,我都会设定我的"煮蛋定时器"。(他给办公桌上的"煮蛋定时器"上紧发条,在接下来的谈话中,可清晰地听见滴答滴答的声音。)我把这个定时器看作是一个坟墓,在它爆炸之前,我必须能够从里面爬出来。当下列三种情形中的任何一种出现时,我都会清盘:我实现了 3 个利润点的目标;到达我的 6 点的止损位置;或者 21 分钟的时间限制用完了。

为什么时间限制是 21 分钟?

这是因为我一直在记录的交易日记。我一次又一次地记录下这些交易。最好的交易往往都是在最短的时间内完成的。我发现,你应该在前 10 分钟内完成 3 个点。10 分钟后,交易也许还在进行,但是,胜算就相当低了。一旦交易进行到 15 分钟,这些胜算就变得更低,以至于你能做到的只有尽快退出。交易的时间越久,既定的目标越难实现。

我注意到,您正在使用的风险点是为实现你的目标所需要的两倍。这相当离经叛道呀。

这都和概率相关。我喜欢概率高的交易。这笔交易,还有我从事的其他交易中的大多数交易,一般来说,十有八九都会很准。如果我在 7 笔交易中赚到了 3 个点,然而在其中的 1 笔交易中就丢失了 6 个点,那么,在这 8 笔交易中,我仍然遥遥领先 15 点。

另外一笔我正在从事的交易和观察标准普尔和纳斯达克之间的比率有关。我使用这种信息,用于决定如果我得到了一个信息,我将要在什么样的市场上进行交易。如果我从其他的指标上得到了一个买入的信号,我就会在那天相对更加强劲的股市上买进某只股票。如果我得到一个卖出的信号,我就在相对疲弱的股市中卖出股票。

您能列举出一个关于信号的例子吗?

现在,我有一笔交易,我称其为"比市场低一点再买入",这是指如果股价格指数跌至 -1000 点,我仍然会买进,因为股市在越过那个点以后就有可能反弹。

换句话说，如果您得到一个比市场低一点再买入的信号，这意味着股市要快速下跌了，那么您就会在股市——标准普尔或纳斯达克——中更加疲软的那个股市中交易。

不错，正是这样子。

关于您从事的其他交易，您还能列举出一些例子吗？

我把其中的一种交易称之为“弹射器交易”，因为它就像一个弹射器，先弯曲，再弹跳将某种物体反弹出去。例如，如果标准普尔反复地在 1350 至 1353 这个区间内进行交易，每一次当它反弹回来时，它都会把股价稍微地拉得更高，那么，我就可以期望它反弹到这个区间内的最大值，或者反弹到 1356 点。这种交易能够管用的原因就在于停滞点都倾向于在反弹点之上。

另外一种我从事的交易就是债券比交易。债券和标准普尔就像是一对夫妻。债券市场经常先行，因此，它就像是妻子，因为男性常常追求女性。当一对夫妻第一次约会时，事先他们并不认识对方，但是，他们会稍微有点和谐。在类似的股市市场上，当债券上涨时，标准普尔也会上涨，但是，它并不会步步紧趋。然后，当他们订婚后，之间的关系就变得更加亲密。然后他们就结婚和去度蜜月。当他们在度蜜月时，他们做的每件事情都很同步。在股市处于“蜜月期”内，当我看到债券市场稍有上涨时，我就知道，标准普尔也会马上上涨，于是我就快速买进标准普尔中的某只股票，快速完成交易。在度完蜜月后，当他们开始迈入婚后生活，债券市场这个“妻子”就会拖着标准普尔这个“丈夫”慢慢前行，但是，此时，他们并不像曾经那么同步了。然后，这对夫妻开始变得陌生，就像在股市中，不管何时债券在上涨时，标准普尔都在下跌。后来，他们就离婚了。在“离婚期”，债券市场和标准普尔完全分道扬镳了。每一天，我都要做出决定，今天的股市怎么样。比如，今天，债券市场上涨，然而标准普尔却在抛售股票。华尔街称其为“安全投资转移”，但是对我来说，它就像是一个“离婚日”。

您过去常常使用您个人的账户管理资金吗？或者您经常使用您个人的账户进行交易吗？

1989 年，我决定要涉足管理资金。我问那个行业中的我认识的人们，由于对这个行业毫不了解，我需要做什么才能吸引投资者。其中的一个人就给我建议，我应该参加美国投资锦标赛（现在，它是一个已经停业的实际货币交易大赛），来让更多公众认识我。那是我第一次听说这个交易比赛。

1989年末,这个比赛每隔四个月举办一次。我被分到了期权选择这个类别中,比赛结果是第二名,收益率高达89%。这给了我足够的信心,让我认为我能够做好管理资金。于是,我决定放弃我的经纪业务,开始只专注于我自己的业务中。

那您为什么不继续同时做这两种业务呢?

对我来说,好像每一次我要进入某个行业中,不得不快速地做某些事情时,客户总会给我打电话,说想要和我谈谈那些公共事业股票或者其他的很紧急的事情。

我在纽约用个人的账户成立了一家清算公司,它也包括资金管理的业务。当我的账户被激活以后的大概三四个月后,我接到了一通来自守法部(是那家公司的某个部门,负责要确保所有的账户内的交易都要符合政府规定和行业惯例)的电话。我的第一个想法就是:"噢,现在出了什么问题吗?"

"我一直都在看您的账户,"那位呼叫者说道,"看起来您只交易了股票期权。"

"不错。"我小心地答道。

"而且,好像您只买进股票。"他说道。

"是的,"我答道,"我不相信那些卖出的期权。"

"为什么不相信?"他问道。

"太多风险。"我说道。

"自从您在我们这儿开过账户后,我浏览了您做过的所有交易。"他说道。

"有什么问题吗?"我问道。

"没有,事实上,我从来都没有见过像您做得这么好的交易员。"

"这究竟意味着什么?"我问道。

"噢,对所有的新手来说,您是我曾经见过的最短期的交易员。事实上,看起来,您从来都不会持有超过三天以上的股票。为什么会是这种情形?"他问道。

"那是因为,在经历过多年的交易以后,我已经明白了,如果我要持有的时间超过三天,那么股市就会把盈利降至最低。当你要买进某只股票时,保证金也会随着时间的流逝在稳步蒸发。这就像是在你的手心中有一块冰:它在你的手心中待得越久,它就越快地消失,直到最后,它完全消失为止。

你现在在守法部工作,”我说道,“还有其他问题吗?”

“我们一直在寻找像您这样的人才。在聘请您成为我们的资金经理之前,我们还需要等待您用一年的时间交出的答卷。我直到现在才联系您,是因为我们认为,如果您知道我们现在正在关注您,您也许会改变您的交易模式。”

“可你们并不了解我,”我说道,“你所说的并不会发生。”

“让我们拭目以待吧。”他说道。

在此之前,他一直在关注您的账户,因为他正在寻找一名潜在的内部的资金经理吗?

噢,不是这样子的,他是从守法的角度开始关注我的,希望能把我打败。我想,我只买进股票而且快速卖出持有的股票这个事实肯定已经有很多危险信号了。

他继续监测我的账户,而且当我的账户达到一年后,他又给我打电话了。“当您了解到我正在关注您时,事实上,您做得非常好。”他说道。

“我猜想,你给了我一点鼓励。”我答道。

“话虽如此,但是,我的本意并不在此。”他说道。

“为什么不是?”我问道。

“您做得太好了。没有一个人会相信这些数字。但是,不要担心,我会以任何一种方式为您募集资金的。我根本就用不着让他们看到您的业绩。基于我的推荐,他们就会投资的。”

他把一些小账户聚集在一起,组成一个数百万美元的账户,于是我在1991年初开始管理这个账户。如果你能够想起来,那时正值美国将要发动对伊拉克的战争,而且在此之前,股票市场一直都在大跌。累积勾指标放出股市被严重地卖空这个信号。1月4日,我开始买进标准普尔的指数认证(以新兴市场为赌注的一种指数认证)。在接下来的几天内,我继续增加头寸。

稍等一下。我原以为您最多只持有三天。

对于大多数的交易来说,是这样子的。但是,这有一个显著的例外:如果我的累积勾指标一年只显示几次,它仍然告诉我要买进,那么我就会持有这些股票超过三天。当指标确定后,股市有时候反应快速,但是,我也看到它将持续长达七周之久。只要它仍然能够提供某种信号,我就会按照它的提示进行交易。如果市场卖空,我就只买入买权;如果市场买空,我就只买入卖权。(卖权指的是这样一种权力,它赋予买方在股市上以执行价的价格卖出某只股票的权利,因此在股市下跌时,赚取资金。)我仍然在进入和退出市场,但是,我始终持有买入认证权,哪怕它会下跌大约25%。由于使用这个账户,我采取了一个资金管理的计划,把我的总投资额中的三分之一用在股票投资上,这样,从总收益方面来讲,它只下跌了8%。

1月7日,生平第一次,我接到了公司总裁的电话。在他打来电话之前,我才用这个账户交易了一周。"你觉得现在的市场情形怎么样?"他问道。

我知道发生了什么事情。他肯定接到了那些投资者打给他的忧心忡忡的电话,这些投资者和我从来都没有见过面。"噢,"我说道,"我的累积勾指标显示出市场现在已经被严重卖空了。"我向他解释道,不管在何时,只要我的指标被严重卖空,这就表明一个重大的买进机会将要到来。

"等到股市上升,还要多久?"他问道。

"它会随时反弹回来,"我说道,"我们需要一个刺激因素,但是,现在我还不能确切地告诉你,这个刺激因素会是什么。"

"你的那些指标一点儿都不管用,"他说道,"股市要一直下跌了。"

"那你可以结束这项业务,"我说道,"但是,我想让你知道,如果你那样做,那些投资商们就会知道,你才是关闭那些业务的人,不是我。"

在此之前,我的秘书一直坐在那里,一直听到我们的谈话结束。当我挂断电话后,她说道:"上帝,您肯定惹毛他了。"

"不要担心,"我说道,"他不会终止这项业务的,他也不想承担这种责任。他会把我留在那里,替他担责。"

1月10日的晚上,美国开始对伊拉克进行空中袭击。第二天早上,股市会开始疯涨。市场不仅大幅上涨,而且在波动中急剧上涨导致认购保证金上升。1月12日,总裁就给我打电话。

那时,这个账户的盈利情况怎么样?

在此之前,我持有的头寸翻了近三番。(由于库克只把三分之一的总额用于投资股票,这就意味着这个账户的股票收益翻了近两倍。)在这之前,我已经开始用我自己的头寸来赚取利润。当然,他也了解,当他给我打电话时,我就已经开始清仓。

"那你打算怎么做?"他问道。

“我想要继续买进股票。”我答道。

“但是，股市已经开始上涨了，”他说道，“你认为它还会继续上涨吗？”

“是的，我相信，”我答道，“因为我的累积勾指标仍然显示它是严重卖空的。”

“那么，为什么你不继续持有这些头寸呢？”他问道。

“你不明白，”我说道，“促使期权保证金已经大幅上涨的其中一个原因就是股市的急剧波动性。（认证的价格既依赖于潜在的市场价格，又依赖于股市的波动性。）一旦股市的波动性开始放缓，认证的价格也许就不会上升得那么快，即使股市会继续上涨。此外，现在我还意识到在上周你给我打电话之前我没有意识到的事情，这就是你的投资商都相当着急，而且，他们也许只想要把钱放在他们的口袋里。我这么说，对吧？”

“那是真的。”他答道。

“好吧，”我说道，“我们要继续清仓，从那里开始吧。”

“马克，”他说道，“这也是为什么和我相比，你会是一名更好的交易员。”这些都是他的真心话。

“谢谢你告诉我，我是一名好的交易员。”我这么说，只是为了安慰我的秘书，她一直在着急地听着这段对话。“现在，你意识到我的那些指标会起作用了吧——你意识到了吗？”

“噢，当然，”他答道，“你的指标起作用了。”

当我挂断电话一会儿后，我的秘书说道：“他这样子打电话来赞美你，这样不是很好吗？”

“等着看吧，”我说道，“他会尽可能快地把这笔资金抽走的。”

“他为什么要这样做？”她以不相信的口吻问道。

“因为他不能忍受市场的波动性，而且他也不具备处理他的客户刁难他的那些难题。而且，他对我所做的事情一窍不通，这让他处在一个尴尬的中间位置上。他的参与将只会导致投资商之间的怀疑。如果我直接和他们交谈，他们就会听到我声音中的自信，这样事情就会变得不同。”具有讽刺意义的是，在此之前，我已经选择了这种结构类型，因为我一直想要和那些投资商若即若离，这样我就能够不受他们的情绪的影响。反过来说，最终，我却与夸大这种情形的中间人为伍。“他会找到一些借口，把这些资金给抽出来。”我告诉我的秘书。

“他怎么能找到借口呢,”她问道,“当你把他们的资金翻倍?”

“我不知道,”我说道,“但是,他会找到的。”

那时,认证的保证金已经上涨得很快,事实上它并未给买方留下任何盈利的机会,如果你只是一个期权买方,就像我一样。在那个时候,购买期权就像是你购买一辆南斯拉夫的汽车,支付的却是劳斯莱斯的价格。

您停止交易了吗?

是的,我必须要妥协。我必须要相信我的交易至少有75%的成功率,否则我就不会去做。在接下来的几个月内,我继续做一些规模小的交易,而且这个账户已经偏离了正轨。

在4月底的时候,总裁又打来电话。“你不再交易,这是怎么回事?”他问道。“你害怕了?”他嘲笑道。

“是的,我害怕了,但是,并不是你想象的那样。我只害怕市场。我看不到这些交易能给我带来75%的成功率,而且我也不会去做那种掷硬币性质的交易。”

“噢,我的那些投资商们一直都在期盼着你去交易,”他说道,“你为什么不做像在1月份你做的同样的事情呢?”

“因为市场已经发生变化了,”我说道,“在接下来的几个月里,即使我们什么都不做,我们仍有一个好年景。”

“也是,你今年的投资收益率仍然高达85%。”他承认道。

“难道那些投资商们对这个结果不满意吗?”我问道。

“他们看到你在1月份时把他们的资金翻番,而且他们想让你努力实现它。你最好去做更多的交易,马克。”他说道。

“他现在想要怎么样?”当我放下电话后,秘书问道。

“现在,他想强迫我去交易。这难道不很可笑吗?1月份的时候,他不想让我交易,而现在,当我就应该不交易时,他却想让我去做更多的交易。”

那时,您是怎么做的?

我原以为我可以做一笔交易,这样是为了让他高兴。如果这不管用,我就说服他不要给我施加压力,让我去做交易。但是,一旦我开始交易,我自己就认为,这样子很愚蠢;我现在就在做一笔交易,我认为它有可能会赔钱,这样做只是为了要证明我的观点。非常确定,这笔交易最终赔钱了——赔得不多,也许是5%的收益。我完全后退,而且停止了交易。

您是如何挽救这些账户的?

我想我赚到了1%的利润。

不是标准的20%的利润吗?

你会觉得那时我是多么天真吧。他们告诉我:“不要担心,我们会正确处理的。”那时我没有记录下任何交易情况。对于他们的话,我就信以为真了,因为我更感兴趣的是得到一个很好的业绩记录,而不是利用这个账户能赚到多少钱。我很着急着开始起步,以至于我没有从事任何一笔真实的交易。

5月底,总裁又打来电话。他告诉我,公司中的其中的两个账户的投资商们正在撤离资金。“噢,我想他们遇到了资金上的麻烦。”我猜想道。

“我告诉你实话吧,马克,”他说道,“越来越多的投资商们都很困惑,正在思考是否要关闭他们的账户。”

“为什么?”我问道。

“噢,最近你一直没为我们做任何交易。”他答道。

“你意识到账户内有多少资金了吗?”我反问道,“如果你在今年年初就告诉这些投资商,他们要赚取80%的利润,那么你认为他们还会一直这么欣喜若狂吗?”

“是这样子的,但是,在第1个月内,你带来的投资回报率远远高于80%,”他答道,“在过去的4个月内,你一笔交易都没有做。”

“稍等一下,”我说道,“这些投资商们还有什么期望?”

“我让他们看了一下你去年的投资业绩。”

“你瞧瞧你干的好事!”我大声喊道,“去年的投资业绩是用我自己的钱投资的,全部的资金都用于投资股票。由于杠杆作用,我的账户赚到的钱本可以是利用你这个账户赚到的钱的3倍,但是,赔钱也会是3倍,而且我并不认为你的那些投资商们愿意接受40%的亏损。”

10分钟后,他又打回电话,说道:“我们要关闭这个账户。”

我很生气,气得就要吐血了。我不知道他告诉了那些投资商们什么事情,他们就立即撤离了所有的资金。在管理这种共同资金方面,这是我的第一次经历,也是最后一次经历。

关于您为他们挣的利润,他们分给您了吗?

一分钱都没有。

正像塞缪尔·高德温说过的那样,"口头协议不如写在纸张上的协议那样有效。"当他们关闭了那个账户后,还发生了什么事情?

在那年接下来的时光中,我过着单调的生活,因为市场环境不适合买进期权。1991 年 11 月,我报名参加了 1992 年的美国投资锦标赛,那时这个比赛已经从 4 个月一次的比赛发展成为一年一次的比赛。在准备过程中,对截至上世纪 70 年代我从事过的所有的交易都进行了研究,希望能分别找到赚钱和赔钱的原因。于是,我发现了,每个星期二都是最好的一天,而每个星期五都是最坏的一天。

为什么会是这样?

因为在热身前还需要一小段的时间。每周一,我只是想要回归到正常的工作状态中,而且到周二之前,我已经为开始交易做好准备了。在周五来临之前,我已经耗尽了能量,而且,如果这周内我的交易业绩一直都很好,那么我连开车的力气都没有,就像泄了气的皮球一样。这么说来,我在 1992 年做了什么呢?每逢星期五,我都不会交易,而且,在每个星期二,我会疯狂交易。

正是因为您发现了这个结果,您的交易从此永远发生了变化了吗?

噢,是的,这是我曾经做过的最棒的事情。直到这时,我才真正地成为了一名熟练的交易员。

对于那些想追随您脚步的人们和想要以交易为生计的人们,您会给他们提供哪些建议?

如果你决定要以交易为生,那么你必须要认真地对待它,就像对待其他行业一样,而且要有计划地进入这个行业。如果你想开始一笔交易,你能做的就是直接走进银行,亲切地微笑着,然后说你想要 20 万美元的贷款,你认为你会得到这笔贷款吗?他们会说"你的笑容真的很美;给你,这是贷款"吗?我并不这样认为。你需要有一份非常可信的商业计划。可是,问题在于,开始交易前,大部分人都没有任何明确的计划。

对于这些交易员来说,一份商业计划都包括哪些内容?

它应该包括针对下列问题而给出的具体答案:

• 你将要在哪种股市上进行交易?你需要挑选一个股市,使其符合你的个性特征,因为股市能侧面反映出市场的参与者。那些交易因特网股票的人们肯定和那些交易公共事业股票的人们不同。

• 你的交易资金会是多少？一方面，你应该能够诚实地说："如果我损失了所有的资金，那么它并不会改变我的生活方式。"另一方面，你需要一大笔足够的资金，这样赚的和你从现在的工作中赚到的金钱至少是相当的，这是可变通的目标。否则，你就会认为你很失败，因为作为一名交易员，你要比你在当前的工作中更加努力地工作。

• 如何输入指令？你会把所有的资金分散开来还是把它们只投入一笔交易中？你如何退出亏损的交易？又如何退出赚钱的交易？

• 股市出现哪种下跌情形会让你停止交易以及重新评估你的方法？哪种下跌情形会让你关闭交易？

• 在尽可能短的时间段内，在多短的时间内才适合你的交易方式，从这方面来衡量，你的盈利目标都有哪些？

• 你采取哪些步骤来分析你的交易？

• 如果出现了个人问题，它严重地影响了你去做时交易的心情，那么你该怎么做？

• 你如何设定你的工作环境，使其对交易有益以及将成功的机会提高至最大化？

• 如果交易成功，你如何酬谢你自己？去特别休假，给自己买辆新车等等？

• 作为一名交易员，你需要继续改进的地方有哪些？你会阅读什么样的书籍？你会做哪些新研究项目？

对于那些想要成为交易员的人们来说，您还会给他们提供哪些其他的建议？

要把交易当成一个职业，而不是一种爱好。每隔一段时间，我都会为那些交易员举办一些研讨会。我曾经有一位学员，他是一名网球教练，来参加我举办的为期四天的研讨会。在第三天的时候，我问这些参加者，到目前为止，你们都学到了什么以及你们打算如何应用学到的知识。当轮到他发言时，他说道："我不打算放弃我的网球生涯。每周二和周四我去上课，因此，每周的周一、周三和周五，我再去交易。"

"如果你那样做了，"我告诉他，"我敢保证，每周的周二和周四，你也需要继续关注股市。给学生上一堂课，你赚到了100美元，但是，你却在股市上输了1000美元。"

"不会有这种问题的。"他说道,"因为每天我都会抛售股票。"6 个月以后,他放弃了交易。他做错了两件事情:第一件事情,他的最爱是网球。第二件事情,对他来说,交易并不是一种职业;它只是一种爱好,而且爱好经常耗费你的钱。

有一些人作为交易员,他们失败了,您觉得还有其他原因吗?

人们低估了成为一名成功的交易员所需要的漫长时间。有一些人来到这里,认为他们在这一周内和我坐在一起,然后就能成为伟大的交易员。有多少学生,当他们进入大学时,就径直走向教授,然后说:"我知道这门课程只开一学期,但是,我认为一周对我来说已经足够了。"在交易中获得技能,就像在其他行业中获得一样——都需要经历,而经历需要时间。

许多年前参加我举办的其中的一次研讨会的某个人问我:"对我来说,要想成为一名职业的交易员,要花费多长的时间?这样我就能够辞职,养活我的家庭了?"

"三到五年。"我说道。

"这么长时间!我想在 6 个月内就开始交易。"他答道。

"噢,那你可能比我聪明,"我说道,"在我的前五年里,我没有赚到一分钱。"

7 年后,作为一名交易员,他还没有赚到钱。你不能在一夜之间期望自己成为一名医生或一名律师,交易也一样。这是一种职业,需要时间、学习和经历。智慧是知识和经验的产物。如果你有更多的知识,哪怕是你有较少的经验,你也能成功,反之亦然。如果你既有知识又有经验,那么学习之路就非常曲折。

那为什么有些交易员还会失败呢?

另外一个普遍的原因就是资金不足。有时,我让参加我的研讨会的那些人以 1 万美元作为开始交易的资金。我告诉他们,他们应该把这 1 万美元转变成以 100 美元为单位的账单,然后每完成一笔交易,就把其中的一个账单扔到卫生间里冲走,因为,如果他们尝试用这 1 万美元进行交易,结果和用 100 美元进行交易的结果是一样的,但是,它只会延长人们的痛苦。1 万美元显然不是足够多的资金。

到现在为止,您谈到的所有与失败有关的理由都与他们对待交易的态度有关:没有做到全心全意,或者没有投入足够多的资金。除了这种态度以

外,还有什么缺点会导致他们不能成为成功的交易员?

这和智力无关,甚至也与股市知识无关。我曾经见过那些具备良好的交易技巧的人们也失败了,而那些不具备任何交易经验的人们却成功了。主要的原因就是每一位交易员都必须对他或她的缺点保持诚实,然后认真地对待它。如果你还没有学会做到这一点,那么你就不可能成为一名成功的交易员。

几年前,有一位期权交易者,他按照行程表前来我的办公室看望我,问我是否愿意在他到来之前,看一下他做过的那些交易。我同意了,因为我一直都很真诚地想要教会其他人如何交易。

他说道:“去年,成功的交易占 84% 。”

“很好,”我说道,“那你赚了多少钱?”

“噢,我没有赚到钱,”他答道,“去年一整年我都在赔钱。”

“这么说来,那 16% 的比例就是我们需要关注的点儿。”我说道。

“这也是为什么我想让您看下我做过的交易。”

他把做过的那些交易发给了我。我发现那一年,他大约做了 400 笔交易,几乎全是赔钱的交易。刚开始,我并没有注意到任何一个共同的因素。然后,我逐一检查日期,发现了 80% 的交易都是在每个股市的最后一天,周五进行的。我给他打电话,说道:“我发现了你的问题。”

“噢,太好了,”他说道,“那么你发现了什么?”

“你的 80% 的大交易都是在每个股市的最后一天,周五进行的。”

“噢,我知道这个。”他答道。

“那么,有个方法可以解决这个问题。”我告诉他。

“太好了,太好了,”他说道,“我就知道你会有解决方法的。”

“不要在每个股市的最后一天,周五进行交易。”

“马克,你在说什么呀?它们可都是令人兴奋的交易日呀。”

“你必须要做出决定,你是想要激动兴奋还是想要赚钱。不要在每个股市的最后一天,周五进行交易。每逢周五,退出市场去做些其他的事情。”

“噢,不,我做不到,”他说道,“在那天,我不能放弃交易。我会找到解决这个问题的方法的。”

“如果你不以退市的方法解决问题,”我告诉他,“那么市场就会抛弃你。”

6 个月后,他破产了。他知道进入市场和退出市场的那些指标。他是一个工作狂,也非常聪明。他甚至了解在大多数情况下如何接受损失。但是,他只是不能避开那个交易日。他早就发现了症结所在,但是,他没有解决它。

现在,您还想起其他的您尽力去帮助,但是最终还是失败了的那些交易员了吗?

几年前,曾经参加过我的研讨会的某个人给我打电话,想听我的建议。他告诉我,他想要成为一名全职的交易员,但是,到目前为止,一直都不成功。关于设计一份针对于他的交易的商业计划书,我给他提供了一些建议。只是在这样的一个电话里,他的声音突然特别低。"我几乎听不到你,"我说道,"我们之间的信号肯定特别不好。"

"不是的,"他小声说道,"我的妻子刚刚进来这个房间。"

"她不知道你已经赔了多少钱,是吗?"我问道。

"是的,她不知道。"他承认道。

"你必须告诉她事情的真相。如果她不支持你,你就会很害怕她,那么不管我教给你任何东西,它都不起作用。如果你继续要秘密地做这些交易,那么只会发生两种事情:要么你会输光所有的资金,要么你会输掉你的婚姻。"他没有听我的建议,结果,他失去了资金和婚姻。

在1997年9月到12月,发生了什么事情?在您发给我的文件中,我看到这是一段相当长的赔钱时期,这与您的其他交易完全不符。在这4个月内,我想您赔了30万美元吧。

我发现,随着年末越来越近,我做的那些交易也越来越不好。值得说明的是,越到年末,我就越累,越懒散。

但是,这并不能解释当时的情形。那段时间比任何一段时间,包括其他年份的下半年还要糟糕,因此,肯定还有其他原因。

(库克继续东拉西扯,试图用那些概括性的词语解释为什么在那段时期内他的业绩那么糟糕。最后,记忆闪光一现。)噢,你绝对是正确的。我都完全忘记它了。在1997年7月,我不小心跌倒,然后摔碎了膝盖中的前交叉韧带(膝盖中心的韧带)。腿裹着绷带,非常疼痛,必须要吃止痛药才行。最后,在12月份时我不得已接受了手术。

止痛药让您昏昏欲睡吗?

我吃过止痛药后,无法专心地工作。而且,对市场也不那么敏感了。我感觉我走路也特别慢。此外,我还担心也许以后我再也不能和我的孩子们一起打篮球了。

听起来,在那段期间内,您好像特别沮丧。

是的,从原来的身体特别灵活,不管是在球场上还是在农场上,变成勉强只能走路。在那几个月里,我的体重增加了30多磅。

如果您是在12月份做的手术,那么您的交易看起来很快就有起色了。

是的,确实如此。感觉也相当好。我全身心地投入到康复中,也许我的康复运动量有点太大了。我是个对什么事情都非常卖力的家伙。在做过手术的两周后,当我还在体重机上时,我的理疗师走过来,问我:"当你的前交叉韧带受伤后,我们已经做了许多康复锻炼了。现在我要只告诉你一件事情,也许它会触及你的痛处:在做过前交叉韧带康复手术以后,我们这儿还没有一位病人能够像你现在这样能够举起这么重的器械。你明白我的意思吗?"我马上就妥协了。

(当这次的访谈结束后的约一周内,我给库克打了电话,他告诉我,在我打电话之前,他问过他的助理丝塔西,在这段受伤期间,她对他的印象。她告诉他:"你不能走路。甚至坐下来都很困难,因为你特别疼痛。你脸上的表情也表现出你很痛苦。你就像一只贝壳一样,把自己裹起来,完全不做交易。当你做完手术后,和之前相比,简直就判如两人。")

还有其他类似的这种时期吗?在这样的时期里,您的个人混乱干扰了您的交易。

1995年9月,我父亲的心脏病发作了。他在重症监护室里待了八天。在这八天里,在每一笔交易中,我都犯了严重的错误,借此来惩罚自己。

为什么您觉得您要为您父亲的心脏病发作负责呢?

他太努力工作了。在他心脏病发作的那天,气温高达90多华氏度,他在捆绑那些干草。母亲告诉我,当天中午他感到有点不舒服,于是就回家了,休息了片刻后又出去工作。在他心脏病发作的那天,他一共捆了400捆草。我想:"父亲在那么热的天气里干那点活儿才赚700美元或800美元,而我坐在空调办公室里就能够赚7000美元或8000美元。"我似乎没有权利过这样的生活,于是我必须要惩罚我自己。现在,当我回头看我在那段时间完成的交易时,看起来我那时好像精神错乱了。

可是,那时您并没有在做那些日常交易。

噢,不是这样子的,我做的交易差不多全是反着的。

那么,您意识到那时您在做什么了吗?

我不管;我太懊丧了。我认为那时我真的很想赔钱。

对于您的交易方式,您必须要每天紧盯着股市。那么,您有过类似的情形吗?一些干扰让您赔了钱。

我能记得最清楚的那笔交易就是在1987年1月内完成的交易。那天正好是我秘书的生日。白天,当我在工作时,我从来都不会离开办公室。但是,那天,我想做一个和蔼的老板,于是,中午我就带她出去一起吃午饭,为她庆祝生日。当我离开办公室后,我紧盯的期权上涨了3万美元。当我吃完饭回来后,它却下跌了4万美元。我简直就不敢相信这些报价。我永远都不会忘记这笔交易。现在,我只会送给我的秘书一张生日贺卡。(他偷笑着)

这听起来是一顿非常昂贵的午餐。要是您一直待在办公室里,您确定您要平仓吗?

绝对要平仓。这是我的其中的一条基本规则。我从来都不会让利润变成亏损。

我已经问完了我想要问的所有问题。您还有想要补充的吗?

在这里,我只代表了美国中西部农村中的最普通的人。我坐在曾祖父的农舍里,盯着电脑屏幕,而且现在我能够以交易为谋生手段。这也是为什么我相信,只要有希望,任何地方的人们都可以成为交易员。但是,你必须要乐意努力工作,而且愿意为此交学费。当你正在学习如何交易时,学费就是你亏损的钱。人们一直都在问我:"你认为我要花费多久的时间才能成功?"我告诉他们:"三到五年,每天工作12个小时,而且一直在赔钱。"很少有人愿意听到这种答案。

直到你放弃才算结束。马克·库克刚开始没有遇到失败,后来他不断遭遇失败,而且还都是巨大的失败,还有几次,不止一次,他的交易全军覆没,几乎要耗尽他所有的资产。尽管这是一个不吉利的开始以及近10年的错误的开始,库克从来都没有放弃,他最终获得了成功。发明出属于他自己的方法,设计商业计划,而且对自己要求极为严格,以及不屈不挠的坚持不懈,使他最终获得了三位数字的股市投资收益率。

和那些世俗观点不同,建议人们应该寻找那些利润远远高于风险的交易,库克的交易策略则是试图用 2 美元的成本赚到 1 美元的利润。这个观察向人们提供了两个重要的经验教训,两者都不认为,使用比利润目标更大的风险水平是一个普遍的有吸引力的方法。

首先,看到盈利的概率就和看到潜在的收益与风险之间的比率一样重要。正像库克证明的那样,某种策略在亏损的交易中赔的钱远比在赚钱的交易中赚的钱多,如果赚钱的概率特别高, 那么这个策略仍然是一个特别好的方法。反过来说,如果使用某种策略,在赚钱的交易中赚到的钱是在亏损的交易中赔的钱的 10 倍,如果赚钱和赔钱的概率都特别低,那么这种策略就能让你赔钱。想象一下,比如,在轮盘赌上同时对"7"这个数字下赌注,如果你能赢,你就能赢得 36 倍的赌注,但是,如果你继续玩下去,我敢保证,你会输光所有的钱,因为你成功的概率只有 1/38。

其次,在选择交易方法方面,选择一种符合你个性的方法至关重要。当库克在某笔交易中赚到一小笔的利润时,他就会很高兴。但是,对于哪怕是要承受非常小的亏损,他都十分讨厌。在每一笔交易中都接受用低收益/风险比率交换高概率的胜算,他的这个倾向和他发现的各种方法都很适合他本人使用。但是,这些同样的方法也许对别人来说,相当不适合,因此在交易中也是不盈利的。交易并不是一个适用于所有人的命题;每一位交易员都必须发现适合他个人的方法。

个人问题也能够挫伤一名交易员的业绩。想象一下,例如,在库克的膝盖受伤期间和他父亲心脏病发作期间,他的不符合个性的表现使他遭受了巨大损失。寓意是:如果你正在经历身体上或者情感上的伤害,要么就停止交易,要么就把交易降低到你能够承受损失的某种程度上。如果库克他本人对在过去的 10 年内犯下的任何严重的交易罪而感到内疚,那就说明他没有听从这个建议——他下定决心不要再重复的一个错误。

许多有抱负的交易员都对需要付出的时间、工作和需要的资金估计不足,因此他们没能成功。库克非常固执,一定要成为成功的交易员,这需要全心全意的投入。你必须把交易视作一份全职的工作,不是业余爱好。正如在创业中,你需要一份可信的商业计划、充足的资金,而且还愿意长时间工作。那些追求的捷径并不适用于创业。即使你能把每件事情都做好,你仍然在前几年里都期望着赔钱——库克认为,赔钱就是你向交易这所学校缴纳的学费。这些都是凄凉的残忍的事实,那些想要成为交易员的人们不喜欢听到或相信它们,但是,忽视它们并不能改变现实情况。

对马克·库克访谈记录的更新

马克继续从事着他的交易。虽然他已经确定他的方法,不管股市是牛市还是熊市,这都没有任何差别。尽管如此,做下比较,从2000年4月到2002年9月的这段期间,标准普尔下跌了45%,纳斯达克下跌75%。而库克的交易账户实现了114%的累积复合收益率(如果用累积的美元收益除以股益平均水平,那么就是84%的收益率)。

在对您的第一次采访中,我们谈到了您的交易模式,随着时间的推移,它表现出极大地与时代不符的特征。我知道,在过去的两年里,您不得不照顾家里生病的病人,但是,您似乎具备的交易敏感度让您很好地处理这一问题。在这种情况下,您改变了您以前的做法了吗?

我主要做的事情就是缩减持有的股票的数量。从过去的经历中,我知道,当我的个人问题出现时,我就不能全心全意地投入到工作中。我意识到,当我的个人生活备受压力时,交易业绩会如此差劲的一个原因就是当我已经在非常弱的情感状态时,如果发生了某事,那么我的优势就会被挤走。我变得不再理性,而且结局常常是以输掉大笔的资金而告终。我想,我不能一笔交易都不做,我应该只是减少交易的次数,这样就能保持我的理性。

当所有的事情都回归正常时,我根本就不理会外部的压力,我知道应该保持多大的交易尺寸,而且根据市场的波动性而做出相应的调整。但是,当那些外部的问题正在侵蚀我时,我的状态就很不好,不会在那种头寸上进行交易。以前我从未为头寸而做过调整,但是,在过去的两年中,我为它做出了调整。

我不仅削减了交易的头寸,而且交易的天数越来越少。在你打来电话之前,我正在浏览每月交易的概要,而且我发现,最近数月以来,我只交易了11天或12天,而不是像往常那样,交易了18天或20天。由于交易越来越少,我正在寻找最佳的交易。如果我没有得到我认为是固定的信号之前,那么,那天我就不会交易。

在过去的两年里,您的交易方法有所改变吗?

是的,改变了。在过去,我常常主动远离一些交易,这大幅减少了我的交易次数。现在,我把我使用的方法称为"保险止损",每天的第一笔交易都会用到这种方法。它就像是对你的房子交纳了火险:你希望你永远都不会用到它,但是,你需要拥有它,以防万一你会用到它。这种方法不基于任何的技术点或任何的分析;它只是把你每天的最大亏损限制在某个数字上。

当今年年初我在写商业计划时,我随便地挑选了2.5万美元这个数字作为每天交易的最大亏损额,因为我知道,我能够很快地赢回这笔钱。如果在某些交易中使用这种方法,那就说明我不理解市场此时的行为,而且我也不应该进行交易。例如,两周前,当标准普尔跌破了900点后,我就使用了这种方法。首先,股市跌得如此低,这让我非常不舒服,但是,股市稍后又跌了30或40点后,我才稍微舒服点。

如果您没有止损,那么在那笔交易上您会赔多少?

我可能会输掉10万美元。

您只在每天的第一笔交易中使用保险止损这种方法吗?

是的。

但是,这样难道不会让您接下来的交易更容易遭受更大的损失吗?

不会,因为事实上,这些交易的弹性幅度都很大。保险止损是一种范围更宽的止损方法。它不适用于当天内接下来进行的交易,因为时光的流逝,在挑选接下来要进行的交易这个方面,我就变得越来越细心。第一笔交易完成后,我就只从事那些我认为胜算高的交易,而且我不愿意给这些交易太多的空间。

在这方面,我和其他的交易员不同。例如,我发现,我培训的那些大多数人在股市中玩钱时,更愿意去冒险。我则恰恰相反:一旦我赚到钱,我就会认为这是我自己的钱,而且我也不想让股市中的其他玩家从我口袋里把它们掏出来。因此,一旦我领先了,我就尽力保证让自己不落后。

使用保险止损这种方法的另外一个好处还在于它能让我追逐更多的利润,因为,我知道,当交易有转机时,我有一个安全网。这就像是一位荡秋千表演者,当他知道他下面有一个安全网时,他就会尝试空翻三个筋斗,而不是两个。

我想,您培训的那些人们肯定都希望股票看涨,在过去的两年中,这是几乎不可能实现的。您有没有发现这会成为事实,而且如果真的变成事实,那么您会给他们提供哪些建议?

你的想法绝对是正确的。上世纪 90 年代末期,股市是个牛市,解决了许多美国人的财政困难这个问题,他们也只是长线交易员。在那些岁月里,如果你持有的头寸对你不利,迟早它都要反弹的。我尽力教那些人不要对股市的走向有一个先入为主的观念——根据市场的变化而做出相应的变化,而不是预测它的走势。

我曾经和一个对冲集团共同工作过,在决定买进之前,先等待某个交易的来临。如果它没有来,他们就不会采取任何行动。因此,他们要么买进,要么就不参与。我最终说服了他们,因此,当股市情形不利于买进时,他们就会卖出,而不是什么事情都不做。这种方法很管用,他们赚到了许多钱,但是,他们不能承受要卖空交易。在他们的脑海中,如果股市下跌,那么肯定就会有买进的机会。噢,猜想发生了什么——他们开始买进,但是股市一直在下跌。甚至他们的言语也反映了他们的偏向。当他们描述股市下跌时,他们用的是“修正”这个词语,而不是“下跌趋势”。对他们来说,我们好像从来都没有经历过熊市。

熊市影响了您的交易了吗?

没有对我构成一丝的影响;只要我能忍受股市的波动性,我就能承受下去。只要一名真正的交易员真正能随着市场的反应而做出相应的调整,而不是预测市场的走向,不管他在任何一种股市情形下都能赚钱。他肯定能感受得到市场的流动,而且从不抵抗市场。有时他可能会判断错误,但是,从来都不妥协。

阿尔芬斯·弗莱彻

双 赢 投 资

早期的投资专家都知道，要是不承担大风险，你就不能实现高收益，比如年均40%或者50%的收益率。从表面上来看，没有人会自寻烦恼，主动地给阿尔芬斯·弗莱彻解释这个基本的概念。否则他就不会更加了解如何产生连续不断的高收益率，很少有过赔钱的月份，因为自从他在13年以前从事第一笔交易以来，他的投资成绩一直就是如此。

作为一名这家公司的自有基金的研究人员和交易员，弗莱彻在贝尔斯登公司开始了他的投资生涯。在两年成功的生涯以后，他被基德公司①挖走，做类似的工作。虽然他很喜欢在贝尔斯登工作，不愿意离开，但是，基德公司主动为他提供的工作太诱人，以至于他不能拒绝。除了诱人的薪水以外，基德公司还承诺要给弗莱彻20%至25%的交易利润，作为对他的奖励。

仅在基德公司工作的第一年内，他就赚了2500多万美元。他本应该得到基德公司应该付给他的500万美元的奖金，但是，基德公司只付给了他170万美元，同时还承诺道，在未来数年内，将提高延付款的金额。当弗莱彻抗议公司食言时，他被告知，他不应该报怨，因为"在全美国所有的黑人男子中，他的薪酬是最高之一"。其中的一名高级管理人员声称，支付给弗莱彻的薪水"在所有的年轻的黑人男子应该得到的薪水中，是最多的"。这些话语摘自弗莱彻把他原来的老板告到法庭上的这一案件的摘抄本中，此外，它

① 关于弗莱彻在基德公司工作的这个事实，我是从《商业周刊》在1994年10月24日，《纽约客》在1996年4月29日和5月6日以及《财富》在1999年7月5日内刊登的法院判决的摘要和文章中得知的。

们还来自于一些出版的文章中的一些细节;弗莱彻本人非常不愿意讲述这件事情的细节。最后,弗莱彻拿到了由仲裁委员会裁决的另外的126万美元。在离开基德公司以后,弗莱彻成立了他自己的公司,取名弗莱彻资金管理公司。

我是在一个特别炎热而又十分湿润的夏日午后采访他的。不管在何时,我都喜欢独自步行穿梭在各个城市中,不乘公交或者出租车。但是,那天下午,眼看着我和弗莱彻约好的时间就要到了,于是我乘出租车去他那里。纽约城中的交通非常拥堵。五分钟内仅走了两个街区,这仅相当于我正常步行速度的三分之一,于是,我就给了出租车司机5美元让他停车,然后从车里跳出来,急忙走开,因为我还有一英里半的路程要走。

当我来到弗莱彻资金管理公司后,我看起来就像是被大雨淋过似的。他的办公室位于上东区的一座有着120年悠久历史的石灰石联排别墅里。我穿过一扇大而厚重的木门,在进门的刹那间,我像是从又热又吵的现代城市里一下子就进入到了一个又凉又安静又优雅的房间。入口处连接着一片很大的圆形接待区域,房顶很高,而且还有手工雕饰的环形木质楼梯,这个楼梯直达第四层的办公室。四周的墙壁都被粉刷成暖色以及与其相互补充的其他暖色。这些墙壁和高高的天花板相互连在一起,宽泛的装饰线条以及那些古色古香的办公家具都让人产生一种好像身处梦境的感觉,远远不像是我们正处在1999年的纽约市。要是我在拍摄一个电影中的关于一家古老的有着数以亿计美元的瑞士投资公司中的某个场景,那么,这儿肯定是一个特别棒的拍摄现场。

我被领到一间被作为接客室的博物馆里,服务员给我倒了一大杯带有冰块的凉水,当他一离开这个房间,我马上就咕咚咕咚地一饮而尽。约10分钟后,在服务员的陪同下,我穿过楼梯,来到弗莱彻的办公室中。

很明显,弗莱彻精心创造了一种与现代的曼哈顿办公室截然不同的办公环境。结果就是有利于创造一种非常安静平和的办公环境,远离办公室外面的那些喧嚣,带给那些投资者们一种不言自明的感觉:您的资金放在这里会十分安全。

然而,弗莱彻并不需要那些富丽堂皇的办公室来吸引投资者。他的投资成绩几乎超出了人们的想象。这并不是说,他能得到最高的收益率——不是通过买进股票。但是,那些双眼只盯着收益率的交易员远离了纯真无邪。重要的不是收益率,而是和风险相关的收益率。在这方面,弗莱彻做得非常出色。他的旗舰基金弗莱彻基金,于 1995 年 9 月成立,到现在为止,已经实现了 47% 的年均复合收益率。虽然这一数字本身并不让人特别印象深刻,但是下面的这个才是关键因素:他实现这种收益率,只有 4 个月是赔钱的,最高的亏损率也才仅有 1.5%。

如果有值得特殊说明的话,在弗莱彻创立他自己的基金之前的投资成绩也是相当令人震惊的。在弗莱彻的公司成立后的前四年中(弗莱彻在 1991 年创立了他的公司),这家公司主要用公司自己的账户进行交易。公司的账户比弗莱彻个人的账户更频繁地使用杠杆,因此,公司的账户在这四年中实现了惊人的 380% 的年均复合收益率。(虽然在前几年中实现的收益率并没有以任何形式被发布或者报告出来,因为这些收益率是公司自己的账户实现的,但是,这些数据仍然是被审计后的数据。)

当我第一次看到弗莱彻的投资成就时,我简直就想象不出他是如何实现这么高的收益率的,而且几乎没有风险。在我对他的采访中,他详细解释了他是如何做到的。是的,当你读到这章时,你就会发现它。然而,为了不使你对它造成误解,在一开始我就告诉你,他的方法不可以被普通投资者所复制。即使是这样,那么他为什么还要向大家讲述他的方法呢?答案就在下列的采访中。

您何时开始对股市感兴趣的?

它可能开始于我上初中时。那时,我的父亲和我共同开发一个计算机程序,挑选出在这场狗比赛中的赢家。(当他想起这段回忆时,大声地笑着。)

那您成功地预测出结果了吗?

噢,是的。计算机会消除那些它无法预测的一系列的比赛。在剩下的比赛中,这款程序在挑选狗方面,有 80% 的成功率,都可以赚到钱(胜出,置之不理或者作秀)。

这相当有趣。那您赚了多少钱?

关于概率,我吸取到了一个有意思的教训:如果概率不正确的话,那么赢得 80% 的时间是不够的。我忘记了确切的数目,但是,这轮比赛花费了 40% 或者更多的时间。

哇,这相当厉害——这种概率甚至让老虎机都看起来不错。

因此,即使我们赢了80%,但是要想赢钱,这仍然是不够的。

为了预测比赛结果,您都使用了哪些信息?

比赛程序中出现的所有信息——不同比赛中的不同参赛狗的完成时间,在不同比赛中取得的名次、天气情况等等。

您如何尽力去解决这种问题?您使用了多元回归分析?

嘿,我只记得我那时还在上初中。

那您何时开始和股票打交道的?

当我上大学时,我在辉瑞公司打暑假工,而且这家公司有一个员工计划,员工买这家公司的股票可以享受七五折优惠。这对于我来说,就像是一大笔交易。具有讽刺意义的是,当我们快进到现在,这两条规则——计算机对概率的分析和打折买进股票——都是我们现在要做的事情的印志。当然,我的意思并不是指字面上的意思,因为我们不会按这个折扣买进股票,而且我们也不会赌谁赢谁输。然而,这些想法以一种非常独特的方式植根于我们当前的投资策略中。

让我们回到最开始。事实上,您是如何涉足股市交易的?

我毕业于哈佛大学,获得了数学学士学位。那时,每位同学都选择继续攻读工商管理硕士学位或者去华尔街工作。

作为一名毕业于哈佛大学的数学专业的学生,我猜想您的学术能力评估考试分数肯定特别高吧。

你也可以这么说,我做得很好。有趣的是,我从来都没有学过学术能力评估考试的任何一门预备课程。我更喜欢一个人去弄明白这些事情,而不是去学习这些交易技巧。直到今天,我也仍然喜欢这样去做。有时,为了好玩,我也会玩拼字游戏或者数学游戏。

例如。

这是我最近刚做的一件事情。(他拿起一个算盘。)我没有兴趣去读那些指示性的说明,描述如何使用这种游戏,但是,我常常受我一个人要去弄明白这些事情的这个想法的启迪。我想弄明白在这个算盘上,你会使用哪种公式去做加减乘除。

当您大学毕业后,您就计划去华尔街工作吗?

没有,事实上,那时我想去参加空军。

为什么要去参加空军?

在上大学的时候,我就参加了美国空军训练团,而且我想成为一名武器军官,负责所有的高科技军备武器,这个想法也吸引着我。

那么,您最后参加空军了吗?

没有。在上世纪80年代,军备预算大幅缩减。为了裁减部分人员,空军鼓励我们都成为后备军。一位好朋友劝我去华尔街找份工作。于是,贝尔斯登公司聘用了我,而且我也爱上了这家公司。事实上,他们反过来收养了我。我现在都不知道我当时有什么魔力,但是,艾略特·沃尔克喜欢我。他是这家公司的董事会中的一员,而且也是期权部门的头儿。

您在哈佛学过的那些课程帮助您为这个真实的世界做好准备了吗?

当我大四的时候,我就选修了相当于研究生水平的金融工程学。关于股票市场,我做了自己的研究,发现它很迷人。我试图去做个模型,如果股票价格被迫远离其理论上的价值,那么将会发生什么,这么说是因为某人在股市中下达了大量买进或卖出的指令。我的研究结果让我相信,我曾经找到了一种在股票市场上不断追求利润的方法。可是,我能研究出一种能够在股市上不断赚钱的模型的这个想法与我所学到的所有关于股市的理论都完全相反。

从您刚才讲的那些话中,我会想当然地以为,那时,您相信了您在哈佛大学学到的那些有效的市场假设。

是的,的确是这样。(他大声地笑着)在许多方面,现在我仍然相信它,但是,正如你将要看到的那样,还有有趣的另一面。

您相信它——怎么可能呢?毕竟,您个人的投资业绩能够证明市场是完全有效的这个理论是错误的。

如果现在IBM股票的交易价格是100美元,那么它可能就会值100美元。我认为打败这些流动性市场非常困难。

您是说要使用某种方法,它依赖于猜准未来股票的价格走势?

是的。

那么,在哪些情况下,不会用到那些有效的市场假设——比如说,在您的交易情况中?

我的分析暗示出要进行一些抵消交易是可能的,在这些抵消交易中,总的来说,风险很小或几乎没有,而且还有盈利的机会。在真实的世界中,这些不一致的情形也许不常出现,因为一笔大的买进或卖出的订单也许会引起股市中余下的某单期权或安全性的紊乱。然而,在理论的模型中,要证明一个连续的没有风险的机会几乎是不可能的,除非这个有效的市场假设是正确的。结果证明,我的模型是正确的。事实上,这是我为贝尔斯登公司做成的第一笔交易的基础,而且,这对他们来说,是有利可图的。

那么,您提到的这个真实的没有风险的连续的盈利机会是什么?

这个概念是建立在交易成本上的。当然,不管 IBM 公司的股票的交易价格有多高,那都是值得的。但是,比如说我能用我的资金赚取 7% 的利润,而你用你的资金赚取 9% 的利润。假设我和你的投资收益率都不同,那么我就应该买进 IBM 公司的股票,而且在未来的某一天,在议定的价格基础上,把它卖给你,这样我们都能赚到钱。例如,当 IBM 股票的价格是 100 美元时,我买进它,而且同意从现在起一年后在 108 美元的基础上把它卖给你。如果我以 7% 以上的投资收益利率为假定的投资收益利率,那么,在低于你假定的每年的机会成本是 9% 的基础上,你就会是这些股票的主人。这种交易就是互惠互利的交易。

难道套利就不会把这种机会赶走吗?

套利只会赶走这样的机会,在这些机会中,我和你都有同样的资金成本。然而,如果你的资金成本相对更多或者相对更少,那么就会有这种互惠互利的机会。在更加普遍的意义上,如果每个人都能有同样的资金成本,分到同等的红利,而且还有同样的交易成本,那么,股市会被十分有效地定价。但是,如果股市对待一组投资者的方式与它对待另外一组投资者的方式非常不一样,而且它还在相当长的时间都以这种差异的方式对待前者,那么,在股市上,有可能会成交一笔有连续不断的盈利机会的交易。

请列举一个具体的例子。

我们这次不再以 IBM 公司为例,反而,比如说,以一家印度计算机公司为例。假设,如果以 1 美元为计算的话,由于预扣税,美国的那些投资者只能得到 70 美分的红利,而印度的投资商得到的红利是 1 美元。如果真的有这种情况,这位美国的投资商只能把他持有的股票卖给那位印度投资商,这样就能得到持续的套利,然后成立某种基金,在得到应得的红利后,又在对双方互惠互利的价格上,再把这些股票买回来。

这听起来就像是您在提供某种服务。如果我的理解是正确的话，那么您既寻找买方，又寻找卖方，由于某种不同，比如说税务征收额度的不同，买方和卖方的成本或者收益也就会不同。然后，基于这种不同，您就设计出某种交易模式。在这种模式中，双方在赚到钱后都尽快退市，而且由于执行了这笔交易，您也会赚到钱。

确实如此。你刚才说到了一个关键词：服务。这也是我们执行的交易不同于那些传统的投资经理执行的交易的其中的一个重要的原因。那些投资经理在买进和卖出股票后，然后就希望追逐最大值的利润。

在这种交易中，您还会赔钱吗？

很容易就赔钱了。在真实的股市交易中，这位印度投资商买进了这些股票，而且在分红的时候，仍旧是这些股票的主人，这非常重要。如果在这种情况下，股市上就真的会有这样的交易，赚钱和赔钱，某些事情也会出错。例如，如果在交易后和在我们完全地实施对冲基金之前，价格走势对我们非常不利，那么我们就会输钱。

但是，基于您在大学时研究出的这个期权模式，很明显，由于这个模型只与美国股市有关，每一次的交易机会也会不同。在那种策略背后，究竟是什么想法？

在我的模式中，我只采用两种完全不同的利率。我发现那种假设能够带来连续不断的盈利机会。

您采用了哪两种完全不同的利率？

为了实现理论上的期权价值，我使用的是无风险的利率（国库券利率），而从期权买方的角度看，我使用的是商业利率。期权买方的借入资金的成本会比无风险的利率要高出许多。使用这两种利率的结果就是产生了各种各样的交易机会。

那么，确切地说，您发现了哪些异常的交易机会？

基于某种假定的无风险利率的某种理论模式，市场为期权定价。然而，对大多数投资商来说，相关的利率就是借入资金的成本，它的利率更高。例如，期权定价模型也许会假定7%的投资利率，但是，这位投资商的借入资金的成本利率也许会高达8%。这种差异就能暗示出盈利的机会。

这种不寻常的情况要暗示您使用什么样的交易策略？

我会使用一种无风险的期权套利组合。

(如果你是那些为数不多的投资商之一,你了解它,那么恭喜你。但是,如果你认为无风险的期权套利组合是一种东拼西凑的设计,一个花哨的工具,或者其他同样准确的推测,那么不要担心。我试图去解释也只能使你更加困惑。相信我的话吧。为了让你明白下面的话,你必须要了解,无风险的期权套利组合是一种与同时执行四种完全不同的期权相关的交易。)

假设大量的交易成本(佣金,加上出价/卖价差别),那么在真实的世界中,这笔交易还能进行吗?

你问得很对。一般来说,各种利率之间的差别并不是特别大,一旦将交易成本计算在内,那么你就不可能会接受任何一种的连续不断的交易机会。但是,关键就在于市场上会出现一些例外情形,而且正是由于这些例外情形,盈利机会才会出现。例如,某家公司出现巨额资金亏损,那么,关于其他收入和费用,它仍要交纳全额的利息收入,但是,如果在期权交易中,它赚了同等金额的收入,那么它就不用交纳税收(因为在期权交易中赚到的资本收益将会被现有的资本亏损抵消)。假设这家公司的短期利率是8%,那么,它就能够使用无风险的期权套利组合,而且这种组合的投资收益率也是8%。虽然投资收益率和短期利率相同,但是,这家公司仍然会赚到钱,因为投资收益是一种资本收益,而不是一种利息收入。对它们来说,投资收益率有可能会达到11%。

在交易中,您如何赚钱?

刚开始,我们要么为某家公司完成交易,收取佣金,要么就成为这笔交易中的另一方。不同的一方采取的税务处理的方式也不同,而且不同之处就在于在哪种情况下才能带来盈利的机会。我要补充说明的是,虽然我给你举的那些例子都证明了税收优惠提高了经济收益,但是,我们完成的大多数交易都是与税收无关的。

您在贝尔斯登公司中的工作是什么?

我没有具体的职责;别人只是告诉我,宗旨是如何为这家公司赚到钱。1987年的股市崩盘之前的两个月前,我就开始工作了。那时我的所有的朋友都在交易股票和债券,而且,股市在继续下跌以及越来越多的员工失业,而我只是坐在那里,没有具体的工作职责,只有一个任务,就是要了解如何按照贝尔斯登这家公司的方式为其赚到更多的钱。

准确地说,贝尔斯登公司的方式是什么样的方式?

投资很少的资本,承担很少的风险,但是要连续不断地赚取高收益率。而且,如果你不能做到这个,那么他们也不会想要把他们的资金投到交易中,这是一家非常精明的公司。

即使您当时主动离开时提出了您自己的想法,但是,一直以来,您肯定都有顶头上司吧。

当然,我的顶头上司就是艾略特·沃尔克。

那您从他身上学到东西了吗?

学到了很多。他给我的其中一条有用的建议简要概括了贝尔斯登公司的投资哲学,那就是:永远都不要赌,你输不起。我特别讨厌风险,这要追根溯源于我在这家公司的工作经历。直到今天,对于他们给我提供的工作机会以及我在这家公司中学到的东西,我深表感激。

您为什么要离开贝尔斯登公司?

因为基德公司为我提供了一个非常好的工作机会。离开贝尔斯登公司也是我不愿意去做的事情。我原以为,我的整个投资生涯都会在这里度过。

这是您不能拒绝的一个家喻户晓的工作机会吗?

是的。

贝尔斯登公司尽力挽留您了吗?

在那两天里,我连着去拜访这家公司的 CEO 艾斯·格林伯格,但是,他的唯一真实的反应就是他给我提供了一些建议。他告诉我,这个机会听起来太好了,不可能是真实的,我应该继续留在贝尔斯登公司工作。结果证明,他是正确的。现在想来,这真丢人呀,因为那时要去基德公司工作,我兴奋不已。不仅是因为这家公司有着悠久的历史,而且还因为它还有着极好的机会能够成为这样的一家公司,使通用电气成为它的最大股东。不幸的是,和管理层之间的一些误会和沟通不畅让我自己处于一种非常不舒服的境况中。那时,对我来说,最好的方法就是离开这家公司。

我了解您正在说的那种境况。媒体大幅报道了这件事情。我更想从您这里直接了解这件事情,而不是看那些二手的经过加工的新闻报道。而且,我还知道,由此产生的法律诉讼也得到了解决,因此,也不会有法律约束您讨论这件事情。

唯一的约束就是我真的不愿意再去回想这件事情了。(他笑道)我很高兴,这统统都结束了。对于我来说,在许多方面,基德公司对我都很好,但是,在许多方面它对我也很不好。实质上,他们给我提供了一个我能抓住的很大的机会,但是后来他们又变卦了。他们随后说了许多没有意义而且不礼貌的事情。因此,我离开了他们,而且还在这个合同纠纷的案件中取得了胜利。这个关于种族歧视的案件最终并不怎么成功——反正我是解脱了。

(依据那些公文,从那些种族歧视案件的特点来说,这个案件并没有输,但是,正是因为纽约上诉法院判定,弗莱彻签署的作为就业条件之一的标准登记表促使了这个仲裁的结果。虽然法院驳回了弗莱彻的上诉,因为法院认为,做出这样的决定有法可循,但是,那些书面话语似乎反映出其不情愿的本意:“我们强调,本庭所有成员都对这个总则毫无异议,它认为民族、性别,以及其他的所有的对每个人的歧视都是无可争议的丑陋的现实,都应尽可能通过广泛的补救措施,重申这一主张……”)

如果您不介意我问您的话,除了这件特殊的事情,在这个行业中,您还经历过其他类似的偏见吗?

我肯定经历了一些事情,但是,它们常常都是一些更微小的事情,事实上,我不愿意再回忆它们了。

我只是好奇,对您的偏见是否仍是其中的一个因素?

坦率地来讲,不管何时,当我遇到困难的事情时,种族总是他们易打的一张牌。例如,某人嫉妒你。一般来说,这些事情都不直接。最后它会演变成一件非常不易捉摸的事情,你永远都不会知道确切的答案。某人的行为很怪异,而且你会认为它是一件事,但是结果你发现,并不是那样。在过去的八年中,我从来都没有见过任何一件事情……事实上,我想我已经见过许多有点直接的事情。(他笑道)我的看法是,只要我尽力为那些信任我的人们——我的投资商、我的员工以及我投资的那些公司——做到最好,那么,其他的一切都已不再重要。

当我以前读到整件事情时,我以为您很大胆,勇敢地提起诉讼而不是和谈。我想您只是想要反击。

我不想成为基德公司的对手,但是他们太……你知道我在说什么;我真的不想再讨论这件事情。(他笑了很久,但是笑得很苦涩。)基德公司是一家好公司,通用电气也是一家很好的公司,而且我真的希望自己能够长久地在那里工作。要是他们对我说,“我们要付给你我们已经商量好的一半的金额,而且我们也会解决余下的部分",我也许就那样地活下去了。如果他们打算让我成为团队中的一员,让我真正地加入到这个团队,继续为他们赚钱,那么,我就不会介意这些问题。但是,比赔偿问题更糟糕的事情就是他们对待我的方式——他们不应该用那种态度对待我,而且那些高级管理者也不应该对我说那样的话。

这么说来,肯定不是一个人。

是的,当然不止一个人。

但是,当时您为他们赚了那么多钱,他们还这样对您,这可真奇怪。

有时,我想正是因为这个才把事情弄得更糟的。

但是,这正是我不理解的地方。他们聘请了您,好像是在聘请您之前不知道您是黑人似的。噢,我想,期望偏见要合乎逻辑显然是毫无道理的。当您离开基德公司后,您是如何创立您自己的公司的?

我又去拜访了艾斯·格林伯格。贝尔斯登公司就借给我一间办公室,这样我就安顿了下来,而且还让我接触了对我非常有帮助的通关部门,这是一个为专业的投资商而提供融资和经纪服务的部门。

贝尔斯登公司做了哪些事情帮助您走出这段困境?

那时,我和贝尔斯登公司的人们相处得非常融洽。在某种程度上,他们帮助我走出了这段困境。但是,这对他们来说也是一件好事,因为他们又多了一个客户。基于以前的和我共处的经历,我相信他们会认为我肯定会帮助他们把经纪业务发展得更好。

当我从艾斯的办公室出来后,我下楼来到一家计算机店,为我自己买了一台苹果电脑,我把它安装在我的餐厅的桌子上。当我看到未来的几天内会有交易机会时,我就建一些电子表格,然后,利用传真把这份表格传给《财富》杂志评出的50强中的一些公司,在此之前,我曾经为这些公司完成了一些类似的交易,而且业绩非常好。他们很喜欢这个想法,于是就让我放手去做。第二天,我就在贝尔斯登公司开了一个账户,而且我还为这笔交易准备好了其他必要的工作。第三天,我就执行了这笔交易。在第四天,我就去银行开了一个100美元的账户,以便接收其他公司电汇过来的费用。事实上,弗莱彻资金管理公司的成立资金只有100美元。

您能具体阐述一下您现在使用的投资策略吗?

在我们所有的策略中,一个共同的主旨就是要找到某些人,他们既不占优势,也不占劣势,然后最大限度发挥他们的优势,或者把他们的劣势控制到最小化。要是不以这类型的某个角度为出发点,我们就很难找到一些套利机会。

我们现在仍然在积极使用我们先前讨论过的捕捉红利的这个策略。然而,我们现在的主营业务与寻找那些好公司有关,这些好公司都有一个光明的前途,需要更多的资金,但是由于某种短暂的情形,利用传统方法,它们并不能完成融资。也许这是因为,它们上个季度的收入下降了,每个人都在袖手旁观,或者也许是因为整个行业都处于麻烦中。不管原因是什么,这家公司暂时地处于劣势。这就是一个我们要进入的好机会。我们喜欢接近像这样的公司,作出让步,主动为它们提供资金帮助。

例如,在最近的一笔交易中,涉及欧洲的一家软件公司,我们主动提供7500 万美元的资助以换取它的股票。然而,我们没有按照当时的市场价格 9 美元进行换算,这就意味着,在未来的三年内,我们能够自主定价这只股票,但是,购买价格的上限是 16 美元。如果这只股票的价格跌至 6 美元,那么,我们就会得到价值相当于 7500 万美元的若干只股票,以每只股票 6 美元的价格进行计算。但是,如果它的价格上涨至 20 美元,那么,我们仍然会得到总价值 7500 万美元的若干只股票,只不过此时要按照每只股票 16 美元的价格进行计算,因为,这是我们议定好的最高价格。事实上,如果股价下跌,我们不会遭受任何损失,但是,如果股价大幅上涨,我们就有巨大的机会。

那时,您完全排除了风险了吗?

风险受到了大幅限制,但是,并不是完全没有了风险。这家公司要是破产了,这对我们来说就是风险。但是,这种风险很小,因为我们只会挑选那些我们认为是相当安全的公司。事实上,我们以前投资过的一家公司的某位总经理现在就是我公司中的一员,他帮助我们评估任何一笔新投资的财务前景。由于我们公司内有这么一位专家,对我们来说,我们几乎不可能会挑选一家要破产的公司。

在我看来,这笔交易的逻辑听起来很清楚。只要这家公司不会破产,如果股价下跌,或者保持不变,又或者稍微上涨,您至少都不会赔钱,而且,如果股价大幅上涨,您也能够赚钱。虽然这没有什么不妥,但是,这是否意味着在绝大多数情况下,这些交易最终都会成为不赔不赚的交易,只在偶尔的情况下赚取很多利润吗?为什么您就不能在大多数情况下,采取相对平缓

偶尔会有一些峰值的股权收益曲线呢?

有两个原因。第一个,我们投资于某家公司的资金并不是那些只搁置不用的资金;它必须要实现年收益——8.5%,在我们刚刚讨论过的例子中——直到我们能自主定价这只股票的价格。第二个,由于我们必须要支付的最高股价是议定好的——在我们的例子中,是16美元——我们可以在价外基础上卖出这些股票,因此这就能保证我们最低的额外收入。

[卖出期权是指那些买方有权利在高于当前价格之上的某个特定价格上买进股票。通过卖出期权,弗莱彻放弃了他在股价大幅上涨的情况下将要得到的部分暴利。但是,作为交换,他得到了一些保证金(也就是说,这些期权的成本),不管股价下跌还是上涨,在这笔交易中,他的收入都能增加。]

但是,在那些通过这些股票购买协议而融资的公司中,经常会出现买卖这些期权吗?

噢,得到一个完美的对冲几乎是不可能的。但是,即使对某家特定的公司来说,没有出现期权的买卖,但是,有时我们仍然能够使用那些私有的"直接可以出售给顾客"的期权。此外,我们也可以针对我们交易中的一系列公司而使用指数期权。假设就是,如果股指大幅上涨,那么我们已经投资的那些公司的股票的价格也极有可能会大幅上涨。事实上,由于我们正在买进那些正处于压力下的股票,本质上来说,这种行为更具投机性;如果股市表现良好,那么这些股票的上涨幅度可能会超过整个股市的平均水平。

把利息收入和出售期权所得的收入计算在内的话,好像是您在每一笔这样类型的交易中,您事实上都至少能赚得一些适度的利润,而且只有在特别糟糕的情形下,您才会赔钱。

即使在特别糟糕的情况下(这几乎是不可能的,这要归功于我们筛选股票的方式),通过买入价外的卖权,我们有时仍然能够保护我们自己。公司破产会暗示出股票价格大幅上涨,而在此时买入卖权的价格会特别低。

您使用这种投资策略有多久了?

大约七年,而且现在它已经发展成为我们唯一一个最主要的市场活动。这个策略事实上是由捕捉红利策略发展而来。(弗莱彻在此之前列举的美国投资商持有的一家印度计算机公司的股票这个例子中的策略。)捕捉红利策略的一个变形就是红利再投资策略,在利用这种策略进行投资的公司中,允许那些股东利用他们的红利进行再次投资,在打折的价格基础上买进股票。我们一直很活跃地从那些投资商的手中买进股票,他们不愿意受再投资的困扰。因此,我们就会成为100万美元的红利的接收者,然后再选择公司进行再投资总价值105万美元的新发行的股票。

为什么那家公司会更愿意给您更多的股票,而不是更多的红利?

因为主动提出这种方案的那些公司都想要保存他们自己的资金,而且也愿意给那些股东提供5%的折扣,以鼓励这些股东使用他们的红利对股票进行再投资。

对这些公司来说,提供这种类型的红利再投资是常见的事情吗?

这在那些高红利的公司中很常见,因为这些公司不想削减他们的红利,但是又需要保存他们自己的资金。例如,在上世纪90年代早期,当各家银行正在试图增加他们的股权收益时,这种投资策略在这些银行之间变得尤其普遍。

最终,有一些公司开始主动向那些股东们提供买进额外的打折股票的期权,购买的数量等同于用红利再投资购买的数量。然后,这些公司开始放弃限制,事实上,投资者可以在打折的价格基础上买进任何数量的股票。

在上世纪90年代,许多银行积极地追逐这种类型的计划,而且我们也踊跃参与。这种经历引导我们在1992年开始投资美国的一家重要的电子公司,这后来被证明是我们的第一家私有股权投资交易。那时,这家公司还不能通过公开募股进行融资,因为在此之前,他们有过一个非常糟糕的季度业绩,而且那时普遍的态度是:“我不想买进那家公司的新发行的股票。”这对我们来说,也许是买进这些新发行的股票的最佳时机。谁会愿意在这家公司已经公布过他们的收益之后再买进股票呢?(他笑道)但是,这正是它发挥作用的方式,而且对我们来说,这是一个极好的参与进去的机会,而且假设这就是支票。

我们告诉这家公司,我们将在未来的某个时间内买进价值共1500万美元的股票。我们强调,我们想要这笔交易成为一笔非常和善和有帮助的交易。因此,我们没有在打折价格的基础之上买进股票,反而提出了一个建议,在未来的几年内,公司要允许我们以优先权买进更多的股票,以补偿我们。按照这种方式,这些激励的方法完美地符合管理层和众多股东的利益。正如我刚才说过的那样,在这种类型的安排中,当这家公司运营得非常好时,我们的最显著的盈利机会就出现了。这虽然是由于我们的对冲基金的缘故,但是我们也应该要持续赚钱。

我们和这家公司之间的关系非常好。事实上,他们的前 CEO 最终加入到我们公司中。在弗莱彻资本管理公司中,他负责向我们投资的那些公司解释我们是做什么的,以及管理我们公司和要投资的公司之间的谈判和维持谈判之后的关系。

世界上没有比能够满足客户要求的更好的推销员了。由于您之前从未做过像推销这样的事情,您如何在您的融资交易中推销一家大公司?

这是一个好问题。当我刚开始接近他们时,我们只是从贝尔斯登公司那里租借来的办公场地中走出来的一家非常小的公司。他们的首要反应就是:"你是谁?美林证券公司就不愿意再做我们的第二次认购商,拉扎德是我们的咨询师,你既然这样贸然地给我们打电话,那你就告诉我们你能做这个交易吗?"

我曾经和我的一位邻居史蒂夫·拉特纳交谈过,他曾经在拉扎德公司做过资深银行家。我告诉他,我有兴趣想和他的公司正在咨询的一家公司做交易。我让他帮我。他打了一些电话,紧接着我就知道,我要和拉扎德公司的一位银行家,还有我们共同的律师一起坐飞机前往芝加哥,共同去这家公司。当最终这笔交易完成后,史蒂夫对我说道:"这是一笔非常有趣的交易。那你想过利用外部资金吗?"

在这笔交易以前,难道您没有想过利用外部资金来帮助您完成交易这种想法吗?

当然,我曾经无数次地想过要这样。但是,每一次我们有这种想法时,我们就问我们自己,如果我们有能力借到钱来做完交易,同时还能赚到100%的利润,那么为什么我们应该要拿投资商的钱,还要放弃巨大的利润?

确切地说,这么说来,为什么您又开始利用外部投资者的资金呢?

巨大的一个变化就是我意识到了像史蒂夫这样的朋友能够帮助我们完成像这样的一笔大交易。难道有像史蒂夫这样的朋友不是一件好事吗?因为在这笔成功的交易中,他有特殊权力。

那么,您的主要动机并不是必须要利用外部的资金,而是让那些投资者和您结成同盟。

是的,正是史蒂夫让我明白了这点。但是,筹集资本的确还为我们提供了一些其他好处,允许我们能够做更多的交易,因此,将资金更大化分散可以降低我们的投资风险。

在美国的那家电子公司的例子中,我想要是没有史蒂夫的参与,这笔交易肯定就泡汤了吧。

确实如此。我们有一些很有洞察力的投资者,我经常给他们打电话,听取他们的建议。

这听起来好像是您已经挑选好了您自己的投资商。

从本质上来说,我们的确有我们自己的投资商。我们已经拒绝了许多投资商,尤其是那些要投资美国股市的投资商。

如果有人来找您,他想要投资200万美元,难道您不会不假思索地就给他开一个账户吗?

噢,不会,事实上,在那些想要进行投资的人们投资之前,我们就已经完成了对他们的调研。

那么,事实上您拒绝了您的投资商。

是的,这些投资商要么被我们拒绝,要么被我们的营销代表拒绝。

拒绝的理由是什么?

如果我们只是寻找要融集尽可能多的资金,那么当然了,越多越好。但是,现在,我们只需要那些支持我们的投资商。要是我们吸引进来某位投资商,他要分散我们的注意力,那么,这就得不偿失了。也许在未来,我们没有其他的资金来源,我们也许就不会那么挑剔,但是,现在,我们只需要那些既是我们的朋友又是我们的同盟的投资商。

但是,当然,并不是每一位投资商都会有很好的社会关系,或者能够为我们提供建议。

如果他们不能为我们提供一些建议,那么他们要么是我们的朋友,要么就是我们的家人。例如,那位首席交易员的母亲,她是一名退休的图书管理员,现在是我们其中的一位投资商,就像我母亲那样,她是一位退休的大学校长。事实上,其中的八位母亲和岳母都是我们基金的投资商。顺便说一下,那些母亲都是最苛刻的投资商。

她们在哪些方面是苛刻的?

她们会毫不迟疑地要求我们向她们解释每一件事情,如为什么年初要那么慢地进行投资,为什么某个月的业绩特别好等等。

那您如何阻止那些竞争对手进入这个行业,从事私有股权投资交易,类似于您曾经做过的那家美国电子公司和欧洲的那家软件公司?

这些竞争对手一直都在进入这个行业。在我们已经讨论过的每一个策略中,竞争加剧而且还会继续加剧。这就是股市的本质。我们的优势就在于我们最先进入到这个股市中。我们公司的独一无二的优势就是我们从来都不模仿其他人的策略。我们的另外一个优势是我们构建我们自己的交易,这样对公司和我们来说,都是公平的。由于我们的这种方法,随着时间的推移,我们已经从和某些公司做几百万美元的交易发展成为和那些市值达数百亿美元的公司做生意。

即使您拥有优势,而且这个核心的策略使您赚到了大钱,如果股市参与者太多,大幅地降低您的利润率,那么会发生什么事情?

噢,我们经常致力于研究出一些新策略。我们的思路是:尽管让那些竞争对手进来吧,我们要一直开展新业务。

例如,哪些新业务呢?

例如,现在我们正在谨慎地使用一些策略,它们与股市无关。然而,对一项与股市相关的投资计划的需求很大,这个股市要比标准普尔表现得更好。我更愿意接受这种挑战。

许多人都提出要用标准普尔拓展计划这种想法。这些标准普尔拓展基金有成功的吗?

甚至那些最接近去做这件事情的人们都没有做到它。这些基金尽力要远远超过标准普尔 1 个或者几个百分点,但是他们并不总是能做到这点。

他们是怎样试图做到这点的?

在一个极端上,太平洋投资管理公司买进了关于某只股票的期权,通过固定收入产品组合管理,试图实现额外的 100 个基点的收益。

当然,如果利率一直都很稳定或者会下降,这种投资方式会管用。但是,如果利率上涨,依靠他们的这个债券组合,难道他们不是在冒赔钱的风险吗?

是的,他们绝对是在冒风险。事实上,他们真正在做的事情就是在固定收益的市场上,而不是在股权收益市场上,采取积极的经理人风险制度。

为了试图一直超过标准普尔股指中的收益,人们过去经常使用哪些其他的方法?

有一些人通过试图挑选各个行业中的最好股票的这种方式,企图超越标准普尔股指。他们平衡投资在各个行业中的资金,使其与标准普尔这一股指相匹配,但是,在每个行业中,他们又会偏重某些股票的比例,使其比另外一些股票的比例多得多。例如,在他们的投资组合中,通用和福特相比,他们也许会偏重于通用,也许会偏重于福特,具体情况要根据他们的具体分析。

您曾经想过要使用某种方法,连续不断地超越标准普尔吗?

噢,当然了。

那么,您为什么没有按照这种示范方案开始进行交易?

我们一直都很忙。我们也许会很快开始这样做。

您是怎么想到超越标准普尔的这个计划的?

我一直都在关注着这场永不休止的争论,在这场争论中,有些人认为积极的经理表现得更加优秀,另外一些人认为你不可能超越标准普尔这个股指,暗示出那些被动的经理表现得更加优秀。我想,能够一直超越这个股指会是一件非常令人激动的事情。

我明白了您是如何有这个想法的,但是,我的疑惑是,您是如何想到超越这个股指的方法的?

关于这个,我必须要守口如瓶,因为我们还没有实行这个计划。我可以给你讲下我们其他的投资策略,因为我们的竞争对手已经弄明白了我们正在做的事情,而且已经开始要参与进来了。

这么说来,您还没有开始实施超越标准普尔的这个计划,但是,一旦您开始做,您的竞争对手就会知道您在做什么。

我们随后再讨论这件事情。(他笑道)

您描述的那些投资策略听起来很受束缚,而且您的风险系数也很低,以至于我很好奇您是否曾经做过一笔特别糟糕的交易,而且如果您真的做过,那么是因为交易中的哪个部分出错了呢?

我们投资过的其中的一家公司就宣告破产了。我们的保护措施非常管用,但是,它们也只能把我们的损失限制到某个程度上。

全部故事是什么?

不要让我回忆这件事情了。(他笑道)这是到目前为止,我们做得最不成功的一笔交易。

最坏的交易经常比那些好交易听起来更有趣。

是的,不管在什么时候,当我和那些新投资商交谈时,我都会关注这段小插曲。这家公司是一家预付电话卡的营销商，它需要融资。虽然这是一笔边缘交易，但是，我们决定要完成它。当完成这笔交易的两周后，这家公司就向公众宣布，在过去的两年中，他们所有的财务报表都是虚假的，而且需要更正。股价一夜之间下降的幅度超过70%。这件事情发生得太快，我们根本就没有时间让我们的对冲基金完全到位。虽然这家公司还有一些可行的业务和资产，但是，他们宣告破产，以方便把他们所有的资产出售给另外一家公司。

您如何使您自己摆脱这种情形？

幸运的是，这笔交易中的其中一部分还很安全，把我们首先放置在破产程序中。我们已经把投入的其中一大部分的资金回收回来，而且还要求更多的索赔，只不过它是待定的。如果我们做了尽职尽责的调查，那么，我们投资的这家公司就有着很显著的清算价值，在这个例子中——购买方签署了一张超过1亿美元的支票。当然，虽然资产就在那里，但是我们不知道它们值多少钱。如果我们知道，那么我们就会提出索赔的要求。

从这段经历中，您学到了什么？

在谈判中，这家公司表现得很强势，承诺为我们提供更少的保护，这要比我们正常交易中的保护要少很多，这个事实本可以成为一个警告信号。无视这家公司中的财务报表真的是一件很恐怖的事情，但是，那时我还不知道如何避免这种事情。

您已经从一人店发展成为一家拥有30多位员工的公司。自从您创立公司以来，在雇用员工这件事情上，您都学到了什么？

自从创立公司以来，我学到的最好的一件事情就是如何聘请到合适的员工。我过去经常聘用那些坚持他们自己是适合这个工作的人们。如果公司中有空余的职位，有人就会说："没关系，我能做那份工作。"那么，我就会雇用他，因为我知道，要是我那样说，我也能做那份工作。通过这段经历，我认识到，那些大多数人夸夸其谈地说他们适合那份工作，其实他们并不能胜任。

在您雇用员工的实践中，您改变了您以往的什么做法？

那些工作成绩最好的员工经常是那些在我把他们招进来加入我们公司以前，我就和他们成功地做过交易的人们。毫不夸张地说，我追求他们；他们并不追求我。这就是巨大的不同。

弗莱彻的巨大成功来源于他的敏锐的洞察力:即使市场是有效的,如果不同的投资商被区分对待,那么这就暗示出市场中会有盈利的机会。他采用的每一种投资策略,从其本质上来说,都要基于市场对待不同投资商的方式。例如,由于一些公司比另外一些公司更难吸引到投资资金,尽管他们的长期的基本面因素都相同,他现在采用的主要策略——私募股权投资策略,才有可能带来盈利的机会。通过辨别哪些公司是短暂地对他不利的公司,弗莱彻能够构建一笔融资交易,主动为这些公司提供资金,成本要远比这些公司能在其他地方融到的资金而付出的成本要低得多,同时他还为这些公司提供一种高概率、低风险的盈利机会。

使弗莱彻的交易成功的另外两个主题就是创新和见险控制。虽然这些只适用于他本人的投资方法也许并不适用于其他普通的投资商,但是,这两个主题仍然是所有市场参与者最应该去实现的目标。

对阿尔芬斯·弗莱彻访谈记录的更新

在熊市期间,他成功地保存了资本,而不是继续保持他的高收益率。从他在熊市开始期间(2000年4月)到2002年9月内的业绩来看,弗莱彻本人的资金仅仅实现了微小的2%的累积收益率。然而,这种业绩和股权市场上的收益率相比,是相当不错的。在股权市场上,标准普尔下降了45%,而纳斯达克下降了75%。

由于熊市在两年多前就已经开始了,您的旗舰基金仅仅上升了几个点。这比标准普尔和纳斯达克的收益率好很多,但是,在熊市到来之前,在这段持续的股票价格下跌的时期,您的目标只是要保存资金吗?或者您仍然期望要实现年均两位数字的收益率?

多亏了我们的那些保险措施,我们才能够成功地保存我们的资金。但是,它不能产生高质量的投资机会。虽然我们现在也看到了一些更多的机会,对那些公司进行直接投资,但是,有趣的是,让我们能接受的机会并不多,这让我们的收益率停留在历史平均水平线以下。但是,我们的更保守的收入套利基金继续在发挥作用,自从熊市开始以来,实现了近9%的年均收益率。

在过去的两年多的熊市中，您学到了一些过去您不了解或者完全不了解的东西了吗？

与其说与学习新知识有关，还不如说与巩固过去学到的知识有关。过去两年多的熊市论证了我们看重市场流动性和耐心的重要性。我们不能控制市场何时会出现令我们能够接受的机会，但是，我们肯定会尽力保存我们的资金，直到这些机会出现。

您的核心策略中的那个关键的因素就是它能够为那些公司提供资金。因此，公司中的那些报表的正确性也就对您的策略至关重要。针对于此，您有没有经历过一些因为会计欺骗的实例而带给您的伤害呢？现在看来，这些实例已经是司空见惯的事情。

我们策略中的一个关键的因素就是要直接对那些公司进行投资，而且幸运的是，我们并没有因为现在的这些会计欺骗的实例而受到任何伤害。在那件会计欺诈事情发生后不久，我们就总结出，并不是每一家公司的财务报表都是完整和正确的。这种怀疑的态度帮助我们躲过了一些灾难。

阿梅特·欧卡默斯

从伊斯坦堡到华尔街

当阿梅特·欧卡默斯 16 岁的时候,他参观了那时才刚刚开业的伊斯坦堡证券交易所的交易大厅,顿时就着迷了。他开始痴迷于交易,在伊斯坦堡证券交易所中,这种交易更像是投机,而不是投资。不久以后,他对交易的这种热情就变成了一种痴迷,而且他开始有规律地逃课,跑到交易所中去交易股票。

那时,欧卡默斯就知道他想要成为一名基金经理,而且还意识到,最能够提供这种实现他的目标的机会的国家就是美国。于是在 1989 年,他移民到美国,从表面上看是为了上大学,其实他是带着坚定的信念来到美国的,认为这只是一块实现他真正的职业目标的垫脚石。他的母亲借给了他 1.5 万美元,于是他就用这笔钱在 1992 年开始交易美国股票。截至 2000 年初,这笔原始的钱就迅速扩大到 600 多万美元,年均复合收益率高达 107%(毛收益)。1997 年,他建立了他自己的第一个对冲基金——欧卡默斯风险基金。

在欧卡默斯的曼哈顿的办公室里,我完成了对他的采访。这是一家毫不起眼的办公室。走出电梯后,那位前台接待员把我引到欧卡默斯的办公室中。这名前台接待员并不是欧卡默斯的员工,他为这个楼层中的所有公司提供服务。欧卡默斯的办公室非常狭小,需要重新油漆,而且办公室内的家具非常丑陋,与其风格极为不符。唯一的一扇窗户几乎没有任何的视觉美感,让人感觉到非常幽闭,仅仅让人们看到隔壁建筑物的其中的一面。但是,这间办公室有一个好处:租金非常便宜——事实上,是免费的(这栋大楼委托给欧卡默斯的好处)。显然,欧卡默斯对此很自豪。谈及他如何在这间狭小的办公室里完成那么多的大交易，他说道："这是我的天性。我喜欢完成大交易。我不想付钱。"这种话语恰好反映出了他的投资哲学。

在我对他进行访谈的这段期间，欧卡默斯和他的大学同学泰德·欧克利三世，共同分享这间狭小的办公室。欧卡默斯把他带进公司中，负责营销和各种各样的管理工作。（随后，员工开始增多，需要搬到更大的办公室中。）欧克利对欧卡默斯的信任是建立在他个人的经历上的。在上大学时，他是欧卡默斯的第一位投资商，投资了 1000 美元（分两批进行投资，每次都投资 500 美元）——这笔投资资金在随后的 7 年内增加到了 12 多万美元。

在 1998 年以前，在最坏的年份中，欧卡默斯只实现了 61% 的收益率（毛收益）。在 1998 年，标准普尔上涨了 28%，而欧卡默斯只实现了微小的 5% 的收益率。1999 年年中，我开始采访他。在采访中，关于他在 1998 年的这段不符合他的性格特点的暗淡的投资业绩，我提出了一系列的问题。

去年发生了什么事情？

在去年的前 11 个月内，我们一直都平安无事，只是在最后的一个月，才发生了不好的事情。12 月月初，年收益率还高达 30%。我原以为，互联网股票的上涨只是个短暂的狂热的现象。在此之前，人们对这些股票的评估已经达到了一种不可思议的高度上，我们从未见过这种高度。那时我刚刚卖空这些股票，股票价格和估值比率——每股的销售量，每股的收入，每股的现金流（现金加上折旧和摊销费用），每股的账面值等等之间的比率要远远高于我们以前曾经见过的那些比率。（当他讨论这些事情时，从他的声音中，我还能清晰地听出他所经历的这种痛苦。）

这些比率都高到什么程度？

例如，市盈率就高达 54 比 1。反过来说，在以前的股价峰值上，这种比率一直徘徊在 20 比 1 和 35 比 1 之间。

这些记录在案的估值比率一直都在变，而且还会变得更高。那么，是什么让您决定在那段特殊的时间内卖空所有的股票？

那些公司的内部人士（公司管理层）都在疯狂地抛售股票。在嘉信公司，那些内部人士经常抛售他们的股票，但是，在这种情况下，这种抛售尤其疯狂。

我很好奇,为什么嘉信公司中的那些内部人士都要全部卖掉他们手中的股票?

因为这家公司发行给管理层许多股票。随着时间的推移,这些股票必须要售出。

在您卖空股票后,又发生了什么事情?

这只股票的价格在一周之内就上涨了 34% ,而且当我最后回购时,它仍在上涨。

1998 年 12 月,您卖空的其他的互联网股票或者和互联网相关的股票是哪一只?

亚马逊公司的股票。

那您如何评估像亚马逊这样的公司,这家公司没有收入,因此它的市盈率也是无限的?

从传统意义上来讲,你无法评估它。但是,我知道亚马逊公司的股价不应该达到多少,而且这家公司那时就达到了那种程度。当我最后把它卖空时,亚马逊公司的市值(股价乘以发行的股票数量)是 170 亿美元,这使其成为全美排名第四的零售商。这在我看来很荒谬。

此外,在圣诞销售旺季的接下来的第一个季度内,图书的销量大幅锐减。我以为,在第二个季度中,图书销量会更少,这将会导致股价下跌。在我卖空所有的股票的前一年中,它的股价就上升了 9 倍,而且在前 2 个月内,股价上涨了 4 倍。

当您卖空时,亚马逊公司的股票的交易价格是多少?

事实上,我并没有卖空。我出售的只是价外的期权。(在这笔交易中,期权卖方用他已经得到的在比市场价格高的某个特定的价格基础上出售股票的权利进行交换,以此得到一笔保证金。①)由于我出售的期权都是价外的价格,市场仍然可以大幅上涨,而且我也不会赔钱。我以为我的这种想法也许会是错的,股价一直在上涨,但是,我并不认为股价能够上涨得那么多。

---

① 对期权不了解的那些读者会发现阅读本书后面的索引中的关于期权的缩写字母非常有帮助。

那么您出售的期权的执行价①是多少？那时市场情形怎么样？

当时股票的交易价格大概在220美元左右，我卖出执行价250的期权。在我开始赔钱之前，这只股票还能再上涨30点。

那么您在什么价格上卖出了期权？

在$1\frac{1}{8}$美元的价格上，我卖出了期权，但是，离期权结束只有3天的时间。我想这只股票的价格不可能在3天之内就上涨15%。我卖空的第二天，其中的一位杰出的分析师就修正了他对这只股票的价格的预测，在此之前，这种预测已经远远高出了市场的估计，从150美元上升到400美元。于是，一夜之间，这只股票的价格从220美元上涨到260美元，而且仅仅一天后，它的股价就逼近了300美元。112美元卖出的买权需要4800美元买回。（期权交易都是以100股为交易单位的，因此，那时他卖出的期权现在值4800美元。）

在这笔交易中，您赔了多少钱？

血本无归。亚马逊这只股票耗费了我17%的投资资金，而且嘉信公司耗费了另外的12%的投资资金。

您曾经使用过这种类型的投资策略——出售价外期权吗？

当然使用过，但是股价上涨的幅度完全不可预知。市场上有许多互联网的股票，在过去的一年中，它们都会上涨20倍至30倍，但是我不会触碰它们。我只利用那些我最熟知的知识：基本面和价值。

从这段整体经历中，您吸取了哪些教训？

不要卖空互联网的股票。（他笑道）

还有吗？

当市场处于疯狂状态时，不要参与进去。只坚持那些可预测的股票，你不能预测市场的疯狂程度。如果某只股票本可以在10美元的价格基础上进行交易，但是，最终的交易价格是100美元，那么，谁能保证它不会涨到500美元呢？

---

① 执行价是指期权买方可以在这个价格的基础上交易买进他们的期权。当然，只有当市场价格超过同期期权结束后的执行价格时，他们才能买进他们的期权。

在这段期间内,您的精神状态怎么样?

有趣的是,12 月初,我就已经心烦意乱了,因为快要过年了,可我的投资业绩才有 25%,这可以说是我最坏的年份。当我在嘉信公司和亚马逊公司的交易中亏损后,这一年我的业绩不可能再提升了,我就崩溃了。我现在还清晰地记得我和我的女朋友去布鲁明岱尔百货公司购物的情形。那时我就不能呆在店里,因为每一次我看到那些价格标签时,它们都会让我想起股市。10 分钟后,我就必须要离开。当我做完那两笔交易的约一周后,我还是没有勇气阅读《投资者商业日报》去了解最新的股市情形。

这是您在股市中遭遇到得最坏的精神打击吗?

绝对是的。到目前为止,它都是最坏的经历;我以前从来没有经历过。

但是,当我现在看您的业绩时,我了解到在 1998 年 12 月,您只输了 16%,这只是第二个最坏的月份,远远不及您在 1998 年 8 月份遇到的损失,那时您赔了 53%。那为什么在记录中看起来更严重的 8 月份不是最坏的精神打击呢?

1998 年 8 月我的损失巨大的原因是因为这个月的股市大幅下跌,我被套牢了,用杠杆买进了两倍的股票。即使在 8 月份,我赔了许多钱,但是,我对我持有的那些股票的基本面因素相当自信。它们只是在低得离谱的估值上被抛售了。我的投资组合内的市盈率只有 5。我买进的有些股票的交易价格甚至低于现金实价——你永远都不会看到它。我知道,我持有的这些股票绝对是便宜货,而且这种低价不会持续太久。我一点都不担心它们会再下跌。反过来说,在 12 月份时,我赔钱是因为我在卖空互联网股票。没有人会知道它们何时会停止上涨。

这么说来,8 月份和 12 月份的不同之外就在于您的信心程度:在 8 月份时,即使您赔了很多钱,您仍然特别自信,但是,在 12 月份时,您觉得您没法控制了。

的确是这样。

即使您在两个月内,赚回了您在 8 月份输掉的全部资金,那么,您认为将您自己置身于熊市中的买进双倍股票的位置上是一个错误吗?

是的,这让我在 1999 年初修改了我在此之前制订的交易规则,其中有三个重要的变化。第一个变化,我们在此之前已经讨论过,就是不要在市场狂热的时候参与进来。第二个就是永远都不要持有超过 100% 的净头寸,不管是买进还是卖空。（在1998年8月，欧卡默斯买进200%的股票，卖空0，因此净多头是200%。）

那么您的交易规划中的第三个变化是什么？

我开始使用期权，这是为实现减少股市下跌的波动这一特定的目的。

这个变化是针对于投资者反馈的回应吗？由于您的收益率存在着波动性，尤其是在1998年8月，您的收益率下跌了53%，这会把那些对您的净收益印象深刻的投资者吓跑吗？

这会把他们吓跑，我之所以改变我的交易规则，完全是受投资者反馈的影响。那些投资者告诉我们，他们不想要每个月的收益率都有波动。结果，我就开始更加关注每个月的投资成绩。在此之前，当我只为我自己、我的家人和一些客户管理资金时，我只有一个目标，那就是要使资金在长期内升值。这就像是我正在跑一场马拉松比赛，我只关注我的完成时间，我并不关心每一段路程的用时。既然现在我正在为那些投资者管理更多的资金，他们更注重每个月的数据，那么，这就像是虽然我仍在跑一场马拉松比赛，但是，每位投资者都重视我用多长时间才能跑完每个100米的路程。结果，即使我的主要目标仍然是使资金在长期内升值，但是，现在我更关注每个月的投资收益，因为，我想使这个基金的规模更大。

那您是如何第一次参与到股市中来的？

我对金融和货币都非常感兴趣。当我还是个孩子的时候，我就经常看报纸中的体育新闻，正像我的朋友那样，但是，此外，我还看金融新闻。在1986年，伊斯坦堡证券交易所开业。那些报纸一直到1987年才开设股市的专栏。当他们的确开始报道这些股价时，我注意到股价每天都在变化。这吸引了我。我想如果我足够聪明，我就能够从中赚到钱，因为，股价在不断变化，这肯定是有原因的。

刚开始，我只密切注意着报纸中的那些股价。然后，我意识到证券交易所更能教会我一些东西。于是，有一天，我就逃课去交易所中，想看一下它是如何工作的。

请描述一下伊斯坦堡证券交易所。

现在，它非常现代化，但是那时，每间办公室的中间都有一个栅栏，将场内经纪人和观众分隔开来。在办公室的前面，设有一些记录板，上面记录着每只股票的出价和要价。

那时,有多少只股票在这个交易所中完成?

大约 30 只股票。

一位场内经纪人负责一只股票吗?

不是的,这些场内经纪人为不同的经纪公司工作;他们可以交易任何一只股票。

如果您想要买进或卖出某只股票,您如何与经纪人互动?

我会大声地喊他:“嘿,来这边。”

那个证券交易所有多大?

噢,大约是我现在的这个办公室的 10 倍大。(言外之意是:交易所特别小。)

在您着手进行第一笔交易之前,您观察了多久?

我观看了数周。其中的一只股票是一家建筑公司的股票,我知道这家公司一直在签订新合同,这只股票的价格几乎每天都在下降。这在我看来几乎没有任何意义,因此我决定要买进一些数量的股票。那位经纪人提醒我不要买进这只股票,并向我保证它还要下跌。但是,不管怎么样,最后我还是买进了它,因为我知道这是一家好公司。在我买进这只股票的两周之内,它的价格就翻番了。这段经历让我声名鹊起。我对自己说,这要归功于逻辑性。我意识到股价上升或下跌肯定是有原因的,而且我下定决心要找出这个原因。

那时,还没有所谓的市场调研。我就开始一个人做我自己的研究。伊斯坦堡证券交易所公布了一些数字,包括去年和今年的收入、盈利、债务和一些其他的统计数据。没有人注意这些数字。由于那时还没有关于股市的书籍或者文章,我只是尽力去按照逻辑性来解释这些统计数字。

例如,如果某家公司每销售 100 美元的产品就能赚到 20 美元的利润,那么我想这就是一家好公司;如果它每销售 100 美元的产品只能赚到 2 美元的利润,那么这家公司就并没有那么好。此外,在看过那些流通股和盈利额度之后,我就能计算出这只股票的交易价格应该是多少美元。事实上,我自己创造出了这个市盈率。当我来到美国上大学时,我就发现了这个市盈率和我看过的那些统计数字都是人们过去在分析股票时经常用到的基本数据。

在您做成第一笔交易以后,您继续赚到钱了吗?

我做得特别好。在大约一年的时间内,我使用的那家经纪公司的人们就开始听取我的建议。在这段期间内,土耳其的股票市场从 900 点下降到 350 点,然后又回升到 900 点。在股市大幅下跌时,我管理更多的股票,远远超过我本人持有的数量,然后当股市反弹,我也表现得特别出色。

当股市狂跌时,在这段期间内,您如何赚取小利润?

土耳其的股票市场非常具有投机性。这个证券交易所把每天股价的跌涨幅度限制在 10% 以内。(每天允许的最大的每只股票的跌涨幅度只能是 10% 。一般来说,当市场涨到上限时,事实上交易就会停止,因为在这种情况下,买家很多,卖家很少。当市场跌到下限时,类推的同样的事情就会发生。)每天的价格限制是非常常见的事情。我就制订了一条规则,如果它连续三天都跌破至最大值,那么我就会买进它,然后当它第一次短期反弹后,就把它卖掉。

换句话说,您正在充分利用投机过度。您仍然要用那种方式进行交易吗?

没有,我依靠基本面进行交易。

您说您筛选股票是因为您喜欢那些基本面因素。您如何决定何时要开始买进?在您买进之前,您仍然会等待暴风骤雨般的抛售风潮吗?

并不需要这样。我在脑海中就已经知道了这只股票的价值,而且当股票下跌到足够低的时候,接近于我脑海中的那个价格时,我就会买进它。比如,我相信这只股票的价值就是 35 美元。为了要给我自己一个很宽的安全的边际,如果它下跌到 20 美元,我也许会买它。

在买进某只股票之前,您经常要等待它达到您预期的价格吗?

绝对是这样。我从不草率地买进股票。我会耐心地等待这只股票的价格接近我定的目标。

使用这种方法,我猜想您会错过许多股票。

的确是这样,但是,我的主要目标就是在每一笔投资上都赚到钱,并不是要抓住每一笔交易。我不必在每笔交易上都赚到很多钱,只要我能赚到钱就好。自从 1992 年以来,我做过的 90% 的交易都是盈利的。

在您研究过后决定要购买的那些股票中,事实上,有多少比例的股票的价格达到了您期望中的价格?

不多,也许只有 10% 到 20% 的比例。这个行业中的其他有价值的管理人在做什么事情,我就在做什么事情,而且我也知道他们为什么要买进他们现在持有的股票。我比他们更加坚持我持有的股票。他们也许会愿意在16倍的市盈率的价格基础上收购一家公司,而我根本就不会在超过12倍的市盈率的价格基础上收购它。许多人都会说"低价买入高价卖出",但是只有极少数的人们才能做到这一点。事实上,我就做到了。

您何时来到美国?

我在1989年来到这里上大学。有趣的事情就是,在我来到美国之前,土耳其股市就在我交易那段时期内从900点下跌到350点,然后又反弹到900点,而当我来到美国后,它仅在六个月的时间内就从900点上升到4000点。我非常郁闷。

那么您来美国只是想上大学吗?还是您想要尽力永远地呆在这儿?

我一开始的本意就是要在美国成为一名基金经理。美国是全世界上最大的市场,而且在这里,没有任何限制,但是在土耳其,机会非常受限。

在您来到美国以前,您曾经关注过美国股市吗?

在此之前,我从来都没有关注过美国股市,但是,从我到达美国后的第一天起,我就开始关注它。我想知道股价涨跌的原因。

那么,您是怎样做的?

我尽可能地去阅读许多书籍。

您发现哪些书籍最有用或者最有影响力?

我本人非常喜欢诺曼·福斯贝克的《股市逻辑》这本书。一方面是因为它教会了我要关注那些内部认购(高级管理层和董事会成员买卖他们所在的这家公司的股票),这在我的投资策略中已经成为一个重要的组成部分。而且,我还发现了沃伦·巴菲特的方法也特别管用。

沃伦·巴菲特方法的哪个方面吸引了您?

他的这种想法——决定某只股票的价值,然后决定在打折的某个价位上买进它,这样是为了考虑到安全边际——吸引了我。

您还发现了其他的有用的书籍吗?

彼得·林奇编著的《选股战略》这本书让我意识到在股市投资中具备常识是多么重要的一件事情。此外,彼得·林奇还指出了,如果有显著的内部认购,那么,你在这只股票上的盈利的胜算就比较大。

您如何衡量内部认购是否是显著的?

我把某人买进的股票数量与其净资产和薪水作一比较。例如,如果他买进的数量远远超过了他的年薪,那么我就认为这是显著的内部认购。

这么说来,您一直都在关注内部认购统计数据中的某一项,而不是全部数据。

我非常注重细节。我认为世界上再也没有人比我更加关注于内部认购了。

在阐释内部交易行为这件事情中,还有什么是重要的?

你必须要确保内部认购指的是买进了一些新发行的股票,而不是买卖期权。

内部认购是一个绝对的前提条件吗?或者您偶尔也会买进某只您喜欢的能够达到您预设价格的股票吗,即使关于这只股票,没有内部认购?

大多数情况下我并不这样做。我想看到那些内募人员把他们的资金投资在他们所在的公司上。当然,如果这家公司的管理层已经持有了一定比例的股票,那么他们就没有必要再买进了。例如,这些内募人员已经持有了 J. D. Edwards 公司中的 65% 的股票——这是我最近中意的一只股票——那么,我就不需要再看到其他人再买进这只股票的事实了。与此相反,在某些公司中,内部认购的股票只占到 1% 的比例。管理层的主要动机就只与职业安全感和更高的奖金有关了,不再与更高的股价挂钩。

您是在电脑上还是自己动手做这些研究?

我自己动手做这些研究。我认为这是最好的办法,因为你能学到更多。

您现在持有的是哪些股票?

纽约证券交易所和纳斯达克交易所中的任何一只股票。

您大概持有了多少只股票?

大约一万只。

您是如何做到只靠您自己来研究这一万只股票的?

每周,我都会花费 100 个小时在这些研究上。我浏览了我在过去的十一年中做过研究的所有股票,在这些所有的股票中,有些股票只做过一次研究,有些呢则做过许多次。这些股票的数量是相当可观。此外,我还注意那些在五十二周内一直都创新低的股票。在以前的研究中,我认为的那家好公司的股票实质上并不需要创新低,以吸引我的注意力。如果它大幅下跌,即使它没有创新低,我仍然会买进它。

您如何辨别那些大幅下跌的股票?

除了浏览那些创新低的股票清单以外,每日的图表中都包含了我在追逐的大约一半数量的股票,而且每周我都会再浏览一次,锁定那些大幅大跌的股票。

因此,您经常关注那些下跌的股票。

我经常关注它们。一般情况下,除非这只股票从其顶端下跌了60%或者70%,否则我根本就不会考虑要买进它。我在美国股市交易的七年中,我持有的股票永远都没有创新高。我想,我说的这种话儿肯定是相当不同寻常的。

您这么说,是要暗示当您浏览这些图表时,您只关注那些一直在下跌的股票吗?

是这样的,但是只有一种例外情况:如果这只股票一直下跌,而盈利一直在攀升,那么,我也许会关注它。

然后,您买进的所有股票都会创新低或者盘旋在最近的新低拐点附近吗?

并不是所有的股票都是这样。如果我很了解这家公司,而且它的基本面也特别强健,那么,我也许会长期持有这只股票,即使它远远高于谷值。例如,微芯科技公司的股票的交易价可知目前是35美元,这个价格远远低于其峰值50美元,但是,也远远高于去年的谷值15美元。即使它高出谷值很多,我仍然要在股市上把卖权卖出去,因为这家公司的业务正在大大提高。

卖出卖权意味着做多。卖方会得到一笔保证金,因为他有义务要在这笔期权结束之前在执行价的价格基础上买进某只股票。如果买方执行了这笔期权,那么卖方的这种义务就会被激活。只有当这笔期权结束后,当股价低于执行价时,这种情况才会发生。

例如,假设某只股票在13美元的价格上成交,而且约定在10美元的执行价上把这只股票卖出,交易价格是1美元。如果当期权结束后,这只股票的交易价格超过10美元,那么卖方就会每只股票都赚1美元(每笔期权就会赚100美元的利润,这就说明了在这笔期权中,卖方卖出了100只股票)。如果当期权结束后,这只股票的交易价格低于10美元,那么,按照期权合约,就要求卖方在10美元的价格上回购这只股票,不管它的交易价格是多少。

欧卡默斯是典型地使用卖出卖权,在执行价格低于当前股市价格(也可以被称作价外卖权)的基础上进行交易的投资者。通过这种方式,如果这只股票大幅下跌,保持不变,或者上涨,那么他赚取的利润就等同于期权买方支付给他的期权保证金。然而,如果这只股票大幅下跌,他就要承担当期权结束时的在高于市场价格(执行价格)的基础上回购那只股票。

什么才会激励您要在股市上卖出卖权,而不只是买进那只股票?

关于我使用卖出卖权而进行交易的任何一只股票,如果通过这种方式能够完成这笔交易(执行这笔期权,需要欧卡默斯在执行价上回购这只股票),我都会很高兴。除非我愿意在执行价上持有那只股票,否则我是不会使用卖出卖权这种方式来交易这种股票的。

例如,目前我正在10美元的卖出卖权的价格上卖空 J. D. Edwards 公司的股票,它的交易价格接近13美元。我希望我能够成功地把它卖出去,因为我想在10美元的价格上才持有它。如果能够成功,我就仍然还会有保证金,而且如果我在10美元的价格上买进它,我知道我就要赚钱。

但是,大多数情况下当我要卖出卖权时,市场从来都不会大幅下跌,以使这笔期权得到执行。这种情况当然也还好,因为我仍然还能获得一笔保证金,它可以作为我的利润。

换句话说,卖出卖权对您来说是买进股票的另外一种方式。如果它没有下跌到执行价上,您仍然能够得到一笔保证金,而且如果它真的下跌到执行价上,这也没有关系。因为不管怎么样,您都会在这种价格上买进股票。

的确是这样。通过卖出卖权,当我在等价股价跌到我预设的那个价格上时,我仍然会赚钱。此外,对于一些股票,也许只能通过卖出卖权,而不是买进股票才能赚到钱。

例如,那些价值股最近几年一直不受人们的青睐。还有一些股票,它们的交易价格只是5到6倍的市盈率。这些收入不断在增长,那些内部人士一直在买进,而且这些股票就在那里。同时,标准普尔也一直在疯狂地上涨。仅仅通过买进这些股票,你并不能赚到钱,反而你要通过卖出卖权才能赚钱。如果你卖出卖权,那么你就不需要期待股价上涨;为了能赚钱,你所做的就是要等待股价不会大幅下跌。

假如说,市场上有只股票的交易价格是35美元,而且您决定您想要在30美元的时候买进它。您为什么不卖出执行价30美元的期权,得到一笔保证金,因为要是它下跌到30美元,不管如何您都会买进吗?要是这样的话,您仍能得到一笔保证金,这是您的利润,不管这只股票的股价是否会下跌到30美元,不是吗?

因为你还要经常考虑到你的机会成本。如果我卖出卖权,我就需要一笔保证金才能保证我的交易头寸。有时我在卖出卖权中得到的那笔权利金并不能匹配头寸滞压的大量资金。要是把这笔资金投资于其他地方,收益会更好。

让我们再回到当初您来到美国这个话题上。您刚才说到,当您第一次来到这里,同时也要开始您的大学生活时,您就开始研究美国股市。在学习大学课程和研究美国股市之间,您如何分配您的时间?

平均来说,我把35%的时间用于学习大学课程上,把余下的65%的时间用于研究美国股市上。但是,随着时间的推移,在研究美国股市上面的时间越来越多。截止到大四刚开学时,我把90%的时间都用于研究股市上面,后来我就退学了。

还有一年的时间您就可以拿到学历了,难道那时您不会一点儿都不愿意退学吗?

不是的,因为我太迫不及待地要开始投资了。而且,那时我的专业是金融学,关于股市和投资,我的老师们知道的知识还没有我知道得多。

关于美国股市,那些大学老师们都教您学会了什么?

他们只教给我一些理论,而且这些理论大多数情况下都不管用。

例如?

有效市场假说(关于市场立即对所有的已有信息都充分体现的这个概念),在我看来,它很滑稽。

为什么您认为它是滑稽的?

因为不同的市场参与都会做各种各样的参差不齐的研究。市场价格会反映出所有投资者的平均估价。如果你能做其他人都做不出来的研究,那么你也许就会发现一些事情,它们是其余的大部分市场并不知道和从中获益的知识。关于我投资的那些公司,我掌握的许多事情都是其他投资商了解不到的。因此,我对这些公司的评估就会和他们做出的评估不一致。那么,为什么某只股票应该经常在合适的价位上进行交易呢?

当您买进某只股票后,在您买之前您就知道您要在什么价位上卖出吗?

当然了。我经常会有一些目标价位,我只在这个价位上才会卖出,假定那些基本面因素都没有发生变化。如果基本面越来越很稳健,那么,我也许会拔高我的目标价位。

这个目标价位是基于什么?它要基于某个固定比例的收益吗?

是的,某个固定比例的收益。

多少比例呢?

这要依赖于我是在多么廉价的价位上买进这只股票的,但是,平均来说,折扣比例都在20%到25%之间。

您正在做的这些事情听起来正好不是彼得·林奇所倡导的。他提倡您应该追逐那些“十倍股”(买进那些您认为股价能够增长十倍的股票);您甚至都不会追逐那些两倍股,或者接近于两倍的股票。

我从来都不会努力实现全垒打。这也是为什么我在熊市中也能得到高收益率的原因。

我猜想当您卖出某只股票后,当它低开时,您才会买进它。

绝对是这样,只要那些基本面因素都没有发生变化,我就会买进它。

但是,要是这样做了,而且要是这只股票的价格永远都不够低,您永远都不会有机会再买进它,难道您就没有发现您赚取的利润不会太可观吗?

这种情况经常发生,但是,我一点都不担心。我的主要目标就是不输钱。如果你能一直在赚钱,那么,你就要一直保持这种状态。

在您的交易业绩中,有许多笔交易都只是赚了一点钱。现在,您已经创立了一种基金而且做得也不错,那么您的利润肯定大幅翻番。交易更大笔的资金如何影响了您的投资策略?

这并不会改变任何事情。我买进的那些股票都是世人熟知的,流动性很好。这是我深思熟虑后的结果。当我刚开始交易时,我的态度就是我必须要从大处着眼。因此,我要确保采用一种风格,它要适用于用大笔资金投资的交易。

在您交易的这段期间内,同时它也是历史上最好的牛市。如果我们主要在熊市中交易,那么,您的投资策略会有何变化?

我希望我们能够在熊市中交易。所有的动能操作者都被打倒了;所有交易互联网股票的交易员也破产了,所有交易增长股的交易员也倒闭了;然而,熊市影响不了那些最有价值的交易员。在我买进股票前,这些公司就身处在熊市中了。它们的交易价格是5到6倍的市盈率。它们不能下跌得太多,市场不允许它们这样做。要记住,我买进的那些股票事实上都已经从其峰值上下跌了60%到70%。

噢,我能够明白在这种熊市中,为什么您会比使用其他投资策略的投资商们亏损得少。但是,如果标准普尔这个股指下跌了20%到30%,那么我想,您持有的那些股票也会下跌吧。

这没有关系,我会一直持有它们。我知道我投资的那些公司的价值。我不会猜测我何时才能盈利。许多其他的资金经理都遵循这样的规则:如果他们手中的股票下跌了一定的幅度,比如说7%或者10%,他们就会抛售。他们必须要这样做,因为他们对手中的股票不太了解。在我买进任何一只股票之前,我都会做无数次的研究,因此,我知道它们的价值。事实上,如果我买进的某只股票下跌了10%,而且基本面没有发生任何改变,那么,我也许会继续买进。

但是,如果您从来都不使用止损点,那么,要是您买进股票的那家公司破产了,会发生什么事情?像这样的事情对您的投资会产生多大的影响?

这种事情永远都不会发生。我不会买进任何一家只要有一点点破产的可能性的公司的股票。我只买进那些公司的股票,它们都有着良好的资产负债表,高账面值,一致的业务记录,优秀的管理层,以及相当大比例的内部认购。像这样的公司根本就不会破产。

您如何知道您何时要抛售?

如果那些基本面因素发生变化,而且这只股票也不再符合我在当前的这个价格上继续持有它的标准,那么我就会抛售它。

那要是股价对您不利,但是基本面因素都没有发生变化呢?

那么我只会买进更多。

一般来说,您一次会持有多少只股票?

大约十只。最简单的逻辑就是:我的前十个想法经常会比前一百个想法管用。

在您的投资组合中,您分配给的每只股票的最大额是多少?

现在,在任何一只股票上,我持有的最大比例大约只占我的投资组合中的 30%。它过去曾高达 70%。

这听起来是相当高的比例。要是您错误地决定了某笔交易，会发生什么事情？

我要确定我了解那些基本面因素，而且还知道我自己没有错。

但是，关于某只股票下跌，肯定还有一些您不知道的它为什么会下跌的原因吧。

不会的。

您怎么能如此确定？

因为我对那些我投资的公司了如指掌。例如，如果我在 7 美元的价格上买进 Viasoft 股票，这家公司持有每股 5 美元的现金，而且没有债务，那么我能忍受的下跌幅度就是 2 美元吗？

在卖空方面，您使用什么样的投资策略？

我只寻找那些在数倍市盈率的价格基础上进行交易的股票，然而，当我去年参与投资互联网股票后，我就增加了一条规则：市场上必须要有一个刺激因素。现在，不管这只股票被估得价值有多么高，我都不会抛售它，直到市场上一直有一个刺激因素，促使其改变。

这么说，除了去年您是在市场疯狂时卖空亚马逊和嘉信公司的这两只股票以外，您所犯的另外一个错误就是在刺激因素出现以前，您就把它们卖空了。

的确是这样。即使这些股票的价格被市场哄抬得太高，但是基本面的走势仍然强健。虽然亚马逊公司没有任何盈利，但是，收入一直在增长，而且也完成了销售目标。只要按照这种情况，市场就不会大幅抛售股票。

这似乎对您来说，在卖空方面使用您的方法是件困难的事情。在买进股票方面，您只买进那些已经大幅下跌的股票，而且在能够代表高价值的价格上进行交易。换句话说，您会在暴露的风险相对低的情况下才买进股票。与此相反，当您在卖空某只股票时，不管您出手的价格有多么高，仍然还有一些无限制的风险。这恰好与您买进股票的策略相反。您如何能更接近卖空？

我要确定，在我卖空之前，基本面因素已经发生了变化。即使嘉信公司现在的交易价格是 100 倍的市盈率，只要基本面仍在上涨，我就不会把它卖空。我会耐心地等待这些基本面开始恶化。

但是,您也许会遇到另外一种狂热,它能把股价哄抬得更高,即使这些基本面正在恶化。

一旦基本面开始变化,市场的狂热程度也会发生变化。比如,几年前,股市就非常青睐艾美加公司。一旦这只股票的基本面开始恶化,市场狂热也随之破灭。

但是,您如何处理未受限制的风险这个问题?

我买进的那些股票都是长期的投资,但是我卖空的股票经常是非常短期的投资,这是因为未受限制的风险的这个危险。

您如何评价华尔街上的那些调研的质量?

不是太好。

为什么?

大多数分析师都没有一个逻辑上的理由,他们不知道为什么某只股票的股价应该是这个样子。只要这家公司的业绩不错,他们就不会关心股价是多少。一般来说,如果股价达到了他们的目标,他们就只有提高目标,即使基本面没有发生变化。

在上世纪 90 年代,我们已经看到了一个相当好的牛市。基本面也合理地反映出了这种上涨幅度了吗?

我认为,我们正在经历的有史以来股市上最大的金融过热,有两个原因。第一个原因,股市的市盈率位于创纪录的高水平上。第二个原因,这些公司的平均利润额也是有史以来的最高水平。

您说到的利润率是指什么?

每笔销售中的利润额。例如,如果利润额是 20,那么这就意味着每销售 100 美元的业绩,就能赚到 20 美元的利润。

为什么高利润额是一个负面因素呢?

因此这几乎没有进一步提高的余地。

您现在都在阅读哪些书籍?

我阅读所有书籍,包括金融报纸和杂志,无数的公司公告,以及各种各样的行业刊物。我阅读的那些行业期刊都与我现在的和未来的交易有关。例如,去年我投资了一家公司,这是一家生产泌尿产品的公司,于是我就阅读《泌尿时报》。

在您买进某只股票之前,您会设定哪些具体的标准?

买进的这只股票必须要符合下列标准:

1. 从不断增长的每股收益、每股收入和每股现金流方面来说,这家公司要有良好的业绩。

2. 这家公司有着吸引人的账面值(如果这家公司的所有资产都被清算以偿还其债务,那么账面值指的就是这只股票的理论价值)和相当的股权收益。

3. 股票大幅下跌,经常是以新低附近的某个价格进行交易。但是,这种弱势必须要归功于一个短期的原因,而其长期的基本面仍然要保持稳健。

4. 要有显著的内部认购或者持有权。

5. 有时,这家公司要有一个非常崭新的管理团队,有着相当好的历史成就。他们曾经帮助公司渡过难关。这种公司也许能够另外一个买进股票的原因。

您赖于生存的交易规则都有哪些?

- 做好你自己的研究,以及确信你了解你正在买进的那些公司。
- 低价买入。
- 要有自律性,不要感性地参与股市。

您的目标是什么?

我的目标就是要成为这个行业中最好的资金经理。当我的这个基金度过它的十周年后,我就希望拥有一个过去十年,九年,就这么一直向前推,一直到过去五年中的最好业绩。任何一种少于五年的业绩都能暗示出谁才是幸运儿或者正在使用一种暂时有利于股市的风格。

欧卡默斯已经研究出一种交易模式,这种模式使他错过他挑选出来的80%到90%之间的盈利股,而且还使他意识到他只能买进一小部分的股票。此外,他还吹牛说,他从来都没有持有过一只创新高的股票。这些听起来一点都不符合一种伟大的交易方法的特征。然而,这些看似是缺陷,事实上却是他的成功中不可分割的一部分。欧卡默斯只有一个压倒一切的目标:挑选每一笔有极高胜算和极低风险的交易。为了要实现这个目标,他就必须要乐意放弃许多非常好的股票,使许多资金都闲置下来。这对欧卡默斯来说无所谓。他的方法已经使他的90%以上的交易都是盈利的,而且年均收益率高达三位数字。

欧卡默斯的这种面包和黄油的交易就是在低廉的价格上买进基本面稳健的那只股票。他寻找的那些股票一定要有不断增长的盈利、收入和现金流,以及显著的内部认购或拥有权。然而,稳健的基本面只占到一半的功劳。此外,某只股票的定价必须要吸引人。一般来说,欧卡默斯买进的那些股票都已经从峰值上下跌了60%或者更多,而且它们的交易价格都低于12倍的市盈率。他也特别喜欢买进那些价格尽可能接近于账面值的股票。只有极少数的股票才能既满足欧卡默斯的基本面标准,又能满足他的股价标准。能够满足他的基本面要求的那些股票从来都不会下跌到他要预设的买入价上。在欧卡默斯做过研究的1万只股票中,不管在任何时候,在他的投资组合中,他只持有大约10只股票。

在这本《股市怪杰》以及前两册的书中,频繁地引用的使股市成功的一个因素就是这个年代久远的交易格言:把你的亏损降到最低。然而,欧卡默斯的方法论似乎与这种传统观点背道而驰。欧卡默斯并不相信要把某只股票都全部清仓,因为它在下跌。事实上,如果他买进的某只股票在下跌,他也许会买进更多。他的这种做法完全与那些其他的交易大家的建议相反,欧卡默斯是怎么成功的呢?

这并不矛盾。交易成功的方法有很多种,尽管没有人会很轻易地找到这种方法或者坚守这种方法。减少损失是非常重要的,因为这是一种控制风险的途径。尽管所有成功的交易员都把风险控制囊括到他们的方法中,但是并不是所有的交易员都能利用减少损失来达到实现风险控制的目标。通过采用一种极端严格的筛选股票的过程:欧卡默斯只买进那些财务实力雄厚的公司的股票,它们的股价已经从峰值下跌了超过50%,他实现了风险控制。他对买进的那些股票非常有信心,相信他在买它们的时候,它们的风险非常低。为了要保持这样的信心,欧卡默斯错过了许多有利可图的交易机会。但是,正因为在筛选股票方面,他太固执,他才能够在不使用减少损失这个原则的前提下实现风险控制这个目标。

为提高他的业绩,欧卡默斯使用的一个技巧就是把他想持有的那些股票的价外卖权给卖出去。在执行价格上,他卖出卖权,而且也是在这种价格上,他要把股票再买回来。按照这种方式,如果这只股票不能下跌到他预设的买入价上,那么他至少赚到了一些利润,而且,如果它真的达到了他预设的买入价，那么通过卖出这笔期权而得到了一笔保证金，他就能降低他的交易成本。

欧卡默斯非常严格地要求自己，而且也非常有耐心。如果只有极少数的股票满足了他的高度严格的挑选条件，他就会耐心地等待，直到出现这样的机会。例如，在1999年第二个季度的季末，欧卡默斯只投资了13%的资金，因为，正像他在一开始说过的那样，“最近没有便宜的股票。我不会拿我的资金去冒险，直到我找到了那些非常廉价的股票”。

对阿梅特·欧卡默斯访谈记录的更新

在熊市到来后的前两年里，欧卡默斯继续成功地投资下去，他的旗舰基金分别在2000年和2001年实现了令人印象深刻的49%和31%的收益率。然而，在2002年，欧卡默斯遇到了速度碰撞，他的基金在9月份时跌至市场的底部，而且在那年中，下跌了40多个百分点——下跌的幅度和纳斯达克的幅度一样，但是比标准普尔下跌的幅度还超出了29多个百分点。即使欧卡默斯遭受了如此巨大的亏损，但是，从累积收益方面来看，他的投资成绩仍然领先于其他股指成绩：自从熊市在1997年8月到来以后，他的基金已经上涨了218%，这与标准普尔下跌14%和纳斯达克下跌26%形成了鲜明的对比。

欧卡默斯在2002年遭受的巨额亏损有两方面的原因。第一个原因，由于在这段更新访谈记录中讨论的原因，欧卡默斯认为某些股票会看涨，于是，当市场持续下跌时，他一度使他的净长仓头寸超过了100%。第二个原因，他的分析暗示出，最好的那些股票就是科技行业中的股票，他集中地持有这些科技股，但是，这些科技股在2002年的市场下跌期间遭到了重创。在对他进行这段后续的采访中(2002年8月)，从年初到8月，欧卡默斯的投资成绩下跌了21%——截至9月份(我在写这段采访时)之前，亏损翻了一番。

欧卡默斯只买进那些他认为估值非常低的股票。只要那些基本面因素没有发生变化，他就会一直持有它们，不管这些股票的价格是否下降。这种方法既是为什么他会经历周期性的大幅度下跌的原因，也是在这些下跌之后就会有巨大幅度的反弹的原因。自从熊市在1997年到来以后,欧卡默斯的旗舰基金已经经历了三次较大幅度的下跌,其中有两次,下跌的幅度都是20%,还有一次,下跌的幅度竟然高达53%。在这三次的下跌中,他的基金都仅仅在两个月内,在下跌的最低部都迅速地反弹到了新高。那么,欧卡默斯还会再次地创造快速的、巨大的反弹奇迹吗?在这本书出版以前,答案应该已经浮出水面了,但是,我并不断言这个奇迹不会发生。(后记:截止到一个月后我正在校对这段采访之前,欧卡默斯就已经把他在那年亏损的资金全部给赚回来了。)

我相信,您最近持有的净头寸是您一直以来最多的。这是真的吗?

是的,自从1998年夏季以来,我们一直都持有最多的净头寸。

您的动机是什么?

廉价的估值和内部认购。从技术层面上来说,我们看到了近13年以来最大额的内部认购。例如,在太阳微系统公司里,在过去的10年中,那些内部认购者一直都是卖方。6个月以前,他们停止抛售,开始在上个季度中买进股票。就在昨天,还有一条新闻说,这家公司的技术总监买进了100万只股票。

在熊市中交易,您改变了您的投资方法了吗?

没有,和牛市中的投资方法一模一样。我们进行投资,就像一个购买资产的商人。如果我们在9美元的价格上买进股票,其价值是20美元,那么它就会跌至6美元,但是,只要我们能够正确地估出它的价值,我们最后就能赚到钱。

您现在管理着多少金额的资产?

5亿以上。

自从我上次采访您以来,这可真是快速的增长啊。那时,您的投资组合策略还非常集中。您现在管理着如此巨额的资产,我猜想您不可能再像过去那样集中投资了吧。

过去,我们只投资大约10只股票;而现在,几乎投资了近20只股票,包括买进的股票和卖出的股票。然而,我们的巨额资产仍然只关注于那些排名前10名的股票。

这么说来,您的投资仍然很集中。

正像我刚才说过的那样,我们的投资和过去的一模一样。

虽然您持有的那些股票的公司的基本面看起来非常稳健——正如您刚

才说到的那样，价值本来是20美元的股票，您买进的价格却是9美元——由于质疑的，或者甚至是欺骗的会计问题，难道在基本面的基础上对价值进行估价就不会误导您了吗？

不会，因为我们不会买进那些有债务的公司的股票。最近出现在每一笔丑闻中的公司都有着数不清的债务。他们在错误的地方中创建资产负债表中的条目，或者各种各样的费用，为的就是要隐藏他们的债务。此外，一般来说，内部认购是我们打算长期持有某只股票的一个特征。你知道有多少内部认购者在犯罪之前就买进他们所在的那家公司的股票了吗？

您从来都不买进那些有债务的公司的股票？

永远都不会买。但是，我们会买进债务不超过10%的公司的股票，而且在这种情况下，拿股权相比，这种债务要不超过30%。

您的公司中现在有多少名员工？

18名。

您现在还记得当我第一次采访您的时候，您的公司中有多少员工吗？

（他笑了许久，而且笑得很勉强。）我也记得那时你对我的办公室的评论是这样子的："便宜，特别丑。"我要是投资商，我就会喜欢它。

自从上次采访过您之后，您就创建了一个市场中立基金。您为什么要创建这样的一种基金？

这其实是约翰·坦伯顿爵士的主意。他对股市情形非常担忧。他认为，把我的筛选股票的技巧和市场中立的方法结合在一起非常有意义。我想这也是一个好主意，但是，我犹豫不决，因为我不想把大量的时间花费在思考主意上；我担心它会打扰我研究那些我要买进的股票。当我对坦伯顿说出这些担忧时，他说道："你为什么不通过卖空股票指数这种方式把买进的股票和卖出的股票区分开来呢？"这句话让我豁然开朗。这是一个非常简单的想法，但是非常有效。在不影响我管理净多空基金的前提下，它让我创建一种市场中立基金成为可能的事情。

在先前的访谈中，您提到之前的牛市是一个"市场热"。纳斯达克从7月的低端下跌了80%多，而标准普尔也在同期的低端上下跌了约50%，那么，您认为这些价格纠正了先前的市场热，还是您认为熊市会延续下去？

谁知道呢？我只知道，在低廉的价格基础上，我买进了一些良好的领先的公司的股票。

马克·米内尔维尼

与时间赛跑的人

米内尔维尼看起来有点高傲,这不是因为他自认为比市场做得好——事实上,他很尊重市场,也很感激在建立自己的一整套的投资哲学中犯下的错误——但是,反过来说,在某种程度上,他认为自己比绝大多数的同行都做得好。坦率地讲,如果他能够继续保持他在过去的五年内取得的杰出业绩,那么这种自负也许就是理所当然的。我感觉到,他明知他自己只是一个自学成才的交易员(差不多从中学就开始辍学了),每天还乐意与那些博士生混在一起,他们试图设计出若干种打败市场的系统。

辍学以后,为了生计,米内尔维尼成为一名鼓手。试图让米内尔维尼开始讲述成为一名乐师的那段早期的经历显然是没有用的,而且也是令人沮丧的。尽管我多次恳求他,让他讲述他本人如何成为一名交易员能够使这次访谈更加有趣,同时也更加真实,他看起来并不愿意提供任何有关他那段成为一名鼓手的经历的细节。我清楚地记得,他那时的反应像是被我们看不到的一位评论员的手牵着一样。他要么给出笼统的答案,要么不知怎么地,就成功地把这个话题偏离到股市上。比如,下面的这个问题(他越来越讨厌被问到这种问题):"您能明确地告诉我,您那段成为一名乐师的经历吗?"他答道:"我被音乐吸引是因为我喜欢自由,这也是股市吸引我的原因……"最后,东拼西凑地说了那么多,他用总结性的话语总算承认了他在一些乐队做过鼓手,录制过唱片,参加过音乐录影带的演出,在某一个音乐工作室里成为一名乐师,而且还有他个人的音乐工作室。这就是故事的结局。

在上世纪80年代,米内尔维尼就开始对股市非常感兴趣,那时他还是一个十几岁的孩子。早期涉足这一领域使他很快就成为一名全职的痴迷的交易人员。他卖掉他的工作室,用这些收益当做交易的股本。刚开始,他输光了所有的资金——他在这段访谈中谈及的一段经历。他意识到,他最不应该犯的错误就是一直听信其他人的建议,因此,他开始着手只靠自己学习和研究那些密集课程。

经历了近十年的研究和在股市中摸爬滚打后,米内尔维尼终于发现了一个定义非常完美的交易方法。1994 年年中,他非常自信地认为他的交易方法非常精确,而且稳步提升的业绩也鼓励了他,于是,他就把几个分散的账户合并成一个账户,也就是这个账户才让他有了今天的投资业绩。(在此之前,他有过一些账户,每一个账户采用的投资策略都不同。)从新账户建立之后的五年半里,米内尔维尼的投资业绩一直都非常令他人震惊。在那段期间,他的年均复合收益率一直都保持在 220%,包括他参加的 1997 年美国投资冠军争夺赛中取得的 155% 的收益率,让他获得了第一名。许多交易人员和基金经理都很高兴地看到如果他们能达到米内尔维尼在这段期间内的最差一年的收益率——128% 的收益率——那就已经是他们最好的年头了。但是,收益只是故事的一半。令人惊喜的是,米内尔维尼不仅实现了高收益,而且一直以来承担的风险都非常低:他只有一个季度的亏损——仅仅亏损了 1%。

在 2000 年,米内尔维尼创建了他自己的对冲基金——昆泰克基金。他是昆泰克研究集团的总裁,这是一家机构性的研究公司,基于米内尔维尼的专有的筛选股票的方法,提供筛选股票的服务。米内尔维尼白天管理资金,晚上坐在电脑屏幕面前搜索那些符合他的要求的股票。

在米内尔维尼的市中心的曼哈顿的办公室里,我完成了对他的采访。采访整整花费了两个下午的时间。采访时,米内尔维尼的身体非常不适,还发着高烧。然而,他并没有选择取消我对他的采访,他自己也承认道,能够被《股市怪杰》采访也是他的其中的一个终生的目标。他并不会让这次的感冒阻止他完成这一目标。

当我来到他的办公室,米内尔维尼已经在办公室中等候我了,他正在盯着电脑屏幕上的股票图表,正在计划何时要买进这只股票。在挂掉电话后,他对我说道:

"我希望我没有拿到一个好单子。"

请再说一遍?

一个很好的单子往往都是致命的一击。要是一般的投资者想在市场价为 27 美元时买进股票,但是,如果他在 26.75 美元时买进了这只股票,那么他就会欣喜若狂。在这种情况下,我也许就转身离开了。如果没有推动这只股票再上涨的外部力量,那么,股市想要上涨通常是很困难的。如果我想在 27 美元时买进 1 万只股票,交易厅内的那位交易人员就会回来,告诉我:“我们只能为您在 27 美元时买进 3000 只股票。现在的市场价是 27.25 美元。您现在打算怎么办呢?”这更坚定了我认为这是当前买进的最佳时机的信念。

什么让您如此坚定地买进股票?

一直以来,动机都是一样的。虽然我也许会长期持有它们,但是,我买进这些股票,是因为我认为它在几个小时内或者最多在几天内就会上涨。

是的,但是,什么让您有这个信念?

你是指除了 17 年的股市经验以外的东西吗?最开始就是总结了那些在过去的 100 年中经历了最大幅度的上涨而且上涨最快的股票的特点,然后再对这些特点进行量化分析。关于这个想法,有一本好书详尽地描述过它,这就是理查德·乐夫的《超级强势股》,它现在也许已经绝版了。

这些大幅上涨而且上涨最快的股票的共同点都有哪些?

它们都是一些大众不熟知的股票。在这些股票中,超过 80% 的股票的上市年龄都不足 10 年。虽然许多股票都是一些新公司发行的股票,但是,我不会买进那些低价股。这些低价股之所以会成为低价股,肯定是有原因的。一般来说,在 20 美元或者更高的价格上,我才会买进股票,而且我肯定不会买进股价低于 12 美元的股票。我的基本宗旨就是:尽量把自己的投资组合关注在市场上表现最好的股票上,而且当你意识到错误的时候,要快速地减少你的损失。仅用这一句话就从本质上说明了我的投资策略。

这些获利最大的股票还有什么其他的特点?

让大多数人都吃惊的一件事情就是一般来说,这些股票都是以高于平均市盈率的价格进行交易的,甚至在它们变成获利最大的股票之前。许多投资者都会把他们的股票限制在那些低市盈率的股票上。不幸的是,就是因为规避了这些市盈率看起来“太高”的股票,反而错过了股市上涨的机会。下一段接下来的采访是关于米内尔维尼如何筛选股票的过程。他的答案可以说是非常笼统,更准确地说,是有点闪烁其词。假设这本书的目标受众不是那些失眠症患者,我看不出重复米内尔维尼的答案会有什么意义。最后,他意识到我发现了他的反应令人沮丧地模糊不清,他仍然以一种很有分寸的语气回答了我的问题。

瞧,这些都不是"黑箱子"。你让所有的这些人尽力去想出若干种打败市场的方法。但是,市场不是科学。科学也许会帮助你提高胜算的可能性,但是,它不会帮助你掌握这门交易的艺术。

人们一直都想知道,在我的电脑模式中都有什么。我认为那是与成功的交易最不相关的一个方面。当然你要有优势,但是,有1000种方法可以让你有优势。有些人使用的投资策略完全与我的相反,但是,我们都能赚到钱。

找到适合你自己的投资策略是件重要的事情,不需要知道我的投资策略,因为我制订的投资策略只适于我自己。了解我的交易哲学、我的原则和我的管理资金的技巧也许对你很有帮助。此外,我认为大多数人都过于重视股票筛选。

您认为大多数人都过于重视股票筛选,这是什么意思?

我认为,人们在尽力发现最佳买进股票的时机方面上花费了太多的时间,从而没有足够的时间进行基金管理。假设,你持有前200种相对坚挺的股票(这200种股票在过去的几个月内都是表现最好、成交量最多的股票),把它们的名字都贴在飞镖盘上。在随后的每一天,你都会掷三只飞镖和买进那些被掷到的股票,而且不管在任何时候,只要某只股票下跌,比如说,从你买入的价格上下跌10%,那么你就会立即抛售。我敢打赌,你会赚到钱,因为,你持有的股票是这样的一组股票,它们极有可能包括一些潜在的大赢家的股票,而且,同时你还在减少损失。

您的意思是说,如果您持有名单上的所有股票,而且以掷飞镖的方式决定买进哪些股票,只要您能止损10%,那么您就能赚到钱。此外,您还特别指出,在此之前,这个名单上的股票必须要以某种方式被提前筛选出来——在您的例子中,它们就是那些相对最高价格的股票。

过去,我只用这个特别的例子就论证了这个观点:不管使用任何策略,只要把你的损失控制到90%就行。此外,如果你能做到买进那些上升空间极大的股票,那么,你的胜算就会很大。

换句话说,如果您买进更坚挺的股票,胜算就会更大。

只有你买进那些上升空间极大的股票,你的胜算才会很大。当然,当你买进那些下跌空间极大的股票后,你的胜算也会很大。但是,你不必担心这一点,是吗? 因为你也会止损。

那么,我猜想,作为一个普通的原则,你肯定相信相对坚挺这个概念——买进那些上升幅度一直都高于市场平均水平的股票。

或者是买进那些下跌幅度一直都低于市场平均水平的股票。使用相对坚挺这个原则的方法就是要寻找那些在市场休整时期上升良好的股票或市场在结束低谷时期最先反弹的股票;这两种股票都是股市中的领先股。

当您第一次开始交易股票时,您使用哪种方法用来筛选那些买进的股票?

(当他想到那段往事时,会心地笑了。)我没有使用任何一种方法。那时,我只是买进那些正在创新低的低价股。我也会听信经纪人说的那些小道消息。

关于那些小道消息,请告诉我那段经历。

最坏的经历就是在上世纪 80 年代初期,当时我的经纪人劝我买进那只交易价格不足 20 美元的股票。我刚刚买进后,它就下跌了 4 个点或者 5 个点,于是我就非常担心。他告诉我不要担心。他向我保证,这只股票是个便宜货,如果现在抛售就等于放弃了人生中只有一次的暴富机会。他宣称,这家公司发明了一种治疗艾滋病的药物,它正在进行 FDA 认证。事实上,他还劝我要买进更多股票。这只股票一直在下跌。最终我没有买进更多,因为我用光了所有的资金。故事的结局就是这只股票跌破 1 美元,我输光了所有的资金。

在那笔交易中,您输了多少钱,而且截至那时,您一共输了多少?

我总共输了 3 万美元到 4 万美元,其中一半的资金都是在那笔交易中输掉的。更惨的是,一部分亏损的钱还是借来的。

这段经历让您失去了对股市的热情了吗?

没有,但是它让我非常沮丧,非常气馁。我伤心得快要哭了。最伤心的是,我以为我失去了机会,因为我已经输光了所有的资金。但是,不管发生了什么,我永远都没有放弃相信在股市中每天都会有一些非常好的交易机会。我能做的事情就是只需要分辨出这些好的交易机会。我的错误就是把决策权交给了他人。我坚信，如果我做好了自己的工作，我就能够成功。

是什么事情让您有这种信心？您的交易结果肯定不会让您有这种信心。

是我的个性让我有这样的信心。我不会轻易放弃。也许唯一最重要的原因就是我对这个游戏有着极大的热情。我认为，几乎每一个人都可以在股市中得到纯利润，只要给予他足够多的时间，让他足够努力地工作，但是，要想成为一名优秀的交易员，你必须要对股市有热情。你必须热爱交易。要是迈克尔·乔丹只想成为一名产品代言人，那么他就不会成为一名伟大的篮球运动员。要是梵·高只梦想着有一天他的画能卖到5000万美元，那么他就不会成为一名伟大的画家。

您对股市的热情与您想抓住这个赚很多钱的机会有关吗？

刚开始，也许是由于钱的缘故，我才对股市感兴趣，但是，一旦我参与进来，赚钱就不再是问题了。

那么，什么才算是问题？

问题就是交易成功。问题就是在某件事情上做到最好。我的目标就是成为全世界最优秀的交易员。如果你是最棒的，你就不必再为资金而担心；它自己就会从窗户外飞进来。

那么，您从那段输光所有的资金的经历中吸取到了哪些教训？

我意识到，再也没有人能够替我作决定；我必须依靠自己。我的经纪人仍然会得到一笔佣金，但是，我会代替他坐在那里进行交易。顺便说一下，尽管那时我还没有意识到这一点，但是，现在我已经完全相信，输光所有的钱对一名新交易员来说，完全是一件好事。

为什么您会这样认为？

因为它教会你一定要尊重市场。当你还没有那么多钱的时候，输光所有的钱吸取到这个教训会比你在以后输光更多钱的时候，吸取到这个同样的教训要好得多得多。

我想，这意味着，对新手来说，您并不提倡纸上交易。

绝对是这样。我认为，纸上交易是你最不应该去做的事情。如果你是一个新手，要是你能用一笔小额的资金进行交易，要是亏损了，你还能够承担得起，但是，要是一笔大资金，如果你亏损，你就会感到很痛苦。否则的话，你就是在自欺欺人。我要告诉你：如果你从纸上交易转向真正的交易，那么,你就会做出完全不同的决策,因为你并不习惯要受感情压力的束缚。没有一件事情是相同的。这就像是刚开始你只和假想中的对手打拳击,后来要和一名专业的拳击手进行对打。你认为接下来会发生什么?你就会蜷缩成一团,不断阻止那些击打你的拳头,因为你并不习惯那些真实的拳头。要想成为一名优秀的交易员,最重要的事情就是要去交易。

您如何做到转败为胜?

当我认识到重要的不是你交易成功的次数,而是在成功的交易中你赚到的钱和你在亏损的交易中输光的钱之间的比率。平均来说,在我做过的那些交易中,盈利的概率大约是一半,但是,当我做出正确的决策时,我赚到的钱要比我做出错误的决策时输掉的钱要多得多。

我是说,在一开始,您如何从听信经纪人的小道消息而输光所有的钱转变到您发现适合您自己的成功的投资方法中来的?

这是一个缓慢的、逐渐的过程,需要数年的研究和交易经验。此外,只要我能找到那些驰骋于股市中的成功人士的书籍,我都会阅读它们。在我读过的100本书中,对我产生重大影响的书也许不超过10本。但是,我认为世界上没有差书。只要书中的某句话是你需要的,那么它就是一本好书。有时,这句话甚至能够改变你的人生。

好吧,那就告诉我改变您的人生的那句话吧。

"成功的果实将与你在保持业绩、独立思考,以及得出你自己的结论中付出的诚实而又真诚的努力息息相关。"换句话说,你要为你自己的成功承担100%的责任。

这句话来自哪本书?

杰西·利沃摩尔的《如何从事股票交易》。

在这本书中,除了这句话以外,您还学到了哪些?

还有一些重要的信息。最基本的一条信息就是不要固执己见;市场永远都不会错。此外,他还谈到要有耐心,不仅在等待正确地买进股票的时机中要有耐心,而且在成功的交易中还要有耐心收获收益。那条对我醍醐灌顶的信息就是保护你的收益十分重要,而不是要保护你的原则。

在读过利沃摩尔的这本书后,您做出了哪些改变?

让我吃惊的是,这本书至今仍与股市息息相关。它启发了我,要回头看看那些在上世纪90年代初期,甚至更早交易的股票。结果,我发现那时的市场和现在的市场没有什么不同。而且,我还惊喜地发现了利沃摩尔观察的许多结果和我观察到的都差不多。

比如?

管理资金很重要。

当然,利沃摩尔本人在他那个时代的市场中也无法逃避这一问题。(利沃摩尔赚了很多钱,但也赔了很多钱。在赔了很多钱后,他自杀了。)

在日复一日的交易中,利沃摩尔的确减少了他的亏损。不幸的是,时不时地,他有一种想赌博的冲动。正是这种冲动摧毁了许多交易员。

还有什么帮助您成为一名成功的交易员?

玩扑克。我认为,只要你想成为一名交易员,你就要学会如何玩扑克。

您能具体说明一下吗?

当我第一次认真地在游戏厅中看扑克游戏时,我就注意到平均每手就能赢得50多美元,但是,看头三张牌只需要50美分。我简直就不能相信,只需要50美分,我就能够抓住赢100倍的钱的机会。如果我翻到50倍,而且只赢了一次,那么我赚到的钱仍然是我输掉的钱的两倍。对我来说,这些看起来就像是难得的机会。这就是我如何开始玩扑克的起因。我的策略就是只玩那些胜算高的牌局。

一旦您玩过一局后,难道下一局的人们不会成倍地加钱吗?

是的,他们不会这样。你知道为什么吗?这是因为他们没有自律性,他们只想玩。关键就是要知道何时停手。大部分人,即使他们有胜算,他们也不会去做,因为他们缺少章法。例如,每个人都知道如何减肥:少吃,多运动。那么,为什么还有那么多胖人呢(假设他们都没有疾病)?因为他们缺少自律性。

我想,这同样可以类推到股市中。当您做交易时,短期内您知道如何限制风险。如果限制风险的方法不管用,那么,您就会承担一小部分的亏损;如果它管用,那么您就有潜在的获利的可能。

正是这样。我有一句话:"犯错误是可以接受的,但是,经常犯错误却是完全不能接受的。"犯错误不是一个你可以选择的问题,但是,经常犯错误却是你可以选择的一个问题。要想成功地玩任何一种游戏,你必须要有一些技巧,有一些优势,但是,除此之外,你还要学会资金管理。这同样既适合于你玩扑克又适合于你投资。在每一种情况下,关键就是要管理损失。优秀的交易员都管理损失;他们并不担心盈利。

如果你有一个很好的防御措施,那么,你就不会有损失。我很喜欢赌那个防御好的足球队赢,而不是赌那个进攻强的足球队赢。如果某笔交易不能迅速完成,那么我就要承担一小部分的损失,而且在许多情况下,我也许必须要承担这些损失。

如果您停止某笔交易达五次之久,那么您会怎么做呢?难道第六次进行这笔交易您不会觉得很困难吗?

除非这笔交易符合我的标准,否则我不会第六次做这笔交易。扑克牌这个例子再一次提供了一个很好的类推例证。先前的几手牌局并不意味着什么,当前的这一手才能决定成败。在基于这个信息上,你必须要做出正确的决定。不管先前的几手牌局,你的输赢完全都不重要。因此,同一笔交易,我进行许多次,这一点儿问题都没有。

早些时候,当我抛出一只头寸后,交易已经完成。我不会再去想它,开始寻找另外一只股票。然而,我开始注意到,有许多次当我抛售某只股票后,几个月以后再看这只股票时,就会发现它的股价已经翻了一倍,甚至是两倍。我会情不自禁地大声惊叫道:"上帝呀,我真后悔卖了它!"我意识到需要制订一个计划,在我抛售某只股票以后,我该怎样做才能再把它买回来。

我想,在您已经抛售了它之后,又在更高的价格上把它买回来,这对您来说,有一定的心理障碍吧。

是的,更糟糕的是,你也许需要再一次地全抛。如果你真的这样做了,那么你还会第三次再把它买进吗?只要这笔交易是正确的,我就会觉得哪怕这是第三次的交易,那么它也是值得的。有时,当你抛某只股票许多次以后,说不定这就是一笔更高收益的交易呢。

您能列举一个具体的例子吗?

比如说,由于我的模型中出现了一个信号,我买进了某只股票,而且市场连续走低,暗示我可以抛售它。随后,这只股票发生巨大反弹,接近当天的最高值。这种股价的变动也许是一个暗示,说明市场动荡,这种动荡让更多的人去抛售这只股票,结果就导致了它的股价将要攀升。这时就已经大量买进,获利的机会比原来的机会更大。

在那种情况下，您是在当天股市快要结束的时候还是在第二天开市的时候买进？

这要具体情况具体分析。在买进股票之前，还必须要满足我制订的一些特别的条件。

“您制订的”条件是什么意思？

首要的条件就是要基于这只股票的长期价格走势。然后，还要有一些确认的基本面条件，这在某些情况下是非常重要的。最后，决定买进股票的时机也要严格地基于其价格走势。

我想，为了确认交易的时机，您使用的这种价格走势相对于在您最初用来筛选潜在的股票中用到的那种价格走势来说，是更加短期的吧。

是的。

换句话说，您也许会把这几种条件合称为价格走势三明治。

正如你所说，价格走势三明治。

在整个采访过程中，米内尔维尼的其中的一位同事一直坐在那里观看着这段采访。当听到最后一句话时，他不禁笑了起来。他似乎认为这个比喻很贴切，在此之前他肯定从来都没有听过用这种方式进行描述的方法。

在您从失败转向成功的过程中，还有其他的重要的关键的原因吗？

在我的那次赔光所有资金的交易以后的几年后，我决定要靠我自己做完所有交易的分析。当我卖出了这些股票以后，它们的价格都发生了哪些变化，我对这个非常感兴趣。当被迫抛售后，它的股价继续下跌还是反弹了？当我在某只股票上赚到钱后，它的股价继续上涨了吗？通过做这样的研究，我得到了大量的信息。最重要的发现就是我持有的亏损的头寸时间太长。看到这些基本的结果以后，我仔细检查了一下，如果我以10%的标准抛掉我所有的亏损头寸，将会发生什么。结果让我非常震惊：这一条简单的规则居然使我的收益提高了70%！

是的，但是，您将下面的这个事实考虑在内了吗？在割掉您的亏损头寸的同时，您也会抛出一些之前的获利股，这些股票刚开始下跌的幅度超过了10%，但是它们随后又反弹了。

你这么说肯定是正确的，这就是接下来我要检查的事情。我发现了这样并没有什么不同。在10%的标准上舍弃亏损头寸后只抛出了为数不多的获利股。我注意到,这些成功的交易从一开始就是成功的。我发现,承受因持有那些带来很大亏损的头寸而带给你的痛苦不仅是完全没有必要的,而且实际上这么做反而有百害而无一利。

此外,我还意识到,如果我持有的一些亏损的头寸的时间再长一些,我的资金就会被套牢。因此,这些大额亏损的头寸带来的影响远远超过了这些亏损本身,因为持有这些亏损的头寸会阻止我从其他地方赚钱。如果我要把这种影响考虑在内,舍弃我的亏损的头寸的好处是极大的。

根据您刚才的观点,很明显地在这个研究中,您所承受的最大风险是低于10%的亏损额。那么您如何确定您的"止损点"呢?

并不是每一笔交易都是按着标准进行的。在多头交易中,我使用的标准要比在空头交易中使用得更加宽泛。如果我认为市场正处于牛市上升的最初阶段,而不是市场太过头,需要纠正,我也会使用更加宽泛的标准。这个关键的原则就是这个止损点应该具有预期收益的功能。

还有其他重要的经历让您的交易生涯走向成功的巅峰吗?

我学会了不要在交易具有上涨潜质的时候强加任何人为的限制。1995年夏季的某个时候,我的交易收益整整超出了100%,这个数字已经达到了我在年初制定的年目标。那时,我正在严肃地考虑要不要就这样结束了那年的交易。我的一位朋友就问我:"为什么你会认为你的交易收益不会超过200%呢?"我考虑了一两天,对我自己说他是正确的。结果,那年我的收益率高达407%。

我知道您既使用基本面分析,又使用技术分析。您比较看中哪一种分析呢?

粗略地讲,我会说这两种分析各占一半。但是,在价格走势的相对重要性和基本面之间有一个非常重要的差别。虽然我从来都不会在没有确认其价格走势的情况下就对我的基本面想法下赌注,但是,我也许会考虑买进基本面明显是负的某只股票,如果它的相对的价格高于市场平均水平的2%。

为什么要这样做?

因为价格走势也许能告诉你,这只股票正在忽视基本面中的一个并不十分明显的潜在的变化。坚挺的价格走势和当前疲软的基本面经常同时出现在那些正在转型的公司中或者那些新科技公司中，但是，这些新科技公司的潜力还没有被大多数人意识到。

您每天要看多少图表？

每天，我都会在电脑屏幕上看大概1万家公司的股票，看完之后，从中挑出大约800只股票。每天晚上，我再仔细查看这些股票的图表。看第一遍的时候很迅速，而且会挑出我感兴趣的30只到40只股票。接下来，我就仔细地研究这些股票，考察这些公司的基本面（如果最近我没有这样做的话），然后就会挑选几只我认为第二天可以买入的股票。

您看的那些价格图表在时间跨度上有多长？

我既看那些10年之久的价格图表，又看那些当天的价格图表。但是，我经常看那些跨度为5年、1年和当天的图表。

当您进行某笔交易时，您会寻找哪种类型的价格模式？

我不使用那些传统的图表。我发现它们一点用都没有。

那么，在图表中，您都看些什么？

我看了所有的图表，发现了一些有用的模式，它们都是传统图表的更加复杂的变形。我有一系列已经命名的模式。这些模式不断地重复。自从19世纪以来，它们就一直在重复，而且它们还会永远地重复下去。当我看着这些图表，发现这些模式以后，我就纳闷了，世界上的人们怎么可能会错过它们呢。但是，的确是这样，人们错过了它们，正像我早年那样，也错过了它们。

一共有多少种这样的模式？

大约20种。

您能举个例子吗？

我不太想。

您是如何发现这些模式的？

我开始只有普通的图表，发现它们有时很管用，有时一点儿都不好用。我花费了很多的时间在研究这些模式何时会管用上。

我不断地试图找出市场是如何愚弄或者让绝大多数投资者失败的。然后，当大多数的投资者被愚弄以后，我便开始在被我称之为“一帆风顺点”的时候进入市场。一个所谓的失败信号其实就是使用一个更加复杂模式的开始，这个模式要远比基于传统模式的最初信号可靠得多。

请举个例子。

例如,假设某只股票突破了正常的交易量,它看起来就是一只好股票。人们开始买进,随后,这只股票崩盘了。在这种情况下,大多数的人们都会认为这个最初的突破是一个失败的技术上的信号。然而,这个最初的突破可能仅仅是一个更加复杂的模式的开始,它要比突破本身更加可靠。

您能把其中的一种模式具体地说一下吗?

我不想这样做。并不是因为我认为让其他人了解它们会给我带来什么坏处。我可以把这些模式都发表在《华尔街日报》上,但是,我想,在那些看过报纸的人们中,有99%的人们并不会使用它们或者和我的使用方法一样。

那么,您为什么不想让其他人知道呢?

因为这并不是成功交易的关键。关键就是要控制你的亏损和制订一个计划。除此之外,对那些想要成功的人们来说,他们还必须制定出一套适合他们自己的方法。我的这套方法只适用于我个人,并不是对每个人都适用。

尽管我确信米内尔维尼的这些话儿都是事实,但是,我也认为,他不想泄露他的任何一种原始的图表分析,因为从某种程度上,他明显认为这种泄露可能对他今后使用这些模式的功效产生一些反作用,这也是合情合理的。我一再地让他具体地解释一些图表方法的努力显然是白费的。他甚至都不乐意在录音时告诉我那些图表模式的名字;当我最后关掉录音机之后,他才对我读出了这些名字。

我认为您在进入交易时,把这些价格模式当做触发器。那么您在退出交易时,也会把它们当做触发器吗?

是的。

这些价格模式都是一样的吗?

是又不是。我们要区别地阐释这些同样的模式,这取决于它们发生的大环境。例如,如果同样的模式发生在崩盘期,而不是发生在牛市中,那么,阐释它的方式肯定会完全不同。你不能在不考虑它在更大的价格走势前提下发生的情形就盲目地阐释。

您刚才说您并不看那些传统的图表模式,您这么说是要暗示您不关注新高过程中的突破吗?

不是的,如果某只股票将要创新高,那么一般来说,它肯定是在牛市中,因为只有牛市才能消除所有先前的买方的供应,他们已经亏损,此时抛出股票是为了等待在损益平衡时退出市场的时机。这也是为什么股票经常会迅速攀长,一度达到新高的原因——此时,只有一些幸福的投资者,所有痛苦的人们都已经退出了市场。

但是,这些股票不是经常会突破达到新高,然后又回落到先前的价格范围内吗?

如果你在股市休整期过后,牛市到来之前,买进这些突破达到新高的股票,那么,像这样的情况一般来说都不会发生。在这种情况下,股票突破达到新高之后,它们通常就会像一个将要起飞的火箭。那些经验不足的交易者往往会等待一段时间,买进有跌落趋势的股票,但是,它们永远都不会回落。

什么时候您会遇到那些突破了以后,不能创新高的股票?

在牛市的后期,这只股票已经经历了迅速上涨。如果你知道何时使用这些图表模式,那么,这些模式就是有用的,否则,你最好还是要掷飞镖。

对于那些想要成为一名成功的交易者的新人来说,您会给他们提供一些什么建议?

第一条也是最重要的,你要明白你总会犯错误。阻止这些错误酿成灾难的唯一办法就是当错误还是很小时,接受亏损,然后继续向前进。

集中精神,努力掌握一种适合你的个性的交易模式,这是一种终身学习的过程。大多数的人们都不能接受学习过程的曲折。只要过程变得越来越困难,而且他们的方法又不能达到期望值,他们就开始寻找其他方法。结果,他们对许多方法都略知一二,但是,永远都不精通其中的一种方法。现实情况是,制定一种超级方法要花费很长的时间,要走很长的路,你要尽早度过那个你表现得非常差劲的阶段。其实,正是这些你表现得非常差劲的阶段才能给你最有价值的信息。

还有其他的吗?

针对每件可能发生的事情,你都需要制订一个计划。当一名飞行员和副驾驶员正在驾驶一架喷气客机时,突然发动机出了问题,你可以确信的是,在这种紧急时刻,他们不必惊慌失措,他们有一个对付突发事件的应急计划。这个应急计划的重要性就在于,如果你错了,它就可以限制你的损失。除此之外,你还需要一个如果你已经完成了交易,又想再回头进入交易的计划。否则的话,你真的就会发现你自己已经出局了,知道这些股票上涨了50%或者100%,而你却对此无能为力。

您难道没有发现在完成交易后,有很多次您又重新进入这笔交易了吗?

是的,但是,这样做一点问题都没有。我宁愿连续出局5次,每一次的亏损都很少,也不愿意一次就承受很大的亏损。

还有其他的相关的应付突发事件的计划吗?

我还有一个从成功交易中退出的计划。有两种方法可以用来结束交易——在坚挺时或者在疲弱时——而且,你需要一个包括这两种方法的计划。

对交易员新手,您还有什么建议?

许多业余的投资者在盈利之后就变得很粗心,因为他们陷入了一种陷阱:认为他们赢的是"市场的钱",而且市场很快就会再拿回去。只要你保护好它,它就是你的钱。

此外,你不必做出孤注一掷的决定。如果某只股票在上升,而你又不知道要怎么办时,拿走利润完全是正确的决定。

人们在交易中会犯什么样的错误?

他们总是让自我主导他们。有一位投资者,他也许花费了几个小时的时间来认真地研究某家公司的股票。他看了这家公司的财务报告,检查了这只股票的价格曲线,甚至也试用了这家公司的产品。但是,在他买进这只股票后不久,他引以为傲的这只股票的价格就下跌了。他简直就不能相信这个事实。他为这只股票下跌而编造了一些借口。他给他的经纪人打电话以及在互联网上搜索任何有价值的观点来证明他的选择是正确的。但是,他却忽略了唯一的那个重要的观点:市场的判断。这只股票仍然在下跌,他的亏损也在攀升。最后,他认输了,彻底地感到了意志消沉——因为他不愿意承认他买进股票的时机不对。

许多投资者犯的另外一个错误就是他们允许自己接受其他人的想法。当我还正在学习如何交易时,我也犯过这样的错误。我和一名经纪人成为好朋友,并和他共同开了一个账户。我们玩的这个游戏被称为"当另外一个人的股票下跌时就去把他打倒"。当我的头寸亏损时,我很尴尬地打电话给他,让他抛售那只股票,因为我知道他会劝我继续持有。如果我买进的股票下跌了5%或者10%,我想我应该抛售,但是我发现我自己又希望它能够反弹,所以当它在下跌时,我没有给他打电话,让他抛售。在我知道这一点之前,它已经下跌了15%或者20%,而且它下跌得越多,对我来说,给他打电话就越不容易。最后,我学会了你必须要忽视其他人的想法。

大多数人对待投资的态度太过于散漫。他们把投资当作一种爱好,而不是一种生意,爱好经常要花费你的金钱。在交易完成之后,他们也不会花费时间去做完成交易以后的分析。所以,他们忽视了最好的老师——分析结果。许多人都更愿意忘记他们的失败,而不是从失败中吸取教训,这是一个大错误。

人们对交易会产生哪些误解?

他们认为,误解本身比事实更容易。有时,人们会问我,他们是否能和我共度周末时光,这样他们就可以从我这里学习到如何交易。你知道这是一个多么大的侮辱吗?这就像我对一名脑部医生说道:"如果你有几天的时间,我希望你能教我如何做大脑手术。"

当前的市场狂热,尤其是对网络公司和其他互联网公司的股票的追捧,让大多数人误认为交易是一件很容易的事情。一些人们买进Yahoo公司的股票,赚取的收益是那些最优秀的基金经理赚到的钱的四倍。因此,他认为他自己是个天才。

您认为,直觉对成功的交易有多么重要?

人类正常的那些本能会使你的成绩不佳。因此,要想成为一名成功的交易员,你需要定位你自己,以适应那些不合常理的反应。你肯定听说过许多交易员都会说,你必须要做出与你本能相反的行动——当你感觉某只股票还不错时,你就应该抛售;当你感觉它很糟糕时,你就应该买进。在一开始,这也许是准确的,但是,随着你把你自己定位于适合这样不合常理的反应,坚持下来你也能变得很娴熟。然后,你的直觉就会很正确。当你觉得某只股票很好时,事实上你就应该要长期持有;当你觉得它不好时,你就应该抛售。这时,你就明白你已经掌握了成为一名交易员而具备的技能。

您和那些不太成功的交易员之间有什么不同?

自律性。我认为,没有人会比我更加严格要求我自己。当我开始交易时,针对于每一种可能发生的结果,我都有一个应急计划。我认为没有一种情况会成为例外。如果真的有例外,我也会为它制订一个计划。

还有吗?

我交易的目的是为了生存。当你每天必须要靠交易赚取生活费时,找到一种连续赚钱的方式非常有必要。

您如何知道您是否错误地挑选了某只股票?

这只股票的股价下跌。这是你需要知道的一切。

您每年的假期会有多久?

在交易日中,我不会休假。在过去的十多年中,我从来都没有错过任何一个交易日。

即使当您生病了,您也没有错过?

即使当我生病了,我也没有错过任何一个交易日。我带着肺炎在交易。而且,在高烧105华氏度的时候,我仍然在交易。

一般来说,您的一天是如何度过的?

每天早晨8点左右我开始工作,一直工作到晚上7点。然后,我会花费几个小时吃饭和锻炼身体。随后,从10点开始又接着工作,一直持续到第二天的凌晨1点。就这样地度过以后的每一个工作日。周日我通常从中午工作到晚上。而在每个周六,我休息和重新充电。

没有假期,每周都要工作6天,而且每天还要工作14个小时。难道您不会感到累吗?

我渴望成为一名优秀的交易员的愿望比我想要休息的愿望更加强烈。我不想松懈下来。

当然,如果米内尔维尼能够更加详细地说明他如何筛选股票以及如何确定买进股票的时机,那就更好了,但是,我十分认同他提出的——仅能提出的——和他的交易哲学十分相关的那些最重要的建议。主要包括以下几点:

- 严格地控制你的亏损。
- 找到适合你个性的交易方法,并熟练掌握这种方法。
- 自己动手进行研究,按照自己的想法进行交易,而且不要受其他人的观点的影响。
- 针对于每一件可能发生的事情而制订一个应急计划,它要包括如果你已经交易完成,如何做才能再回到交易中;如果交易按着你的方向在进行,那么何时才能赚到利润。
- 绝对服从你的计划——没有例外!

是的，我知道，这些观点中的某些观点，例如服从和亏损控制这样的建议已经变得有些陈旧。但是，这并不是让你小看这些规则的重要性。为什么你会认为这些建议有些陈旧？事实是，服从和亏损控制是我在本书和前两本书中采访过的那些交易员们经常提到的使交易成功的两个关键性的因素。造成的结果就是，交易员们和投资者们经常听到这个建议，以至于他们对此毫不在意——而这将是一个很严重的错误。

米内尔维尼向我们证明的对他本人非常有用的一个做法就是要分析他已经完成的那些交易。这种分析的洞察力永远地改变了他的交易模式，而且帮助他完成由原来的微不足道的投资业绩向巨大成功的转变。在他个人的案例中，米内尔维尼发现，通过舍弃他的最大亏损，他的整个收益得到大幅提升，即使是在赢回那些成功的交易以后。这条规则本可以将这些交易扼杀在摇篮中。这个发现让他赚取了巨额利润，承担很少的亏损。其他交易员和投资者也许发现，一个相似的对他们过去交易的综合分析能揭示出一些改善他们交易的模式。

有趣的是，米内尔维尼最终制定的方法和他还是一个新手时制定的方法完全相反。当他还是一个新手时，他只买进那些正在创新低的低价股。成功的交易不仅需要适当地修改他的最初的方法，而且还需要灵活地承认，他最初的那些想法是完全错误的。我们从中学到的是，早期的失败并不会阻碍未来的成功，只要你愿意改变。

对马克·米内尔维尼访谈记录的更新

在上一次对米内尔维尼的采访中，使用他的个人账户而取得的投资收益是220%的年均复合收益率，而在过去的五年半中，即使在最好的投资环境下，也很难达到220%的收益率。米尔内维尼是第一位承认在这种熊市中，他不可能实现像那样地特别好的收益的交易员。假设他的投资方法——关注于在投资初期，辨别那些潜在的好公司——没有发生变化，米内尔维尼的交易反映出他对买进股票的偏爱。当他在熊市中进行交易时，他倾向于在股市下跌时或者在将要下跌时，花费大量的时间保护他的资金以及等待更好的投资机会——这种情况，正如他在这段更新的访谈中说到的那样，并不受他投资者的欢迎。毫不奇怪，米内尔维尼的基金

(在2000年1月创建的基金),在股市攀升至顶点的前3个月以内就已经花光了那笔将要在2.75年以后投资股市的资金。这种投资业绩反映出这种显著的保护资金的模式:自从熊市开始(2000年4月)以来,米内尔维尼的投资收益率只有3%(与此相对应的是,标准普尔的当前累积性收益率下降了45%,以及纳斯达克的收益率下降了75%)。

在上次对您的采访中,您那时刚刚开始以基金的方式管理别人的资金。您的这段管理别人资金的经历怎么样?

我发现,我本人的投资方式和那些机构性投资者持有的投资概念之间有一些分歧。

都有哪些分歧?

我的投资方式就是在集中的几只股票上下很大赌注,然后,通过采用严格的止损点和密切关注这个投资组合内的那些公司的基本面的方式,管理风险。我对这种野心极大的投资方式很有信心,我觉得这是必要的,而且只要我觉得当投资环境对我们不利时,我们就会及时地退出市场。在这两种想法上就有很多分歧:那些机构投资不想让你集中投资某几只股票,而且他们也不喜欢完全用现金投资的想法。

如果当月股市上涨,而且你手中还有一些闲置的资金,那么,他们就会说:“我的其他基金中的账户上涨了。我持有的那些股票也上涨了。道琼斯指数上涨了。而你的钱在干什么呢?”如果当月股市大幅下跌,而且手中的资金是闲置的,那么,他们就会想知道为什么你不卖空所有的股票。

我不会只为了卖空而去卖空所有的股票。为了卖空某只股票,我必须要在这只股票中,或者在市场中,找到那个特定的信号。如果这个信号没有出现,那么,我就不会卖空。这并不意味着市场不会下跌。当市场从其最高值下跌时,而不是要在它大幅下跌以后,就像在当前的这种情况下,我寻找的那个抛售的信号也要出现,你必须要对你自己有信心。例如,沃伦·巴菲特的其中一位最好的朋友是比尔·盖茨。但是,沃伦·巴菲特从来都没有买过微软的股票,因为,他认为这只股票远远超出了他的信心范围。

此外,我的投资哲学一直尽可能地把市场因素排除在外。我在市场上花费的时间越少,我承担的亏损就越小。如果我受限于那些市场条件,那么,我宁愿在一年中把3个月的时间花费在股市中,获取X%的收益率,也不愿意为获取同样的收益率而一直呆在股市中。

有一些投资者对我的投资哲学很没有信心,当市场变化时,如果我的手中有一些闲置的资金,那么,他们就会怀疑我的投资哲学。如果这些投资者认为你管理资金的方式不是他们认为的理想方式,那么,他们就会收回他们的资金。事实上,这是一件非常荒谬的事情,因为他们雇用你就是为了要听取你的建议。但是,这就是发生在真实的投资世界中的事情。

在管理您个人的账户方面,您一直都做得非常好,没有人能够和您相提并论。是什么因素促使您开始参与管理别人的资金?

除了只管理我个人的资金以外,这必须是向前迈进的一个挑战。我常常崇拜像SAC公司的史蒂夫·科恩和Maverick公司的李·恩斯利这样的人物,他们都已经创建了他们个人的公司,聘请许多的交易员和管理着数以亿计的资金。

在您的昆泰克基金中,很明显地,您偏向于买进股票。在最近的这个稳步大跌的市场中,您如何仅仅通过买进股票而赚取利润?

在股市中,促使交易成功的一个重要因素就是要意识到何时退出市场。你的投资策略中也许应该包括何时不使用这些策略。在过去的两年半中的那些差不多与牛市中的表现一致的显著时期内,昆泰克基金已经以现金或者差不多都是以现金进行的投资。只有在偶尔的情况下,这个基金中的股票才会被卖空。例如,偶尔地,当然,我在9月11日那天在道琼斯股市上卖空所有的股票。

那时,您为什么要卖空所有的股票?

市场似乎都对未来的事情打折扣,这很奇怪。我在道琼斯股市上卖空所有的股票,而且当世贸大楼被撞时,我正在打算买进那些国防类的股票。过去我不愿意买进这些股票是因为我只关注那些看跌的股票。要是我既在道琼斯股市上卖空所有的股票,又买进所有的国防类股票,试着想象会发生什么事情;我想FBI会调查我吧。在世贸大楼被撞以前,这些国防类的股票正在上涨,而且股市也正在上升。我这么说,并不是要说明市场在低估恐怖袭击,但是,这两种交易——在股票市场上卖空所有的股票和买进国防类股——正是在"九一一"之前,我的技术面上反映出来的两种交易,这是相当可信的。

在上一次对您的采访中,您从未经历过这么长时间的熊市。在过去的两年的熊市中,您吸取了哪些新的交易教训了吗?

我的投资策略从来都没有改变。如果真的有一些改变,熊市只能让我更加坚定当市场不适合投资时,退出市场的决心。以长远的眼光来看,市场青睐那些有着现金流和收入,发展迅速,以及有新产品或者新服务的公司。当然,我会耐心地等待,直到某种市场行为的出现,它能够证明市场能认出这些积极的基本面因素,因为最终的结果才是最重要的。

您是说,您的投资策略一直以来都没有改变过?

是的。但是,我会修改我的那些模式,以囊括更多的信息。例如,每一年,我都对那些在去年表现最好的股票进行分析,以精炼我使用过的那些基本面因素和技术面因素,进而筛选那些在未来有可能成为获利最大的股票。

关于最近的那些会计丑闻,您有何想法?

尽管美国的会计制度也许是全世界上最好的会计制度,但是,GAAP(公认会计原则)这个最重要的词语就告诉你,某些地方出错了。不应该在这些数字上进行泛泛而谈。应该要有准确的报告方式。这些准确的方式也许要受行业的限制——零售行业的指导大纲肯定与保险行业的不同——但是,在各个行业内,公司就不应该自主决定如何报告那些数字。对于像通用电气这样的大公司,它有着几百家的分公司,收入与许多国家的 GDP 不相上下,怎么能用收入中的一分钱来评估每个季度的收入状况呢?大多数公司都会在法律允许的范围内开展经营活动。这并不是说他们正在破坏法律,他们只是在充分利用法律的优势。希望最近的事情会带来一些改善。

您对股市未来的发展有什么看法?

虽然当前膨胀的价格可能会最开始使那些看跌的股票大幅反弹,但是,我想我们并不会看到像上世纪 90 年代时期出现得那样地持久的上涨趋势。促使在那个时期会出现牛市的一个因素就是在 80 年代末发生的共产主义的衰落带来的经济上涨和人们对股市信心的恢复。现在,我只看到了再次回到冷战时期的股市的可能性,但是,那时已不再是与共产主义的对抗,而是与恐怖主义的对抗。

那么,此时此刻,您会给那些投资者提供哪些建议?

我会给投资者提供那些我已经说过的建议。你需要意识到,股票最终要达到100%,因此,股价既可以涨又可以跌。许多互联网公司的价值都一文不值,但是,它们的股票价格却高得不可思议。应该把在股票中赚取到的和失去的财富视为一种纯粹地了解股票价格的手段。

史蒂夫·雷斯卡波

交易系统的终结者

史蒂夫·雷斯卡波的交易系统是明天《华尔街日报》在每日报道中刊登出的最好新闻。雷斯卡波投资了几家互惠资金公司。他的目标就是在它们上升时持有它们,而且在下跌时成立一家货币市场基金。他以十分准确的精确度控制着资产增加的速率,他投资的每一笔基金的年均收益都增长了三倍多,然而,与此同时,每逢市场周期性衰退时,他就减少投资。

在他交易的5年里,雷斯卡波的年均复合收益率已经超过了70%。这也许是令人印象深刻的,他的交易记录也非常非凡,他的高额回报得益于他对风险的极好控制:他最惨的资产亏损从头一个月底的巅峰下跌到下个月底的低谷,其间只相差了3%。他的连续取得高收益的能力也是杰出的:在一年的12个月中,他的利润率都高达91%,而且每年的平均收益率都超过50%。

在对史蒂夫·雷斯卡波的采访中,他对一些事情进行了解释。他近乎于偏执,从来都不愿意向外界公布关于他的交易系统的任何细节。他对融资和管理这些资产也不怎么感兴趣。那么,为什么雷斯卡波还会同意接受我对他的采访呢?第一个原因,我向他保证,他能读到这一章,而且在出版之前他能够对其进行修改。其次——这仅仅是我个人的猜想——按照他自己的说法,他最初的研究方向是受到我在我的《新金融怪杰》这本书中对吉尔·布莱克的采访的影响和启发。也许愿意接受这个采访只是为了感激我对他的事业提供过间接的帮助吧。

雷斯卡波从不松懈。即使他已经创造出无可置疑的有效的交易系统,他仍然在继续研究,希望能开发出更好的系统。他的动机并不仅仅局限于市场;当他是个推销员时,他就一直是公司中的最优秀的推销员。雷斯卡波甚至连休闲时间也从不放过。他不仅仅喜欢自行车竞赛;他尤其喜欢百米自行车竞赛——至少在他在举重训练机上做强化训练时摔坏膝盖之前,仍然参加这个竞赛。

雷斯卡波独自一人在纽约阿尔博尼城外的家中的办公室中工作。这段采访就是在他的这间办公室内开始和完成的。他的办公室是一间深色木头小屋,位于庭院的角落处,里面有一个从地板到天花板高的书柜,透过窗户可以看到草坪。中间那部分的采访是在当地的一家意大利餐厅内完成的,当时我们正在用午餐。在这家餐厅内,我们都仅仅是食客。(由于我们错过了午餐的时间,因此,食物并不新鲜)

您是如何开始对股市感兴趣的?

1983 年,我开始进入金融服务行业,那时我为一家互惠基金工作。坦白地说,我转向这一行是因为我想在这家公司成为一名推销员,可以赚到很多很多钱。在此之前,我获得了波士顿大学的化学学士学位,这对我很有帮助,但是我从未接受过任何有关金融方面的培训。

您是如何从化学专业转向金融投资的推销工作的?

作为一名从波士顿大学毕业的学生来说,拿到化学学士学位对我非常有帮助。我认为,物理学位不能比金融学位更好的话,它至少是和金融学位一样好,因为它能培养你的分析能力。如果真的有一件我非常擅长的事情,那就是成为一名研究人员。我不是一名优秀的交易员。当我毕业后,对研究十分厌烦,我只想赚钱。于是,我就找到了一份用得上化学知识的推销工作。

那时,您没有试着去找一份直接与化学相关的工作吗?

是的,我没有去找,与化学相关的工作赚的钱都不多,但是推销员能赚很多钱。

当您还在大学时,您就这样想吗?

是的,当我是大四学生时,就已经明白了这点。(他笑了)

您推销什么?

医药和电子行业的过滤系统。这是一个高科技产品。我非常擅长销售。我在那家公司待了 3 年,我的销售业绩一直排第一。

您是如何发现您的推销天分的?

我只是一个执著的人。

您是如何从推销过滤系统转向推销金融投资的?

当我获得年度最佳推销员时,其中的一个奖励就是前往加利福尼亚的拉科斯塔旅游。我现在清楚地记得,那时在开车前往蒙特利半岛的路上,看见了许多漂亮的房子,我不禁想道,要是我继续待在这家公司,我永远也赚不了那么多钱,能够买得起那样漂亮的房子。就是在这个时候,我决定要离开这家公司,做一些能让我挣更多钱的事情。我调查了两个领域——医疗运输和金融服务——因为对推销员来说,这两个行业中的回报是无限的。于是在 1983 年,我找到了一份工作,在一家互惠基金公司担任地方销售经理的职务。

您有过一些曾经在金融市场工作的经历吗?

一点儿都没有。事实上,当我在前一份工作中获得最佳推销员时,上一家公司也给了我 100 只股票。那时,我根本就不知道股票是什么。我想,当时没有人比我对股市更无知了。

您的新工作怎么样?

我很喜欢这份工作,在接下来的几年里我都做得非常好。然而,由于公司对我施加了一些限制,我意识到,如果我迈出下一步,事情肯定会有所不同。

于是,我决定成为一名股票经纪人。希尔逊·雷曼公司面试了我,然后也录用了我。当我在那儿时,见到了迪姆·霍克,他主管期货交易——这绝对是我一无所知的领域。迪姆为商品公司募集到了一些零散资金。(那时,商品公司有一些内部交易者,他们为这家公司管理着公司内部的财产基金和公司外部的投资者的资金。在《金融怪杰》一书中,我采访过的两位交易员——迈克尔·玛克斯和布鲁斯·格夫纳——都在商品公司中很早就取得了成功。)有一天,我和迪姆共同会见了商品公司中的一些交易员。见面结束后,我对迪姆说道:“放弃那些零散资金吧,我们去找那些机构资金。”

我给伊士曼·柯达打了一个电话。就是这个陌生电话最终让他们开了一个 5000 万美元的账户——这是在期货管理中迄今为止最大的一笔投资。他们最终把这笔投资额提高到 2.5 亿美元。

您了解期货管理吗?

一点儿都不了解,但是,我充分地意识到给那些散户打电话就是在浪费时间,而给那些机构打电话会比较管用。

那您是如何向柯达推销那个产品的?

我告诉他们:"这有一笔投资,它与股市没有任何联系,它的每年的复合利率在30%左右。"柯达的这个账户开始让我朝着金融独立性方向发展。

在这笔成功的推销之后,您肯定想过:"这真是太容易了!"

我的确期盼着资金能够滚滚而来。

那么,接下来,您又成功地向其他机构推销了吗?

我们试图再向其他公司推销,但是,毫无结果。事实上,我们只有柯达那一个账户。其他的机构都不愿涉足。

因此,在您的第一次打电话中,您就开了一个5000万美元的账户,随后,您就再也没有成交了。

虽然这很难让人相信,但是,这的确是事实。柯达的那个账户是我唯一的收入来源。

无论如何,考虑到如此规模的账户,您肯定做得特别好吧。

我们利用这个账户赚了许多钱,但是问题是,这是一个典型的期货管理的账户——有上有下,有涨有跌——看上去很反胃。这些交易员从中赚到了一些钱,然后又全部输光了。由于不确定因素,我很关心这个账户的亏损问题。于是,我开始找其他我可以做的事情。

大约在1993年,我对得克萨斯州的某个人写的一篇股市新闻稿很感兴趣。他推荐了一些互惠基金,而且他过去的记录也不错。于是,我就给他打电话,向他建议我和他可以合做一个基金。他同意了。1993年9月,我们共同创建了这个基金。他负责交易,而我负责筹措资金。

在这个基金成立以前,他有过交易的经历吗?

没有,他只是一个新闻评论员。这是他第一次拿真钱去做交易。

难道他以前从来都没有想过去做交易吗?

我认为他有一些保守。他在IBM有一个很好的职位,他不愿放弃。在此之前,他一直都在写一些新闻评论。我劝他离开IBM。在基金成立的前10个月内,我共融到了大约1000万美元的资金。一年之后,在许多不确定因素的作用下,他只使资产增加了9%。我意识到这并不是我的预期收入——资金摇摆不定与二流的收益有很大的关联。

1994年年末,我对他完全失去了信心。与此同时,我开始自己对互惠基金的交易时机进行研究。我认为我可以做得更好。他终于同意和我分道扬镳。他继续保留他个人管理的账户,而我则接管了合伙制账户的管理。

您刚才说到,您开始自己进行研究。在您接管了那个基金经理的工作之前,您已经发现交易方法了吗?

没有,我对我的研究不太有信心。我知道,我的能力还没有达到那个水平。

那么,您对交易这个基金有什么计划?

那时我还没有任何计划。我只知道,我们所做的一切都不起作用。我有足够的信心,相信自己有能力会做得更好。

这么说,当您接管过交易的责任时,您的交易方法仍然是一个半成品吗?

是的。

那么,您考虑过要等到在发现您自己的交易策略后,再和您的合作伙伴分开吗?

没有,我知道我会找到我自己的交易方法的。这是毫无疑问的。我从来都不会在倾注我自己心血的事情上失败。这一次也会是一样的。

这么说来,您之前的交易一次都没有成功过。

一名优秀的交易员或者投资者具备的特征与一般意义上的成功需要的特征并没有什么差别。我认为很难找到这样的一个人,他在现在所做的事情上还没有成功,但是,如果把他放在交易的位置上,那么他就能成功。我认为不会发生这种情况。不管他现在在做什么,只要他能够成功,那么,他一定就会在交易上取得成功。你必须要有决策能力,非常自律,比较聪明。而且最重要的是,一定要独立。我都具备这些特点。因此,当我决定要成为一名基金经理时,它并不需要极强的信心,相信我能够成功。

当您开始交易时,您还没有发现交易方法,那么,您依靠什么来做出交易的决定呢?

这只是个玩笑。我不知道那时我在做什么。我做的事情和其他人的事情一样。我也看图表,如果某只股票很坚挺,那么我就会买进。

这种情况持续了多久?

大概是 3 个月,1995 年的第一季度都是如此。我很幸运地让基金在这个季度上涨了几个百分点。到 1995 年 3 月之前,我把我的方法进行了系统化地总结,很自信地找到了那些能管用的方法。现在我只是按照一个胚胎版在进行交易。

这暗示出,自从您开始交易以来,您一直在改变您的交易系统。这些变化是由于不断地研究吗?还是由于您的越来越多的交易经历呢?

在我的交易记录中,有几件重要的事情使我纠正那些我在一开始的做法。第一年我的业绩非常好。1995 年,自从我使用了那个系统的方法以后,我的收益率就达到了 58%,而且在这一年中都没有亏损。

然而,在 1996 年 1 月,我发现,到月中我的业绩下跌了 5%。这也许对大多数人来说不算多,但是,对我来说,这是一个巨大的数字。由于这个下跌的数字,我在电脑上花费了大量的时间进行研究,然后对我的方法进行了大幅修改。

此后一直到 1996 年的年末,事情都进展得非常顺利,当时我的交易收益还相对稳定。在 1996 年的第四季度和 1997 年的第一季度,我的收益率只上升了 1%。这肯定不是我所期望的。我意识到我必须要做出一些改变。在那段期间内,我每天都泡在网上,几乎每天都是这样。1997 年 3 月,我对我的交易系统又做出一些新的改变。自从这时起,我的业绩就一直非常好。

虽然自从那时起我的系统一直没有变,但是,随着时间的推移,我意识到我可以让我的系统和我的经历结合在一起。现在,我的系统自然会告诉我怎么做,但是,我还是要自己进行判断。这种判断虽然没有让我赚到更多的钱,但是,它的确减少了资本的波动性。如果我对某笔交易缺乏信心,那么我肯定会犯谨慎的错误。

关于您如何进行判断,您能给我举个例子吗?

我从不判断是买入还是卖出,我只判断买入多少还是卖出多少。这个交易系统会有这样的一个问题,它不能告诉你如何去交易投资组合内的那些股票,它只会给你一些买入还是卖出的信号。我使用过不同的系统进行交易,每一个交易系统都主要地基于一个指示器。也许能有一个表现非常好的交易系统,它给我一个买入的信号,但是,我或许会决定买入比正常少一些的头寸,因为其他的系统正在给我一个相反的信号。

您能再举个例子说明一下判断如何使您并未按照系统发出的信号进行交易的吗?

比如说,市场在某段时间内的趋势是上升的,我的系统就会告诉我要多买进,我赚了许多钱。如果每件事情都看起来特别棒,当我的资产线开始超过它的长期上升趋势时,我就会很不舒服。我很有可能要缩减我的头寸规模,希望股本线能够回到长期趋势上。像这样的判断帮助我避免赔了很多钱,而不是赚了很多钱。

在决定我使用哪种系统时,判断也发挥了重要的作用。有趣的是,几年前我使用的那些交易系统现在已经不是特别有效了。不知怎么地,在改善这些交易系统方面,我一直都做得很成功,因此,我经常使用的都是最好的系统。我不能告诉你我是如何做到这一点的。我想这大概是本能吧。

如果由于某个交易系统发出错误的信号,您就停止使用它,那么,若干年以后,您还会回头再用这个系统吗?

不会的,因为我会用更高级的系统代替原来的低级系统。我之所以更换这些交易系统是有原因的,而这个理由就是我有了更好的想法。我仍然关注那些旧的交易系统,但是,我不会再用它们。

难道就不会偶尔出现这样的情况吗,停止使用的系统会比您当前正在使用的系统还要好?

未来可能会出现这样的情况,但是,到目前为止,这种情况还没有出现。

您会交易一些个别股吗?

不会,尽管我的系统可能也适用于交易股票。事实上,这是我接下来要研究的课题。

这么说来,您都交易什么?

我只交易互惠基金,但是,我不是一个市场择机者。让我们先区别一下市场择机者和市场反应者,我认为我属于后者。市场择机者往往会说:"市场现在风险太高。我认为在未来的3个月内,道琼斯会下降到8000点。"他们预测未来发生的事情。他们预测市场。根据市场已经发生的事情,我做出相应的反应。

然而,您的那些行为就像是市场择机者的行为呀。您也会根据交易系统发出的时机信号,在互惠基金和现金之间进行来回地调整。这难道不像市场择机者的行为吗?

这些行为也许会和市场择机者的行为一样,但是思考的角度是完全不同的。我不做任何预测。而且,对未来发生的事情我也完全不清楚。(他笑道)

您为何笑呢？

我是笑那些预测股市的人们。他们根本就不会知道股市会发生什么。没有人会知道。我认为，任何人都不能预测股市未来会发生什么。

您个人的业绩要依赖于您选择交易的互惠基金吗？

是的，只是依赖的程度非常小。

您交易的那些互惠基金都代表着更大范围的市场吗？

我在市场范围内的基金上都检测了一遍我的交易系统，结果发现，它们十分有效。但是，我通常更喜欢在小范围的市场内测试它们。我正在寻找那些在上升空间内有更多活力的基金，标准普尔就没有活力。因此，我更有可能交易一些像技术类的基金，而不愿意交易多样化的基金。

我没有期望您能说出现在您正在使用的交易系统。但是，您在过去发现的那些有用的交易系统现在对您来说，完全没有价值了吗？至少它还能向您证明哪些想法在一段时间内看起来是有效的。

我可以给你举个例子，通过描述我对吉尔·布莱克系统的认识来说明我现在做的事情与我过去经常做的事情有多少不相关联。（布莱克是我在《新金融怪杰》中采访的一位交易员。）吉尔的方法主要关注于不同的行业，而且假定在某天内，在某个行业内，它的不稳定性就会高出平均状态，而收益也高出平均水平，那么，我们就会认为，这是一个买入这个行业的基金的信号，或者用吉尔的话说，它就是一个“绿灯”。然后，他就会长期持有这个基金，直到股市全部出现了他要卖出的条件，卖出的那天也许是下跌的那一天，或者是买入信号出现后的很多天中的某一天，或者具备一些其他的清算条件。

这个系统提供了一个好例子，这个想法能够说明我的思考角度。没有原因能够解释现在你为什么不能再使用那个交易系统了。虽然它和我现在使用的系统没有相差太远，但是，在某种程度上，它可能还能起作用。

在您读我采访吉尔·布莱克的这个章节之前，您有过那种想法吗？

没有。读吉尔·布莱克这一章对我的转变起了决定性的作用。尽管我现在所做的与吉尔·布莱克当时所做的没有任何关系，但是，他至少帮助我想到了我应该从哪一点上开始在计算机上做我的研究。

您曾经跟吉尔·布莱克谈过吗？

是的，当我第一次开始管理基金时，我就给他打电话，告诉他：“我是史蒂夫·雷斯卡波,我只想告诉您,正是由于您,我才走进这一行。”他很惊讶地说道:“噢,天呀。”

是的,我想象得出他肯定在此之前听到过很多次类似的话。要是您没有读过他的那个章节,您还会进到这一行吗?

我不知道,阅读他的那个章节是特别重要的。

您最初的交易系统——采访吉尔·布莱克的那个章节启发您想到的那个交易系统——现在仍然有效吗?

它仍然有效,但是效果降低了很多。

您认为这也许会是暂时的,也许未来它会再次有效吗?

对此,我持怀疑态度。

那您还会再用它吗?

不会。

如果您不会再用它,它与您现在正在做的事情也毫不相关,那么,为什么您不愿意再更加详细地谈论它呢?

这可说不准呐。(他笑了许久)

您仍然试着在完善您现在正在做的事情吗?

绝对是这样。我仍在试着做,但是,我不知道我是否能做到。把年收益率提高到60%是很困难的一件事情,①但是我很高兴我能保持下去。我很担心它会消失。事实上,我知道它会消失。如果你一年后采访我,我也许在做不同的事情。我很确定,我现在正在做的事情还不足以把年收益率提高到60%。

您是在暗示这些交易系统都有一个生命周期吗?

关于这个,你绝对不用怀疑。否则的话,也没有人能劝服我相信这点。这些交易系统绝对都有一个生命周期。

为什么您会这样认为?

我想,这是因为最后,大多数的人都想清楚了。当太多的人们都顺势而为时,市场就会抛弃它。这也是为什么我怀疑任何人都能够买到一套有效的交易系统的原因。只有既能赚钱又能控制的交易系统才是有效的。

① 截至2000年3月,雷斯卡波的年均复合收益率已经达到了70%。

如果你开发一套你已经完全测试过而且相信它是真的有效的系统，那么，千万不要告诉任何人。只是使用它，因为它会在某一时刻被市场抛弃。要认识到它不可能永远都有效，要做一些不同的事情来应付这一切。

我总在担心人们是否会发现我做的事情，因为我知道如果这种情况发生了，交易系统就不再有效。例如，“一月效应”已经一去不复返。（在一月份，小型股往往超越大型股的表现，自20世纪20年代中期以来，这种情形一直持续到1993年，其间超过90%的年份中都出现过这一现象。然后，这种现象连续6年都没有出现过。雷斯卡波在此十分巧妙地暗示出，一月效应越来越被大众熟知，反而引发了其自身的灭亡。）

如果太多的人们都在使用同一种交易系统，那么，股市中会存在着什么样的机制，能导致这种系统自毁？

我还不能回答这个问题。这关系到太多的人们，他们同时在使用这种系统进行交易。我经历的每件事情都告诉我，每一种交易系统都有生命周期，而且生命周期都不会太长。

这要说到交易系统的死亡，那么，这些交易系统是如何出现的？它们在某个特殊的时间，比如说1994年开始有效，然后在几年以后又无效了？或者，如果您在过去的20年或者30年中一直都对您现在使用的交易系统进行检测，那么，您会发现它们在这段时间内都一直有效吗？还是直到最近，您才发现它们无效？

通常情况下，当我发现了一个交易系统后，在未来的一段时间内它都是有效的。尽管在此之前我都已经说过这样的话儿，但是，我发现在过去几年里有效的系统，在未来也会有效。因此，我喜欢那些在近期内有效的系统。

您说过这些系统的生命周期都很有限，但是，您本人又承认道，您使用的这些系统在过去的二十多年中都是有效的。为什么它们不能在未来的二十年内继续有效呢？

我明白你问的这个问题，但是，我并不同意你总结的结论。我不会买它，因为已经有很多的钱进入到这个市场中了。最好的例子就是商品市场。当我们那时把管理的期货账户推销给柯达时，管理账户的那些交易员都使用那些有非常好的交易记录的系统。这些系统在过去15年内的平均收益率都是40%。他们认为，这些交易系统不可能会无效。噢，它们的确变得无效了。它们停止工作，是因为太多的人们开始使用类似的交易系统。

另外一个经典的例子就是奥肖内西。他的著作《华尔街股市投资经典》是一本非常棒的书籍。书中的措辞十分优美,而且书中的研究也做得非常好。但是,他的基金业绩一直都很低迷。

您为什么说它是"低迷"呢?

[此时,雷斯卡波在他的电脑上查看了奥肖内西的基金业绩。他仔细看了其中的两只基金,发现业绩分别是43%和46%。虽然这听起来还不是太糟糕,但是,在这段相同的期间内(1996年年末到1999年年中),标准普尔就上涨了89%。因此,这些基金收益只达到了标准普尔收益的一半,而创建基金的目的就是要打败标准普尔。]很伟大的一本书。他把他的投资策略放在从上世纪50年代一直到现在的基金测试中,但是,这些策略都不管用。

这么说来,即使他的这些投资策略在《华尔街股市投资经典》出版时就已经发挥了四十多年作用,那么,他们在最近的几年里已经无效了。

你想知道原因吗?要是他不出版这本书,这些投资策略也许会继续有效。他要是只管理资金,没有出版这本书就好了。当然,要是他不出版这本书,他可能连一分钱也不会募集得到。

您的意思是说,他的这些投资策略失效是因为太多的人们都在效仿这些想法?

的确是这样。我可以给那些阅读你这本书的读者们一个忠告,当你有一个好想法时,千万不要和别人分享。

我采访过的那些交易员们都说:"我可以把我的交易系统公布在《华尔街日报》上,这样做并不会造成太大的影响。"我想您肯定不会同意这句话。

我也曾经读过类似的话语,而且我也的确不同意。

您觉得,如果您在《华尔街日报》上把您的系统公布出来,那么,系统就会失效了。

是的,它就会失效。说不定明天就会失效!(他笑道)

在此之前,您还有一些投资者客户,但是,以后您就不再会有了。这期间发生了什么事情?

在1995年到1997年之间,我都有投资者客户。我为他们做得非常好——在1995年,业绩增长58%,1996年增长50%,以及1997年增长60%。截至1997年年末,我管理的资产高达3500万美元。要用我自己的投资方式管理这些资产是一件非常困难的事情,这要涉及把资金反复地转入和转出到那些共同基金中，因为这些共同资金忌讳你在一年内交易超过4次。

但是，您现在在一年中交易的次数已经超过了4次？

我用来交易的资金特别少，而且我把它们分散在20多个共同基金里。

所以，因为这些逻辑原因，您不再管理资金了吗？

是这样子的，因为那些投资商让我很头疼。

您每年的收益率都超过了50%，而且几乎没有亏损的月份。那您的投资商还能会抱怨什么？

你根本就想象不到他们抱怨的理由有多么无聊。他们这样抱怨到，如果当月内收益率没有达到4%，那么他们就不能赚到很多钱。此外，他们还抱怨我帮他们赚了太多的钱，因为他们必须要支付这些利息税。

我简直就不能相信这种事情：竟然有人抱怨您赚了太多钱！

于是，我告诉他，我能赔钱，那么他就不必交纳任何税收了。我问他，他是否更喜欢我这样做。

还有一些投资者，他们不信任我。因为结果太好，他们认为我伪造了这些数字，而且还要携带他们的资金潜逃。他们每个月都会给我的会计师打电话，询问他们的资金是否还在账户中。

如果股市在某天内大幅上涨，他们就会打电话，问道："我们在股市中吗？"这要把我逼疯了。如果股市在某天内大幅下跌，他们又打电话，问道："我们离开股市了吗？"当然，他们总是期望我能时时刻刻地站在正确的位置上。

您决定停止管理资金在多大程度上是由于这些共同基金带给您这些头痛问题，还是在多大程度上，是由于您的投资者带给您这些头痛问题？

一半一半吧！（他大声地笑道）我想，我可以用这些共同基金带给我的这些头痛问题作为一个借口，让那些投资者拿回他们的资金。对于那些从一开始就和我在一起的投资者来说，我感到非常抱歉，他们从未开口为难过我。

难道您那些最早的从未为难您的投资者朋友没有劝您不要退还他们的资金吗？

他们的确劝过我，但是我的问题是，如何区分这类朋友和那类朋友？我如何画分隔线？因此，我必须要当机立断。

那么,最后您失去了这些朋友吗?

没有。尽管不管在何时,当我们聚在一起玩扑克时,他们仍然劝我重新思考管理他们的资金。

在我曾经采访过的那些交易员,有相当一大部分的人们都玩扑克,这可真有趣!

我非常喜欢玩扑克。

我想,您在玩扑克时下的本钱和您在交易中投入的资金无法相提并论吧。您可能会每一局都下赌注,这对您没有差别吧。

当你已经输了10万美元时,这时你已经不再担心是否要输掉200美元,但是,我从来都不会让我的收入水平干扰我玩牌的方式。我玩牌的目的就是要赢钱。如果这一手的牌不好,我就要退出。

您曾经破坏过您的交易规则吗?

我只是非常谨慎。我也许在某只股票中获取了部分利润,或者面对买入的信号时,并不会买进多只股票,但是,当卖出的信号出现后,我就会把它们全部卖光。

从一开始,您就遵守这条规则吗?

是的,因为在制定这条规则以前,在期权方面我做得一塌糊涂。我犯过所有人们已经犯过的错误。我甚至都不用再重新看它们一次,因为这些错误全部都是经典的错误。

您做期货大约有多久?

(他想了一会儿,好像尽力地在从记忆的最深处搜索这部分的回忆。)大约3年。

您做期货交易时全赔了吗?

噢,大部分时间都赔了。和其他的期货经理一起共同投资,我赚了一些钱,但是,我一个人做期货交易时,我的账户内的资金就由12.5万美元亏损到5万美元。我做的每件事情都不对。

在那段期间内,有过一些特别痛苦的交易吗?

太多了,多得都数不清。

最主要的原因是什么呢?

我发明了一种货币交易系统。于是,我买进了一款计算机软件程序,它可以让我优化这个交易系统(使这个交易系统内的价值指示器最大限度地使经过测试的价格数据发挥到极致)。我就像是一个愚蠢的交易员,完全把它优化了。(他调整了系统内的价值指示器,以使能更好地与经过测试的价格数据相符。)当然,结果看起来非常棒。(正是因为优化,他正在使用后见之明来定义和测试这个交易系统。)结果,就出现了这样的问题:当这些结果被应用到看不见的价格数据——也就是,未来的价格数据上时,它们就会误导交易员。此外,我还知道更多,但是我认为这个交易系统并不适合我。

仅仅在那两周内,我就亏损了账户内50%左右的资金。我开始停止使用那个交易系统,而且每一次当我这样做时,时机就完全不对。这就像是个噩梦。于是,我意识到我不适合做期货交易。

这听起来好像是您唯一没有做到的事情。在其他的事情上,您都会一直坚持下去,直至成功。为什么您要放弃这件事情?

因为我意识到期货是赔钱的生意。佣金和滑移价差(屏幕上的价格和真实的交易执行价之间的差别)让你并没有太多的胜算。如果在何时买入或者卖出方面,你只有50%的概率,而且你还要支付佣金以及蒙受亏损而必须支付的成本,那么,在长期的经营中,你肯定就会赔。

但是,这种50%的假设并不预示着您在市场上不会占到优势。难道您还没有发现那四种可靠的模型吗?它们让您在期货市场上占有优势,就像您在股市上占有的优势那样。

我没有做到。我也没有发现那些管用的模型。

您能休假吗?

我能休假,只要我能使用电脑就行。我在新罕布什尔市的某个湖边有一幢度假别墅。

如果您想离开,前往瑞士攀登阿尔卑斯山脉,或者您想要请一整天的假,去攀登怀特山脉,结果会怎样呢?

在过去的5年中,每天下午的3:45时,我都会呆在办公室中,没有一天是例外。我从来都没有休过一整天的假期。请一整天假期的后果就是你恰好不应该在这一天休假。

那时,当您要做膝盖手术时,您怎么办?(当雷斯卡波和我驱车从当地的意大利餐厅回家时,我们俩分享了各自的运动受伤经历。)

在全身麻醉的情况下,我做了手术。我在上午11点左右回到家里,感觉非常虚弱,于是就直接躺在了床上。我的妻子本应该在下午3:30时叫醒我,但是,出于同情,她决定继续让我睡。在3:45时,我突然惊醒。醒来后,我发现我自己还躺在床上,卧室就是在我的办公室的隔壁。我从床上跳起来,然后,忍受着剧痛,一瘸一拐地走到办公室中。我看了一下电脑屏幕,而且就因为这么一瞥,我就抛售了投资组合中一半的股票。

一个小时后,我再次回到办公室中,又开始看屏幕。我意识到我完全搞砸了。我不明白我为什么要卖掉那些股票。我完全读错了信息。然而,第二天市场竟然下跌了。这一次可真是太幸运了!

您在市场上大约要花费多少时间?

大约50%到55%的时间都花费在市场上。

那么,您使用杠杆吗?

有选择地使用。我很少把全部的资金都用在投资上,甚至我在股市中的天数也屈指可数。偶尔地,如果条件成熟,我才会使用杠杆。但是,我拆借的资金从来都不会超过我的全部资金的140%——这是我能承受的最高限度。在用拆借来的资金完成的交易中,没有一笔交易是亏损的。

您持有过净空头头寸吗?

我的90%的成功都是源于不做那些愚蠢的事情。我不卖出盈利的股票,而且我也不持有亏损的股票。我从不感情用事。我只做那些对我有利的事情。卖空股票是一件很愚蠢的事情,因为机会会远离你。许多年来,股市每年的上涨幅度都已经超过了10%。为什么要逆这种潮流行事呢?

对那些交易新手们来说,您会给他们提供哪些建议?

不要把交易行为和交易成就混淆在一起。我想,新手们易犯的一个错误就是他们在没有想好要做什么的时候,就已经开始交易了。他们非常积极,但是他们不会做成任何事情。我很少在交易上花费时间。我的99%的时间都用在电脑上,做我自己的研究上。

虽然雷斯卡波拒绝透露有关他自己的交易系统的任何细节,但是,他还是给出了他本人对一个成功的交易员所具备的素质的重要的见解。在那些成功的交易员身上,我反复注意到的一个特征——而且这也许是任何领域中的成功者都具备的特征——就是,他们都非常自信。也许,在我采访过的那些交易员中,没有一位能比雷斯卡波更加自信。他有着十足的信心。例如,想想在他甚至还没有发现一种投资方法之前就对成功地管理资金这段经历的描述吧,你就会发现他是多么自信。(在雷斯卡波还没有发现一种投资方法之前,他就决定要承担交易责任,这并没有被标榜成为勇敢人的作为——相反,对大多数人来说,这是一种鲁莽的行为——但是,这反倒能够证明出他非常自信。)

诚实地评价你自己的自信心水平也许能够完美地暗示出你未来的成功。如果你很自信,认为你能够在市场上取得成功——不要把想要自信和自信混为一谈——那么,你成功的胜算就会很大。如果你不确定你是否会成功,那么,你在股市中就会胆战心惊,使你的资金置于风险中。自信心不能被生产或者被希望成为现实。你可以有自信心,也可以没有自信心。那么,通过后天的努力,我们能够获得自信心吗?当然了,有时是努力的工作——成功的交易员具备的另外一个特征——能够使你熟能生巧,而熟能生巧就会让你产生自信心。但是,即使你有自信心,直到你变得非常自信之后,在股市中,你也要时刻小心谨慎。

在这些股市天才的身上我看到的另外一个特征就是,他们完成交易以及有时为完成交易而付出的努力和那种痴迷的态度。雷斯卡波就是一个极好的例子。他从不错过每一个交易日——即使是手术也没能阻止他查看股市。不管在何时,当他的交易系统不能满足他的高标准时,即使这要意味着在未来的一个或者两个季度内,他的交易可能没有盈利,只能做到盈亏平衡,他也要尽力去开发更好的交易系统。就连他的业余爱好——例如,骑自行车和负重训练——都能反映出他的这种执著的态度。

那么,所有伟大的交易员还具备另外一个特征吗?是的,这就是严于律己。雷斯卡波一直以来对自己都严格要求,这清晰地表现在所有他的行为中。一旦他得到了卖出的信号,他就会抛售所有的股票。如果他的交易系统告诉他要清仓,他就会退出市场——毫无疑问,毫不迟疑。他永远都不会有这样的想法"我再持有一两天"或者"如果它再下跌 2 点,我就把它们全部抛售"。对雷斯卡波来说,严于律己也就意味着,他每天都会仔细地检查交易系统的信号,然后输入相应的指令。每一天就意味着每一天没有间歇,也没有休假——即使是在手术后,也没有休息。这种严律于己的本质就是没有例外。

许多人被吸引到股市上来是因为他们认为,在这里,他们可以轻松地赚到许多钱。讽刺的是,努力工作也是我采访过的那些交易员之间共有的特征。即使雷斯卡波已经发现了那些可靠的交易系统——他的这些交易系统提供的结果是目前为止,我见过的最好的,远远地超出了我的想象——但是,他并没有松懈,继续在研究。即使是他目前使用的交易系统仍然有效,而且在未来的几年内继续有效,但是,他仍然没有放松,反而每天更加努力地工作,好像他当前使用的交易系统到了明天就要停止工作似的。

风险控制也是一件永远要做的事情。有一些交易员数年来都能获得高额回报,但是,由于他们的方法有一些副作用,他们的资产大幅缩减。虽然这些交易员也取得了不俗的业绩,但是,他们经常面临着一些危险——而且,这样做会使他们冒着失败的风险。只有像雷斯卡波这样的交易员,才能既保持着极低的损失,又能获得长期的成功。

对史蒂夫·雷斯卡波访谈记录的更新

虽然雷斯卡波在熊市中的投资业绩不俗——从2000年4月到2002年9月,他和他的家人共同实现了39%的收益率——这是他在2000年9月以前的投资收益的两倍多,而且正如像下面的更新的访谈暗示的那样,雷斯卡波对他自己的交易系统的功效已经失去了信心。

2001年2月发生了什么事情?(雷斯卡波的账户在这个月内下跌了5%——唯一的一个下跌的月份,下跌的幅度超过了他之前的最坏的峰谷值之间的幅度。)

问题其实在2000年的11月份就出现了,当时我亏损的比例超过了3%,11月份是那时我经历得最坏的月份。虽然接下来的12月份几乎已经弥补了我在11月份中亏损的资金,而且这个交易系统在2001年的1月份又开始盈利了,但是,11月份的亏损已经是个先兆,说明肯定有些事情出错了。然后,接下来的2月份又是一个亏损的月份,我就意识到我现在遇到的难题是我以前没有经历过的。在这段期间内,我在过去多年内做的事情都不起作用了。

在那段期间内,您需要多长的时间做出了这个交易系统不管用的决定?

噢,回答这个问题可真是不太容易。那时我正在使用的交易系统已经连续工作好几年了,而且在回溯测试方面,已经有几十年了。因此,我做出反应的速度太慢了。

那么，您是在什么时候开始换用其他系统的？

我是在2001年4月份退出市场的。事实上，那时我并不知道我在做什么，因为我还没有想出其他方法。我只是知道我不能再继续使用这个交易系统了，因为它已经失效了。在快到5月份时，我发现了另外一个被修正的系统还能用，但是，它并不是一个我觉得非常管用的系统。在夏季来临之前，我就想出了我现在使用的这个系统。

要是您在2001年3月以后，继续使用您之前的那个系统，那么，会发生什么事情？

将会发生大灾难。我将赔25%至30%的钱。

我知道，您又开始使用那些被修正过的系统。这些旧系统会更加有效吗？

不会更加有效，反而会更加糟糕。

您现在使用的系统与您在2000年3月份以后停止使用的那个系统相比，有什么差别？

从本质上来说，与以前的那个系统相比，我现在使用的系统更难得到买进的信号，但是，更容易得到清仓的信号。因此，我完成的交易越来越少，而且当我身处市场中时，它发现了更小的不利价格变动的信号，以此提示我退出市场。例如，在最近的4个月内，我一直都没有收到买入的信号。多亏了这个旧的交易系统，要不然我就会在下跌时进行交易，将输得血本无归。

如果，总的来说，在那段股价下跌的期间内，您的系统倾向于让您退出市场，那么，从表面上看起来，通过卖空，而不是换成现金，您应该可以大幅度地改善您的交易结果。为什么当清仓信号出现时，您没有卖空呢？

真相就是，我从来都没有发明一种能够在股价下跌时连续不断赚钱的交易系统——关键词就是“连续不断”。

您为什么不完全地转向在清仓信号出现时卖空，而不是保持中立呢？

如果我能够卖空我买进的所有基金，那么，这当然是好事了，但是，当然了，这是一件不可能的事情。如果我想要卖空，我就必须要么买进一只短期的股票指数基金，要么就要直接卖空一些股票指数。麻烦就在于，我的这些交易系统比我买进的一些互惠基金——高增长基金——还要管用，也比那些股指管用，因为这些股指的表现太平庸了。

在我对您的上一次采访中,您决定要再次接受投资者的资金。然而,在2001年的第二个季度,您又再次地告诉这些投资者,让他们拿回他们的资金。您做出这个决定的理由是什么?

因为,截至2001年的第二个季度之前,我的投资收益都不是很好,而且,我已经完全失去了信心,认为我那时使用的系统并不能再赚钱了。除此之外,我不仅对我的系统失去了信心,而且我也不知道该如何去修改那个系统。那时正是我职业生涯的低谷。

虽然我后来发明的那个交易系统阻止我赔钱,事实上,自从2000年秋季以来,我的交易方法一直就不管用。在过去的6个月内,我没有完成一笔交易。我相信,我使用的那些系统的急剧恶化是与互联网相关的炒作和投机活动的不断增加而带来的直接恶果,致使市场更加混乱。过去持续一周的趋势现在只能保持两天,过去持续两天的趋势现在只能保持三个小时。我并不看好我的交易方法,直到我们消灭所有的过剩,这要花费数年的光阴。事实上,所有繁荣的牛市之后都会紧接着是熊市,然后是长时间的波动。这一点绝不会改变。

我是否可以将您的话视为您并不期待股市在可预测的未来有明显的复苏的迹象,尽管我们已经见识过股价的大幅下跌?

如果你研究过股价的长期发展的历史,你就会频繁地看到,在遇到相当大的挫折以后,市场需要相当长的一段时间才能恢复元气。正如席勒在《非理性繁荣》一书中指出的那样,当股市经历了20世纪的3个最高峰——1901年,1929年和1966年之后,大约每隔20年左右,股市才会回归到正常状态(通货膨胀方面的相关词语)。自2000年的最鼎盛时期发生在一个比以往任何最高值,包括1929年都还高的一个高估值水平上以来,如果市场要花费20年才能回到那个水平线上,这一点儿都不奇怪。这就含蓄地说明,市场可能要在未来的几年内才会触底,而且,如果这次的触底和之前的关键的触底十分相似,那么,直到股市发展到最低部,触底现象才会发生。

您觉得股市能跌到多低?

对我来说,5这个数字很神奇。标准普尔跌至5000点附近,道琼斯也徘徊在5000点,纳斯达克100指数也跌至500点左右,而且在未来5年左右的时间(2007年)内,这些事情就会发生。

这听起来很神秘。

噢,这只是我个人的猜想罢了。当然,我不会让我这种预测干扰我的交易。当下一次我遇到买进的信号时,我就会买进。

您认为人们目前对市场最大的误解是什么?

普通投资者对市场的最大误解就是他不能理解这个多年的概念。那些知道我在市场上进行交易的人们一直都在问我,市场能跌至多低。“我们还没有接近底端吗?”他们问道。当我告诉他们,我认为底部还要过几年才会来到时,他们就吃惊地看着我,好像我有三颗头似的。

迈克尔·马斯特斯

在股市中遨游

五年前,马斯特斯还是一名没有被正式雇用的股票经纪人,而现在,他是全美国交易最多的股票交易员之一。马斯特斯,一位扎根在亚特兰大市的基金经理,以一名经纪人的身份开始进入这个行业中,但是,他从来都不喜欢这个职业。五年以后,他经历了越来越多的挫折,几乎要强迫他自己放弃这个行业。除了希望和自信,马斯特斯一无所有,但是,他决定要创建他个人的基金。通过以每股 7000 美元卖掉 10% 的新公司的股份,他募集到第一笔创业资本(对于那些最初的投资者来说,这是一个非常偶然的投资)。

在 1995 年,他创办了玛林基金,这个名字反映出他对垂钓的喜爱。在他管理对冲基金的那 5 年间,马斯特斯取得了罕见的高回报低风险的成绩:年均复合收益率是 86%,而且只有 3 个月是亏损的——最惨的一次仅仅下跌了 3%。到 2000 年 4 月,他管理下的资产已经增长到 15 亿美元,反映出高收益的影响力和拥有一个稳定的新投资者队伍。

要不是马斯特斯决定要关闭这个基金,转做新投资,其总资产肯定还会继续扩大,因为他担心资产的过度增长会阻碍其未来的表现。

虽然这个总价值 15 亿美元的资产使马斯特斯的资本管理公司跻身于那些大型的对冲基金的行列,但是,这个数字却严重地低估了这家公司的交易活动。由于马斯特斯频繁地买进和卖出——甚至比行业内的平均水平还要高——公司的交易规模可以与全美国最大的对冲基金和互惠资金公司相媲美。

在交易期间,马斯特斯紧张而又全神贯注地投入到市场中。为了避免任何人为对他的打扰和分散他的精力,他把他自己和公司的交易员汤姆·

佩尔一起锁在交易室中。这家公司的研究分析员知道那台用于交易的计算机的密码锁,如果马斯特斯和汤姆遇到非常紧急的市场情况,他就获准进入交易室中。除非有特殊的情况,否则马斯特斯在交易期间不会接听任何电话。"他是如此聚精会神地关注着市场信息,"佩尔说道,"当一个重要的电话打进来时,我就会不停地大声叫他来接听电话,而且直到我叫出像'好多紫龙!'这样的荒唐可笑的事情来,他才会听到我的大喊大叫。"

马斯特斯亲切地被他的同事们称为"大马虎",这个绰号既反映出他的身材特别魁梧(身高约 2.17 米),也反映出当他吃完许多午饭后,他的办公桌上总是有许多残留食物和那些脏兮兮的纸盘子。马斯特斯还有一个癖好,这就是他已经习惯于用键盘来控制电脑屏幕——这个习惯要追溯到鼠标还没有出现,要靠 DOS 系统控制计算机的那个年代——直到现在,他仍然拒绝使用鼠标,除非在迫不得已的情况下,他才会使用。"迈克的键盘敲击声会响一整天,"佩尔说道,"我们经常开玩笑说,当迈克忙着做交易时,这些交易就会把他和键盘一起埋起来。"

尽管佩尔讥讽着马斯特斯的这个癖好,但是,他也承认他非常崇拜马斯特斯。佩尔,一名在经纪公司中交易的老手,当他遇见马斯特斯时,他正在一边享受着退休后的生活,一边交易着他个人的账户。他被马斯特斯的个性和才华打动了,以至于他决定停止他的退休生活,加入到这家公司中,成为一名交易员。当我问佩尔他发现马斯特斯给人留下什么深刻的印象时,他说了三点,其中的两点类似于诚实:"第一点,他的正直;第二点,他的人品;第三点就是他对成功的坚定不移的信念。"

马斯特斯是一位开放的宗教派人士。在我们的谈话中,他谈到了信仰上帝对他的生活是多么重要,尤其是对他的交易十分重要。"对更高权力的信仰赐予我战胜亏损的力量,亏损在这个行业中是不可避免的。例如,今天我赔了几百万美元,要是没有这种信仰,恐怕我很难渡过这个难关。"虽然马斯特斯本人没有提到这件事情,但是,我了解到,他交纳什一税。此外,他还定期参加基督教的传教工作。

当我在晚上到达亚特兰大和不得不赶第二天早上的飞机时,马斯特斯和我就决定要在晚饭期间完成这段采访。马斯特斯推荐了他很喜欢的一家餐厅——巴坎纳利亚餐厅。这家餐厅的食物棒极了,如果你曾经到过亚特兰大,我要强烈地向你推荐这家餐厅,但是有一个忠告:那些出租车司机好像找不到这家餐厅。我从机场开始坐上出租车,司机就迷路了,而现在我才明白过来,当初这家餐厅叫去接我的那两位出租车的司机也仍然在亚特兰大绕圈子。

您是如何开始对股市感兴趣的?

我的父亲在上世纪70年代以交易为谋生手段。当我大概在11岁或者12岁时,我开始对他做的事情非常好奇,经常缠着他问许多问题。于是,他就给了我一本书让我去读,这本书就是贾斯汀·玛密斯的《何时出售股票》。我父亲那时主要是做空头卖出交易。

您父亲当时的业绩怎么样?

他做得非常好,足够未来五年或者六年的家庭消费开支。

在那之后发生了什么事情?

他又回到学校读MBA了,然后就创立了一家咨询公司。

那么,您从您父亲身上学到了一些关于股市的知识了吗?

是的。他教会我意识到盈利的重要性。我已经把盈利纳入到我的投资策略中了。

什么意义上的盈利?

盈利这种想法并不会变成事实,除非当它被实现后。

另外两位对我影响很大的人就是我的两位叔叔——路易叔叔和莱瑞叔叔,他们都是做股票交易的。当我很小时,我们经常举办家庭聚会。每次聚会时,路易叔叔经常坐在桌子的一边,而莱瑞叔叔则坐在另一边,我的父亲坐在中间,他们就会谈论股市。那时,我是父亲唯一的儿子,我想这就是男人们做的事情。当我进入到这个行业后,路易叔叔和莱瑞叔叔很照顾我,我从他们身上学到了很多。

那么,他们教您学会了什么?

规则的重要性。如果你亏损了,你要马上退出市场。

您上大学是想成为一名基金经理吗?

不是,我上大学是想成为一名医生。事实上,我能进入田纳西大学是因为我曾经获得过一笔游泳奖学金。这段经历对我帮助很大。要是没有那段经历,我不可能取得今天的成就。

您是如何得到那笔游泳奖学金的?

要习惯痛苦。在训练中,我们做过一些疯狂的事情。我们每天都要游2

万或者2.5万米。教练经常会走到你的身边,说道:“那好吧,接下来我们要100次200尺速游。”(每次要游200尺,重复100次)当你游完后,你的心脏就会下沉。你就会知道这很伤身体。

在您的游泳生涯中,您获得的最高奖励是什么?

我曾经以大学生的身份参加全美自由泳的比赛。

“全美”是什么意思?

它是指我在全美大学生运动协会的冠军争夺赛中取得了第八名的成绩。

那么,您有试着参加奥林匹克运动会吗?

我参加过奥林匹克运动会的选拔赛,但是,我没有坚持下来。在训练之前的那个夏天,我患了腮腺炎,而且那时已经没有足够的时间让我恢复到最佳的竞技状态。但是,在奥林匹克队的队员已经确定之前的一年内,我的排名已经足够使我有资格进入奥林匹克队了。

那么,您试过下一次的奥林匹克运动会的选拔赛吗?

游泳并不是一种能够真正带来盈利的运动。在参加下一次的选拔赛之前,我就已经26岁了。我可以无所事事,但是,在此之前,我一直都在游泳,而且我对它已经厌烦了。

那么,您现在仍然在游泳吗?

我只游一点儿,并不是太多。我现在只是没有时间。

您是如何从这种职业转变成为一名交易员的?

当我通过有机化学的考试后,我意识到我没有热情进入医学院。

那么,刚开始您为什么想要成为一名医生呢?

当我10岁的时候,我遇到了一次非常糟糕的事故,结果,在医院里呆了许多周。作为小孩,当我看到医院中的那些医生时,印象非常深刻,我就想这肯定是一个不错的职业。我喜欢这个职业,这既是一个需要科学知识的工作,又是一个帮助人们的工作。

您遇到了什么样的事故?

我撞到了玻璃窗上。我们家的门是滑动的,面向游泳池。有一天,我想跑回屋内,我以为门是开着的,事实上它们却是关着的。我朝着窗玻璃门跑过去,于是,玻璃被撞得粉碎,我也被刮伤了。玻璃一直伤到腿上的股骨,严重损伤了腱。我不知道你是否注意到了,我现在还有点瘸。我不得不重新学习如何走路。事实上,这也是我刚开始学习游泳的部分原因,它是治疗的一部分。

我想,您的母亲肯定把窗户擦得特别明亮。

是的,她的确把窗户擦得特别明亮。但是,那次事故以后,她必须要保证让胶带穿过这扇玻璃门。

您为什么要改变您想要成为一名医生的想法?一定有更多的事情让您不太喜欢有机化学了吧。

在大学里度过两年或三年的学生生活后,我意识到我真的很不想成为一名医生。我想成为一名医生,这只是因为我十岁时为我自己定下的一个目标。于是,我就选修了一些金融课程,我很喜欢学金融学,其中包括一门投资课程,我很喜欢它,于是我就转了专业。

在那门投资课程中,您都学到了什么?

一个典型的价值理论——格雷汉姆和多德模式(一门经典的投资课程)。

在您做过的那些交易中,您也使用这种类型的分析吗?

在我做过的那些交易中,我并没有使用太多的这种类型的分析,但是,这种背景知识最好要知道。我想,这很有用,因为你能估计其他投资者对重要事情的感知度。

那么,现在在您的投资方法中,您使用了哪种投资学理论?

投资组合理论。传统理论认为,你应该分散你的投资组合,这样你才能够根除风险。如果某家公司破产,要是你使用了这种理论,那么,你就不会遭受太多的亏损。但是,与此同时,这意味着你要终止跟踪指数。如果你的目标是要超越股指,那么,使用这种投资策略就会让你很难成功。我们从理论上支持投资组合理论。事实上,当非系统风险与系统风险高度相关时,我们在买进股票时要尽力承担非系统性风险(换句话说,有些时候,股票的价格走势会更易受公司某些事件的影响,而不是受整个股市的股价走势的影响)。

当您大学毕业以后,您做什么工作?

当我大学毕业以后,我决定要继续去读商科。这可以允许我把其他事情再往后推迟若干年。我向埃默里大学投递了申请书,这是我们当地的一所学校,而且我一点儿都不想申请其他地方的学校。招生委员会告诉我,他们很想录取我，但是，我没有任何工作经历，这让他们很难为情，因为后来我发现，工作经验是当时埃默里大学录取学生的一个必须条件。那时，我仅有的工作经历就是修理草坪和暑假时在钢厂做工，可是像这样的工作经历显然并不符合他们的要求。

于是，我决定要找到一份工作经历，于是就在经纪行业中申请了一份工作。有一个家伙，他住的地方离我很近，那时他在一家经纪公司工作，他认为我很勤奋，因为他在此之前见过我在离他家不远的地方辛勤地修剪草坪的情景。除此之外，他还参加过大学的足球队，而且，他也很喜欢我曾在大学里当过运动员。他告诉我，他会给我提供一个经纪人的职位，即使我从来都没有过类似的工作经历。

类似的工作经历是什么？

销售经验。

他们提供一些培训课程了吗？

是的，他们提供了为期两周的销售培训。

在您上过这些培训课程之后，发生了什么事情？

他们要求我给许多陌生人打电话。

给陌生人打电话很困难吗？

非常困难。而且，我还和其他的一位参加过培训的同事一起去拜访客户。我们共同敲邻居的门，试图劝说他们来我们的公司开账户。有一次，当我们走进一家杂货店时，后来我们才知道这家杂货店的老板的姐夫已经在股市中全部输光了他的所有资金。那时，那位杂货店的老板手拿一个面包棒，把我们赶了出来，并且还对我们恶狠狠地说道："我不想和你们这些经纪人说话。给我滚出去！"（当他回忆这段往事时，笑了许久。）

我想，你们俩已经很幸运了，幸亏那不是一家五金店。后来，在您打过的那些陌生电话中，有多少人真正地去公司开了账户呢？

大约1%的人开了账户。当我进入这个行业后不久，我才弄清楚我想要管理资金，而不是去做销售。但是，这家公司就只是想让我销售这些金融产品。如果你是一名经纪人，却想要管理资金，那么，他们就会很吃惊地看着你，好像你有两颗头似的。

作为一名经纪人，您把那些金融产品都卖出去了吗？

是的，我生存了下来，我想在某种程度上我还算是成功的吧。我和我的公司之间有一个问题,那就是我认为公司的佣金结构太高了。因此,我想改变它。

那么,公司批准您这么做了吗?

没有,公司没有批准。

您只是单方面地降低了佣金吗?

是的,因为,佣金太高了,很不利于销售。

这么说来,在那时您就意识到付全额佣金会让您失去一笔交易吗?

绝对是这样的。如果客户们不能赚钱,那么,他们就不会再和你待在一起了。

对于您单方面地降低佣金,公司有何反应?

当他们发现这件事时,他们感到很不安。

那么,您把佣金降低了多少?

降低了大约90%。当然,现在你可以给经纪业务打折扣,但是,在那时,情况就完全不同了。

在那个时候,您怎么知道那是正确的,而且又怎么知道什么是错误的?

我了解到,如果我事先了解这些事情,那么一般情况下我就会赚钱,但是,如果我等待,直到这些事情发生,那么我就会赔钱。例如,我记得在一些情况下,当公司的财务报告中显示出积极的收入数据时,但是,股票已经卖光了,因为这些新闻消息已经打了折扣。这对我来说是一个教训。

您是从什么时候开始从一名经纪人转变成一名基金经理的?

当交易达到某种程度,我个人的账户内的交易开始相对盈利时,而且我感觉我能够脱离公司,开始为我自己的账户工作。但是,要迈出这真实的一步却是不得不为之的事情。

为什么您说这是不得不为之的事情?

我被公司解雇了。我有一些我可以自由决定的账户,它们都在公司的最低标准之下。办公室经理对我说道:“你不能在公司的最低标准之下交易这些账户。”

我回答道:“不,我能。”

他说道:“是的,你不能。你被解雇了!”

从内心来说,我真的很希望这样的事情能够发生。我想,要是那时我在那个家伙的屁股上踹上一脚就好了。我再也不用成为一名让我不舒服的经纪人了。

为什么您要这样说?

因为,不管在任何时候,你都尽力在为公司和客户赚钱,这中间肯定会有冲突。我想在业绩的基础上管理基金,因为,我认为这样会更加清晰。其实,我很歧视经纪业务。

比如呢?

比如,对你来说,向外推销公司正在承销的股票和出售互惠基金给予公司有关系的人,肯定会有一些压力,即使它们可能是低级别的基金。

要是您试图销售其他人的互惠基金,结果会怎么样呢?

也许你会在这笔销售中得到更低的佣金,而且在某些情况下,你也许连一丁点儿的佣金都得不到。

在您被解雇后,发生了哪些事情?

我告诉了父亲我应该要做的事情,而且他建议道,我应该试着一个人去经营投资者的资金。虽然我喜欢收入与业绩挂钩的这种想法,但是,我仍然关心其他人是否愿意让我管理他们的基金,虽然我那时的经验仅仅只是一名经纪人的经验。

什么让您认为您能够成功地成为一名基金经理呢?

除了我的父亲和我的妻子苏珊妮以外,每一个人都说,我不能成功地替他们完成交易,而且还建议我不要做这件事情。您的两本书籍《金融怪杰》和《新金融怪杰》事实上对我帮助很大,因为它们让我意识到这是一件可以做到的事情。知道这一点就已经非常重要了。我意识到,如果某人能够靠交易赚钱,那么,我也能。此外,我在此之前已经成功地参加过各种级别的游泳比赛的这个事实也给了我极大的信心,让我明白我也能够在这一行业中取得成功。

但是,您的这种自信基于什么呢?那时您的交易业绩像现在的这么好吗?

多年来,我个人的账户只比盈亏平衡点高出一点儿,但是,当我被解雇时,我的交易业绩正开始变好。

这有什么改变吗?

我开始关注一些刺激因素。对我帮助最大的一件事就是根据我的交易想法写一个软件。我的父亲为食物服务咨询业写了许多软件,而且他还建议我:“如果你真的想知道一些事情,那么你就应该为它写软件。”

在您的模式里都有些什么?

有各种各样的参与因素,但是,我发现一些刺激因素比其他的东西还要重要。结果,这个模式最终差不多都关注这些刺激因素。

您说的“这些刺激因素”是什么意思?

刺激因素指的是某件事情或者一件即将要发生的事情,通过改变市场对某家公司的认知,能够潜在地促使股价发生变化。

从定义上来说,刺激因素指的是一次就可以完成的事情?您如何确定哪些事件是一次就可完成的?

许多刺激因素都是重复性的事情——一年之中要做4次的收入报告;零售公司要每月报告一次销售额;航空公司每月要报告承载因素等。

您如何用一件事情,比如一个收益报告来做出您要交易的决定?

有许多学术研究都表明,有正面盈利惊喜的股票的表现往往都会高于市场平均水平,但是,利润的提升会相对缓慢。你可能会经常发现,当你在看到一个正面的盈利惊喜之后就买进了某只股票,事实上你买进时的价格正接近于最高价格,因为这种盈利惊喜已经被大打折扣了。

如果这是一个“惊喜”,那么,它怎么会被打折扣呢?

我们俩说的完全是两件不同的事情。“盈利惊喜”是那些学术专家们和华尔街上的许多从业人员共同定义的,指的是超出或低于对最小额收益的一致估计。但是,这种盈利惊喜是否已经被打了折扣要依赖报告发布之前的股价走势。例如,如果某只股票在收益发布前一周内在不景气的市场上上升了10个点,而且报告中的收益比估计得还要好,那么,从学术定义方面来看,这也许是一个“惊喜”,但是,它可能已经被打了折扣。

难道这些学术研究在发布这些数字之前就没有考虑到股价的走势吗?

是的,他们没有考虑到这点,他们只关注这些数字是否超出了他们的预期。尽管这仍是有用的信息,考虑了其他方面的因素,比如收益报告发布之前的股价走势,以及报告的收益和期望的收益之间的区别,但是,很明显地,你使这些交易成功的可能性都很高。

例如,如果我在过马路时没有留心观察过往的车辆,那么,要是我在凌晨两点过马路,我就很有可能不太容易被撞倒,相反,如果我在中午过马路,那么我被撞的几率就会很高。这可以类推至学术研究中用到的这些信息——这是值得的,但是,还有许多地方需要改进。当我过马路时,要是我听了这些建议,会怎么样呢?肯定会降低我被撞的几率。要是我不仅听了这些建议,而且我还留心观察了一方的车辆,又会怎么样呢?我生存下来的几率肯定会大大增加。要是我留心观察了来回过往的车辆,那又会怎么样呢?活下来的几率肯定又会增加许多。这就是在我们的分析中我们应该做的事情。我们一直尽力在尽可能地增加交易成功的概率。

因此,您刚才列举的那个例子,我想,如果在正面的盈利惊喜发布之前,股价下跌,那么,它很有可能会增加股市下跌的机率。

绝对是这样子。由于负面的预期以及后来又出现了正面盈利惊喜,如果在发布正面的盈利惊喜之前股价就下跌,那么,就会有许多短寸补进,更多的新投资者想要买进这只股票,而且肯定地,市场上还未发生一件完全没有打了折扣的事情。在这种情况下,你就会从股市中获得大量回报。

但是,难道这只股票在盈利发布之后,股价就大幅上涨,然后获利的机会就消失了吗?

这只股票的价格肯定要上涨,但是,一般情况下,它并不会完全地对变化打折扣,这是有效市场假说本身存在的一个问题。市场不会同时对所有的信息都打折扣。

当报告发布之前,如果您买进了某只股票,如果您预计发布的数字可能会比期望中的还要好,但是事实上还要差,那么结果会是怎么样?

我们会马上抛售。我们完成了许多交易,我也一直都在犯错误。每一天我进入股市时,都怀着一颗谦虚的心。(他笑道)

整个华尔街都关注那些能够提供刺激因素的事件,和他们相比,您的优势是什么?

我们关注的是寻找这些刺激因素。这并不是我们策略中的一部分;它就是我们的策略。

您做出抛售决定的依据是什么?

其中一件对我特别有帮助的事情就是使用时间停止点。对于我从事的每一笔交易,我都会制定一个时间表,我必须要在规定的这段时间内完成交易。如果在这段时间内,有一些事情没有发生,那么,市场就可能不会对那件事情打折扣。

您如何平衡多头和空头?

我们的净头寸大约占40%的净值多头,多少占90%净值多头和10%净值空头之间。一个典型的比例就是50%的多头和10%的空头,剩下的全是现金。

这就是说,有相当大的一部分都是现金。

我们有一个双重任务,既要为我们的投资者赚到钱,又要保存我们的资金。保留40%的现金有利于保持我们业务的稳定。

在保留大笔现金资金的情况下,您如何做到超越那些股指收益?

我们把我们的生意看作是一家杂货店。你可以通过两种方式保持平衡:占有大量头寸或者提高交易的周转率。就像是一家杂货店,我们不停地进货和出货。如果店内有块肉坏掉了,我们会马上把它拿出来,扔掉它。

一般来说,您持有某只股票会有多久?

平均只持有两到四周。

在您完成的那些交易中,有多少交易是盈利?

超过70%的交易都是盈利的。

那您使用技术分析吗?

我们使用技术分析,并不是因为我们认为它很重要,而是因为其他人认为它很重要。我们经常寻找那些帮助我们退出市场的市场参与者,而且从这种意义上来说,了解人们极有可能买进或者卖出的技术点是很有帮助的。

那么,您会在互联网上寻找这样的信息吗?

我主要使用的互联网就是TheStreet. com. 我喜欢吉姆·格瑞莫主持的《市场评论》。这个网页对普通的投资者是最好的互联网资源之一。然而,我提醒投资者的一件事就是要注意聊天室,在这里,很容易获得有效的信息,因为每个人都有各自的打算。

有没有交易让您吸取到了有价值的教训?

有许多这样的交易。当你定制那些名片时,你会得到成堆的名片。我很少把我的名片发送给其他人,因为我不是在做推销。反过来说,我会在名片的背面写下这些交易教训。要是我发现某一笔交易对市场行为很有益时,我就会写下这只股票的代码,以及我认为我从这笔交易中吸取到的大概的教训。这就是我如何发现以及继续建立我的交易模式的过程。

我相信,写下你自己的交易哲学对任何一名投资者来说,都是极具价值的实践过程。写下你自己的交易思想帮助你理顺你的思维。我记得,我在图书馆中度过了无数的周末,写下我个人的投资哲学:我寻找什么样的刺激因素;我如何期望它们来影响股价;以及我如何诠释不同的股价反应。我已经记录了500多页的投资心得。坦率地讲,写下这些心得是相当枯燥的事情,而且我还要长时间地坐下来记录这些心得。但是,这种过程能够帮助你发现你的交易方法。

您为投资者提供哪些建议?

曾经做过零售经纪人的好处之一就是我能够看出人们犯下的许多错误。由于有了这种经历,我能为投资者提供的最重要的建议就是要制订计划。务必要了解你为什么要买进这只股票,以及了解在这笔交易中,你在寻找什么。如果你只是退后一步,考虑一下你正在做的事情,那么,你就能避免很多错误。

马斯特斯的交易方法可以被总结为一个四步的过程:

1. 从经验中学习。对任何一次有意义的交易(不管是赔钱的交易还是赚钱的交易),写下你从这笔交易中学到的关于股市的经验。不管你是记日记,还是像马斯特斯这样在名片的背面上写下经验,这都不重要,重要的是,在这些经验教训发生时,你要系统性地记录下它们。

2. 发现一种交易方法。在你学到的经验的基础上,再把它编纂成为一个连续的交易方法。在这里,应该注意两点。第一,从其定义上来说,这一步对新手来说是比较困难的,因为,它需要交易者具备丰富的经验后,才能发现一种有意义的交易哲学。第二,这一步是一个动态的过程,随着交易者越来越有经验和知识,他将逐步地修正现在的交易哲学。

3. 确定那些胜算高的交易。使用你自己的交易哲学来发现一种确定那些胜算高的交易的方法。想法就是寻找那些交易,显示出你能明显辨认出的有一些可预测价值的几个特点。即使每一种条件只提供一种获利的可能,但是,这些条件综合在一起就能暗示出这是一笔成功的交易。

4. 制订计划。了解你以何种方式进入市场,以及以何种方式退出市场。许多投资者都会犯只关注前者的错误。马斯特斯不仅有一个独特的挑选交易和开始交易的方法,而且他还为结束交易制订一个计划。不管在何时,只要下面三个条件中的一个被满足,他就会结束交易:(1)在这笔交易中获利的目标已经达到;(2)期望中的刺激因素不能发挥预期的作用或者这只股票没有达到预期的反应;(3)这只股票在预先定义的时间段内没有反应。(这个“时间间隔断”是依据实际情况制定的)

对迈克尔·马斯特斯访谈记录的更新

在熊市的头两年中,马斯特斯成功地保持他的盈利,尽管盈利的幅度不高,但是在2002年的四分之三的时间中,他的处境看起来很不妙,度过了第一个亏损的年份。自从2000年的开始到2002年的9月,他的收益率仅上涨了13%。虽然收益率听起来也许并不令人印象深刻,远远低于其之前的收益率,但是在这里值得说明的是,在这段相同的时期内,标准普尔下降了45%,纳斯达克的下跌幅度达到了71%。

您对当前股市有什么看法?

这完全是一个熊市。在过去的几年中,纳斯达克的表现和道琼斯在1929年年末到1932年的表现相差无几。

您为什么要把1929年的道琼斯股指和当前的纳斯达克股指相比较呢,而不是把它和当前的道琼斯或者甚至是标准普尔相比较呢?

这是因为它们的图表看起来都很相似。

通过这种对比,您得出了什么结论?

得出的结论很简单,股价下跌的幅度都很相似。从1929年到1932年的这段期间内,道琼斯下降了近90%。在当前的市场低迷时期(2002年7月),纳斯达克从2000年3月的股市顶峰时期下跌了近82%。当然,从2000年3月的股市顶峰时下跌的8%的幅度也暗示出从当前的低谷时算起,下跌的幅度超过了40%。我不相信,我们当前的股市和1929年到1932年的熊市一样,因为当前的经济条件很明显地要远远好过经济大萧条时期的条件。但是,又再一次地,从平均年度股价上升幅度方面来说,上世纪90年代的牛市远远超过了20年代的牛市。

那么,您认为未来的股市会是什么样子?

我想,这些股指将继续保持一个相当宽泛的交易范围,正像我们在上世纪70年代末期经历的那样。我们也许仍然会看到上涨的市场阶段,在这个阶段中，市场上涨30%或者更多，但是，在这之后，很有可能继续是一年或者两年的熊市。

从投资者角度看，这听起来像是您正在预测未来五到十年的年均收益率附近的股息收益率。

我想，这可能是一个合理的估计。但是，我并不认为，你得到的将远远超过这个。

噢，您认为市场前景看跌呀。这肯定说明了未来市场年均10%的收益率，这显然是表现不佳。什么让您对市场如此消极？

这主要是回归平均的一种说法。

换句话说，上升趋势如此严重，以至于我们可能要面临的是股市长期表现低迷。

是的，这只是我的猜想。虽然我相信美联储尽力在避免通胀——类似于日本在上世纪90年代经历的股市情形——这将导致收入增长，但是，这种改善是以更高的通胀和资产的减少为代价的。最终的结果应该是接近新的长期股权价格。但是，商品也许会在未来表现得更加好，因为美联储除通胀外，没有其他办法。

当然，如果您是正确的，暗示出债券在未来将有下跌的倾向，从现在看，它会一直处于高位。具有讽刺意义的是，那些已经在股市中焦头烂额的人们以及一直在债券市场上寻求“安全”的人们未来可能会遭受损失，在债券中赔钱。[①]

是的，如果你正在把资金投入到债券市场中，作为一项长期的投资方式时，那么，你最好打赌我们要重复日本经济——也就是说，美联储并没有成功地抑制通胀——这肯定是我不会下的一个赌注。

您在熊市中的交易与您在牛市中的交易有何不同？

1999年的牛市繁荣景象和今年惨淡的熊市光景之间的对称性还真是相当地令人吃惊。在1999年，某家公司宣布它正要进军互联网，这个宣告足以

---

① 虽然债券的收益率一直很稳定，但是，许多不成熟的投资者并没有认清这个事实，更高利率带来的债券价格下跌比利息收入更有价值，导致总收入是负增长。由于利率未来将一直处于低位，债券的总收入是负增长的带来的危险也相当明显，尤其是，要是马斯特斯正确地预测了在未来相当长的一段时期内，通胀将继续存在。

将它的股价在一夜之间拉升20美元。而今年,《华尔街日报》报道的一则关于某家公司的会计的新闻也将足以引发其股价瞬间下降20美元。因此,你看到的都是同样类型的疯狂的股价涨跌的故事,不管它们是涨还是跌。2002年市场的恐慌事情和1999年的贪婪事件一样多。这可以类推出,多头也要受限于股价突然大量地不合情理地向不利的价格转变,这和短头在1999年的牛市中经历的情形差不多。但是,正像是1999年,我相信,当前的市场情形只是短暂的。

此时,您会给那些投资者提供哪些忠告?

我认为,在未来的十年内在美国股市上能够赚钱的唯一一个方法就是采取逆向投资的方法。不管在何时,当空气中弥漫着焦虑的气氛时,正像2002年7月的市场情形那样,你必须成为一名乐意购买的买主,你也许并不想成为这样的人。然后,如果一年后,股价开始反弹,乐观情绪似乎就会回到市场中,那时,你就可以结束交易了。也就是说,如果你现在做的事情和你周围的人们做的事情刚好相反,那么,你应该就能够赚到很多钱了。

这种逆向投资的方法在上世纪90年代就已经过时了,因为人们只想要那些时兴的东西。但是,如果你退回到上世纪60年代和70年代,想赚钱的唯一方法就是在成交量不好时成为一名买方,在成交量很好的情况下成为一名卖方。我相信,在未来五到十年内,或者是更长的时间内,我们都将面临类似的股市情形。

约翰·本德

透视股市的人

如果约翰·本德关于期权[①]的看法都是正确的,而且,若从他的投资业绩来看,毫无疑问要相信他是正确的——也就是说,其他人就是错误的。本德声称,那些获得诺贝尔奖的经济学家们提出的期权定价理论实质上揭示了全世界所有交易员使用的所有的期权定价模式,可是这个理论有一个基本的缺陷。这个论点并不只是一个理论上的争论。本德的完整方法都是基于打赌那些传统的期权模式不可能暗示出价格的波动。如果本德的模式能够更加准确地估计股价波动的可能性,那么,他就只完成那些盈利的交易,而不是由当前的市场价格暗示出他的模式对股价波动的可能性,因为当前的市场价格只能反映出那些标准的期权定价模型。

从本德正在管理的数量巨大的资金和他取得的优异业绩方面来说,他一直都保持着令人吃惊地相对小的投资规模。他的基金并没有出现在我检索的任何一个行业的数据库中。正像我在这本书和前两册书中采访的那些交易员一样,通过搜寻互联网进而联系业内的客户,我才发现了本德。

本德于1988年以优等生的荣誉毕业于宾夕法尼亚大学,获得了生物物理学的学士学位。在他毕业的那个夏天,本德同时做了好几份的研究工作,其中包括在利弗莫尔实验室的工作和位于美国伍兹霍尔的海洋生物研究所的研究工作。虽然他喜欢科学,但是,他并不对其着迷,因为他观察到,那些职业的科学家被迫要在追求专利上面,而不是在研究上面花费了大量的时

---

① 如果有些读者对期权并不熟悉,那么,建议这些读者在阅读这章之前重温一下索引中关于期权的那些初始读本。

间。与此同时,他开始对股市着迷,而且看到了在股市中可以运用到他的分析才能,这对他来说,是一个挑战。

当本德毕业以后,他开始使用他个人的账户进行交易,但是,他的投资本金只有几千美元。一年以后,他成功地募集到了 8 万美元,这对他来说是一笔不小的支持。从 1989 年 8 月到 1995 年 3 月,他一直在使用这个账户进行交易。在这段时间内,他的年均复合收益率达到 187%,而且只有三个季度是赔钱的,最坏的赔钱是他的账户下跌了 11%。

当假期结束以后,本德在 1996 年 8 月创立了他个人的基金,在接下来的三年半的时间里,实现的收益率平均只有 33%。虽然这仍然是一个不俗的业绩,但是,你也会疑惑,和前几年的收益率相比,是什么导致了他的账户的收益率的直线下降?答案非常简单:杠杆。对于他创立的基金来说,本德降低了他对杠杆的使用率,现在对杠杆的使用率只是原来的四分之一,(由于每月的复合收益率大幅地降低了年均收益率)过于强调控制风险。到现在为止,这个基金的最糟糕的下跌从其最高值下跌到随后的新低,这期间只有 6% 的幅度。除了管理着数以万计的基金以外,本德还管理着量子基金中的部分未知规模的资金,用这笔资金交易外汇期权。

对这些金融怪杰们来说,把他们取得的一部分实质性的交易利润用于支持他们喜爱的慈善或者事业,这是相当平常的事情。在这里,尤其需要注意的是,我发现,本德正在使用部分的利润,为了完整地以及永久地直接解决这个问题,在这种行为未消失以前,他正在全部买进哥斯达黎加州的热带雨林,以保护这片区域不被开发商毁坏。

在我离开前往纽约市为了本书而采访本德的前一天,我了解到,本德那时正好也要前往纽约市。自从他定居在弗吉尼亚以后,安排我们两个一起在纽约市的会面看起来是很方便的一件事,因为弗吉尼亚离我计划采访的另外一位交易员的地方很远。唯一的麻烦就在于我的日程排得很满。我们决定要在晚饭后见面。为了简化这些过程,本德直接在我预定的宾馆内也订了一个房间。

我们决定在宾馆大厅中碰面,然后一起去吃晚餐。这是一个非常闷热的夏夜。本德穿着西装,还打着领带,而我本想穿牛仔裤,结果却穿着卡其裤前往和本德一起吃晚饭。本德在此之前已经预订好了餐厅。当他看到我的打扮后,非常担心,不知餐厅是否能够允许我进去,于是他就建议我给餐厅打个电话，问一下我穿着卡其裤是否能进去。我向他保证，一般情况下，我肯定不会因为我的穿着而遇到任何麻烦。当后来证明正是这样时，他看起来有点失望。随着夜越来越深，我意识到，本德此时穿着西装和打着领带，很明显他现在很不舒服。显然，他也很不喜欢穿得这么整齐，而且他还有点羡慕这个事实——我有先见之明，穿得这么休闲。他的身材很魁梧，又穿得这么正式，所以他很不自在。

当我们在一家日式餐厅内享受一顿丰盛的大餐时，我完成了对他的采访。近四个小时以后，接近午夜，采访终于结束了，当时我们突然意识到我们是最后一拨的顾客，餐厅内的服务员不耐烦地到处乱走，急切地期盼着我们的离开。我们不一会儿就回到了宾馆。我去看望我的妻子，她孤单地一个人，陪着我来到纽约市。本德则去看他在东京产权交易所的交易。他的公司在东京产权交易所中是一个非常重要的参与者。当我们十五分钟后再次在宾馆大厅见面时，只见本德穿着一条短裤和一条肥大的T恤。穿着这么随意的衣服，他的表情看起来很舒适。这段采访在凌晨三点五十时结束，因为我的第二卷只能撑三个小时的录音带也用完了。

您在大学时制订的职业目标是什么？

我想成为一名研究物理学家。

那么，您对物理学的哪些方面感兴趣？

我的专业是生物物理学。我在其中的一个学科上花费了大量的时间，就是想要发现一种用光学显微镜展示三维信息的方法。如果你想看到细胞内的这些微小结构时，从根本上来说，你只有两个选择：你要么在电子显微镜下看到它们，要么在光学显微镜下看到它们。如果你使用电子显微镜，那么，你就会有一个优势，因为它能清晰地展示这些物体。问题就在于，你并不明白你看到的这个细胞是否类似于它在活着的情况下你看到的真实细胞，因为，为了要使细胞图像显现出来，首先，你必须要把细胞浸在重金属环境下。我不知道你会怎么样，但是，我知道，如果某人向我开了枪，而且还把我放在融化的铅液桶中，那么，我肯定不会自己跑出来，看看我的样子是什么。这种观察方法改变了被观察的物体。人们经常会发表著作，声称他们已经发现了某个细胞内的新结构，但是，随后，真相却是金属晶体渗入了细胞中，这只是一个假象。

每个使用电子显微镜的人都会意识到这个问题。因此,更好的方法就是要尽量使用光学显微镜。然而,光学显微镜也有一个主要的问题,那就是为了要看清非常小的物体,当你把光学显微镜的精确度调到非常高时,这个物体的厚度就接近零。在聚焦镜的中心,你只能看到一个扁平的切片,其他的一切都是模糊不清的,这让你很难看清三维的物体。如果你想要看到不止一个切片,那么,在显微镜下你看到的一切都是模糊不清的,因为,你只会看到焦点以外的物体。为了克服这个难题,我们不得不提出了过滤焦点以外的物体的课题。这是一个非常有趣的数学问题。

那么,您为什么要放弃物理学的研究呢?

当我还是学生时,觉得物理学很有趣。每个人都想让你对他的研究提供一些帮助。你得到了一个机会,致力于研究你感兴趣的事情,撰写一些研究文章,然后向每个人证明你是多么聪明。然而,当你毕业后,你必须要在那些机构的眼里撰写数不清的计划书,以及撰写那些帮助你获得任期的文章。最终,90%的你的宝贵时间都并未用在物理研究上。每天我都在忙碌地致力于物理学的研究,然而,实验室中的其他人却殚精竭虑地希望写出那些伟大的计划书。我意识到这并不适合我。

您第一次对市场感兴趣是在什么时候?

当我长大后,我一直都把我的全部时间用在数学和物理学上。我很倔。在高中时,我就开始关注股市,因为我认为,这是一个很有趣的方法,我可以把我学到的数学知识应用在股市研究中。

您何时开始交易的?

我在大学的最后一年开始做交易。我喜欢股市的原因就是因为你自己才能限制你自己。

那时,您交易什么?

我在费城产权交易所里交易一些股票和股票期权。

那么,最后您又怎么在场内交易了呢?

我有一个朋友,他是一名做市商。我和他一起下楼到交易大厅,有那么几次以后,我就决定这是一份非常适合我的工作。在此之前,我一直就对股市和数字感兴趣,而且股市交易恰好将二者完美地结合在一起。

当您第一次在交易所的大厅内交易时,您是如何募集到资金去交易的?

我从一些专业的投机商人那里成功地募集到了8万美元。因为我是一名认真的西洋双陆棋玩家,在此之前,我就曾经见过一些全世界顶级的西洋双陆棋和扑克玩家。我的投资商之一就刚刚赢得了世界扑克锦标赛的冠军,而另外一名投资商则是全世界最成功的西洋双陆棋的玩家之一。

他们支持您的回报是什么?

刚开始,他们拿到了我赚取的一半利润。最后,我把他们完全买断了。其实,赌博和交易之间有很多相似性,尽管赌博听起来并不是一个好名词。

为什么?

因为这说明你的成功是靠运气得来的。我刚才提到的那两位投资商都把扑克或者西洋双陆棋当作是一种职业,而不是一种靠运气的游戏。要想在交易和玩这些赌博性的游戏中都取得成功,还有一些关键的因素。第一个,你必须要了解你的优势,而且最大化地发挥它。第二,你必须有能力对付亏损。例如,一名世界级的西洋双陆棋玩家完全可以把 10 万美元输给一个无名小辈,仅仅他的运气太坏了。如果真的发生了这种事情,那么他肯定不能不知所措。他必须要保持镇定,继续做他认为应该做的事情。第三,你必须要了解赌徒应该注意的事项——要看你的资金的大小,不能玩得太大。

如果你有一个优势,那么,看起来也许能够最大化地发挥你的优势就是尽可能地赌得越大越好。但是,事实上并不是这样,因为有风险的存在。作为一名职业的赌徒或者一名交易员,你要连续不断地徘徊在最大化地发挥优势和最小化地控制风险之间。

您如何衡量良好的平衡的标准?

关于这个问题,没有唯一正确的答案。这要看每个人对风险的承受程度。比如说,你存够了钱,可以让你的生活更加舒适,但是,你不能大手大脚地花钱。在这个时候,我找到了你,说这笔交易十之八九都不会成功。你必须拿你的全部净资产作赌注,才会有一丝的胜算。这种赌注的优势很大,但是,你很有可能不愿意下这个赌注,因为,即使你能赚到的资金是一笔金额不小的资金,但是,它仍然远远低于你能够承受得起的亏损。但是,如果你刚刚走出大学校门,只有 1 万美元的存款,而且在你的前面就是一笔只赚不赔的买卖,那么,你很有可能愿意下这个赌注。作为一名基金经理,关于如何最大化地发挥你的优势,正确的答案不仅要靠你自己的能够承受风险的程度,而且它还与你的投资商能够感知的能够承受风险的水平有关。

您在费城产权交易权的大厅内干了多久的交易?

只做了五年多。

您的投资业绩如何?

截止到我离开以前,我已经把最开始的8万美元的资金发展成700万美元的资金,这当然是在偿还完我借投资商的贷款以后。

如果您一直都做得这么好,那么,您为什么还要离开呢?

随着我赚的钱越来越多,对我来说,只投资两只或者三只股票变得越来越困难,最好的方法就是离开,这样能够分散投资。

您是如何从事这些连续不断的高收益的交易的?

为了要在股市中赚到钱,你不需要知道股票的价格的未来走势,你只需要了解概率分布(在股市结束时,不同价位水平的股票分布的可能性)①即可。

如果万能的上帝走到我身边,告诉我:"我不会告诉你IBM公司的股票从现在起一月后的股价是多少,但是,既然你是这么乖的孩子,那么我就告诉你概率分布吧。"我的数学学得不错,而且这也不算是非常复杂的数学问题——那我就告诉你,当股市在那天结束时,每只股票的价格。可是,问题就在于,这个万能的上帝并没有明确地告诉我或者其他人IBM公司的股票

① 概率分布只是一条很简单的曲线,表明正在发生的事件的概率——在这种情况下,这种概率是关于某只给定的股票在期权到期日的在不同价格上的分布情况。X轴(水平线)表示股价。Y轴(垂直线)表示这只股票在不同价格上的相应的分布情况。在一定的股价区间内,曲线越高,当期权结束时,股价就越有可能落在那段价格区间内。在特定的股价区间内,曲线下方的区域表示这只股票在期权到期日落在这段区间内的可能性。例如,这片区域中的20%的部分落在50美元和60美元之间,那么,这就说明,这只股票在期权到期日落在50美元和60美元之间的概率是20%。又如,如果这片区域中的80%的部分落在60美元以下,那么,这就说明,在期权到期日的这一天,在60美元时可以买进这只股票中,80%的股票都是毫无价值的。

概率分布的曲线的形状简单扼要地表示出某只股票在期权到期日的在不同价格上的分布情况,它将决定这只股票的价值。当然,这种曲线的真实形状并不为人所知,人们只能估计它的形状。因此,关于这种曲线的形状的那些假设将在决定这只股票的价值中发挥关键的作用。关于这种曲线的形状而做出不同假设的交易员也将得出关于这只股票的真实的价值的不同结论。如果某位交易员能够对概率分布提出更加准确的估计,那么,相对于其他交易员而言,他就具有明显的优势。

从现在起一月后的股价是多少的概率分布情况。

基于期权定价模型的这个标准的方法假定概率分布将呈正态曲线的态势(频繁地使用人们所熟知的钟形图线,用于描述概率,比如人们的 IQ 分数的概率分布问题)。关键的描述就是它“假定概率分布将呈正态曲线的态势”。谁能出来告诉这些家伙这就是正确的概率分布?他们是从哪里得到这种想法的?

[期权定价模型(或者其中的一个变形)是最广泛引用的话语,旨在得出某个期权的理论价值。在这个模型中,一个含蓄的假设就是某只股票在期权到期日的在不同价格上的分布情况可以用正态曲线①进行描述——越接近于当前水平的股价的概率,以及不同价格减去最高或者最低市场价格的概率。]

如果股价波动可以类推至通常被人们称谓的“醉鬼的踉踉跄跄的步伐”,那么正态分布将是合适的。如果你在狭窄的楼道里遇见一个醉鬼,那么,他要么只能向前倾斜,要么就只能向后倾斜。为了要把他的步伐认为是他在随意地走,必须要满足下列的三个标准:

1. 他向前倾斜和向后倾斜的幅度一样。
2. 他在向前倾斜时走的路程和他在向后倾斜时走的路程相同。
3. 在每一个恒定的时间间隔内,他必须要倾斜一次。

以上的三个标准都是相当严格的必须要被满足的条件。其他变量并不适合这些条件。我敢断定,即使是股价也不适合它们(用当日的价格变化来代替醉鬼的踉踉跄跄的步伐)。

我并不是要说明,布莱克和斯科尔斯设定的假设很糟糕。他们使这些唯一的合法的假设成为可能,而不是他们本人也成为交易员。事实上,正因为如此,他们才获得了诺贝尔奖。虽然,诚实地讲,这在我看来有点奇怪,因为他们使用的全都是高等数学。我的所有交易都在基于这个前提性条件:最重要的那部分也是他们遗漏的那部分——对概率分布的假设。

---

① 见 211 页码中的脚注。

您为什么如此肯定地认为,这些股价甚至都不会非常接近于醉鬼的步伐呢?

举一个例子来说,不管你是否相信它,有这样一个东西可以作为技术分析,试图提供支持,识别阻力水平和发展趋势。不管这种技术分析是否有效,还是有很多人愿意相信它能够影响市场。例如,如果人们期望某只股票在65美元时找到支撑点,你瞧,他们就会在股价上升到66美元时愿意买进它。这并不是一个随机的游走声明。

我再给你举个例子。假设人们都莫名其妙地开始追捧科技股,而且开始趋之若鹜地买进它们,那么,当那些经营夫妻店的人们决定要投资他们的资金时,你觉得哪些股票在下一个季度才能有最好的业绩呢?答案是科技股。哪些股票的资金会在下个季度中最流通顺畅呢?答案是科技股。他们会买进哪些股票呢?不是航空股,而是科技股。因此,科技股的价格将越来越高。因此,和其他股票相比,它们的业绩也会更好,而且也会获得下一次的分配,等等。你准备好了这个趋势的所有条件。再一次地,这并不是一个符合随机游走假设的价格行为。

你肯定已经在当前日益上涨的美国股市中见过这种模式。人们连续不断地购进这种同类的股票,涌进股市的资金使这种不可抑制的趋势变得更加不可收拾,同时也把这些股票的价格拉高到有史以来最不可思议的程度上。(关于这一现象,详见迈克尔·劳尔的另外一种不同的观点。)如果你手中持有的股票——某人的网页系统的再生产价值是2000万美元——那么,它的交易价值将是10亿美元甚至更多。这些股票真的值这么多钱吗?我不想成为那个说不的人——毕竟,它们现在的交易情况的确如此——但是,我认为,你最终也会看到它就像电视繁荣的那段时期中的美国无线电公司的下场:股价先是高得不可思议,随后就崩盘。

如果这些公司好好地做它们的业务,互联网本身是什么样,事实上它就是什么样,每家公司都能有顾客,那么它们也就不至于相互降低对方的利润,到最后只有极少数的互联网公司才能赚到大钱的地步。如果你从《纽约客》中找到了一个问题,那么你就要在互联网上为那些书商找到二十份广告。这是一个竞争激烈的行业中的经典案例。当然,也会有一些例外情况,因为往往会有一些大牌,有一些人的工作表现更加突出,但是,这个结构能够支持当前还不适合这个行业的股价吗?我很怀疑。

为什么我们现在正在看到的对这些股票的价值远远高于历史水平？难道有根本上的改变？

由于人们持续不断地买进这些股票致使价格强度的重复循环，这将带来更加坚挺的股价。其中一个充分放大互联网股票的集聚的重要因素就是这些公司都限制发行股票。许多互联网公司都只发行了20%或者更少的股票。

在过去的五到十年中的另外一个重大的发展就是现金保险公司和分配给股票投资的养老基金的数量迅速攀升。作为对冲基金经理，我们认为，如果我们正在交易100亿美元，那么我们是有保障的。没有公司能够与保险公司和养老基金相抗衡，后者有着数万亿美元的资产。

要是我正确地理解了您说的话，您的基本意思是股价波动并不是随机的，因此，假设股价呈正态分布（每人都用正态分布来评定股票的价值），那么这个假设就不是真实的股市中的正确的数学表示。这意味着，您已经想出了一种可代替期权定价模式的方法吗？

可能并不像你想象的那样。这与想出一种能够适用于所有交易，比标准的期权定价模式还要优越的模式无关。关键是针对于每个市场和每段时期，每个正确的概率公布都不相同。概率分布必须要在每个具体的案例上进行分析。

本德的最后一句话挑战了期权市场中的参与者假设的这些核心前提，如果你对这句话有所反应，那么，最好是只有一句简单的惊叹"啊"，而且假设你真的在意这句话，那么你就应该重新阅读对概率分布的诠释（脚注，见211页）。从本质上来说，本德的主要意思是，由于这些传统的期权定价模式的假设是不必要的，股价不可能呈正态分布，不仅它们是错误的，而且从本质上来说，这个特别的想法——可以使用任何一个模式来评估不同市场（或者股票）的价格——也是错误的。

您对概率分布有什么看法？

通过概率分布，我们可以对那些基本面因素、技术因素以及市场的参与者都在做什么都一目了然。每只股票都有它自己的概率分布，这和一系列的因素有关：市场的参与者持有的头寸是多少？那些主要的买家都买进了哪些股票?他们的止损点在哪里?从技术层面上来说,哪些股价是极有可能显著的?

您能得到那些可靠的消息吗?

我在场内大厅里得到这种股票和股票期权消息,而且从银行中得到汇率的消息。

您如何把像市场参与者正在做什么的信息转变为那种能代替期权定价模式的方法?

我能想到的最好的一个例子就是与黄金市场有关,而不是与股市有关。如果要退回到1993年,黄金的价格历经13年一直在下滑以后,黄金的价格已经反弹,超过了400美元以上,超越了历史同期水平。许多商品交易顾问(期货市场中的资金经理,简称为CTA)都踊跃投资长线黄金,假定长期的下跌趋势已经被完全逆转了。这些顾问大多数都追随股市潮流。在这些顾问中,有很多人都使用那些因股价大幅下跌而止损离场或者扭转他们的多头的模式。由于这个行业中存在着太多的商品交易顾问以及他们都使用止损的交易模式,我认为,股价下跌能够引发抛售股票的多米诺骨效应。过去,我就是从这些顾问身上了解到他们的止损点大部分都是市场波动的后果。我感觉到,如果市场再次下跌到390美元,那么他们将开始引动止损点,由此开始连锁反应。

我并不想在405美元时抛售黄金,而这正是当时市场上的交易价格,因为市场在400美元时仍有支撑。但是,我的确非常合理地确切地感觉到市场几乎不可能下跌到385美元,而且还不会掀起一场巨大的灾难。为什么?因为,要是市场的交易价格下跌到385美元,你就会非常确定这些止损点本可以被引发。而且,一旦引发了这种过程,它就不止下跌到385美元。因此,你就会买进某只赔钱的股票,如果黄金的价格慢慢地下跌到385美元和390美元之间,而且只会维持在这个区间内,因为这种事情一定不会发生。基于这些期望,我采用了一个策略,它就是:若是黄金价格下跌稍许而且保持了一段时间,那么我就采用赔钱的策略;若是黄金价格下跌幅度很大,那么我就采用赚大钱的策略;若是黄金价格稳定而且上升,那么我就采用赚小钱的策略。结果证明,俄国向外宣布他们要抛售黄金,而且市场逐渐下跌到390美元,然后,随着每一个卖出的命令接踵而来,价格又立即下跌到350美元。

期权定价模式并不会使这些模式有任何不同。如果黄金的交易价格是

405 美元，那么假定，从现在起，未来一个月内将在 360 美元交易的概率要远远低于其未来一个月内在 385 美元交易的概率。在这里，我所说的意思就是在那些合适的情况下，事实上，在 360 美元的价格上进行交易的概率要远远高于在 385 美元的价格上进行交易。如果我的这些猜测——假定没有随机的价格行为——都是正确的，那么，可能就会出现盈利机会，因为市场上的交易价格是建立在股价波动是随机的这个假设的基础上的。

您能为我列举一个股市方面的例子吗？

我要给你列举一个关于股指方面的例子。去年（1998 年），我相信这些股票买卖与资金流入有关，而不是与股票自身的内在的基本面因素有关。IBM 公司的股价不会上涨，因为这些分析师一直都在关注着 IBM 公司的股票，说道："这就是未来的收入流，而且我们预计股价应该能上升到这个水平。"结果，IBM 公司的股价上涨，因为人们不断地把资金投入到市场中，而且这些经理都正在买进这只股票和其他股票，因为他们必须要把资金投入出去。

一个受涌入的资金所驱使的市场都有一些小的更正，但是，随后，股市必须要立即恢复到新高，以不断吸引更多的资金进入市场。否则的话，涌入的资金很有可能会吸干市场，股市就会土崩瓦解。因此，这种股市就有可能大幅上涨和下跌。市场将下跌 5% 或者 6%，然后就保持一段时间，这种概率比正常的概率要小得多。基于这种假设，去年我采取了一个期权策略，它就是：若是股市大幅下跌，那么我就采用一种能够赚大钱的策略；若是股市稍许上涨，那么我就采用一种只赚小钱的策略；若是股市下跌稍许后又保持一段时间，那么我就采用赔小钱的策略。在那年的前半年，股市不断地上涨，不可抑制，于是我只赚了少许的资金。然后，股市经历了反弹，而且没有立即恢复；净停止只下降了 20%。就是在股市的这种震荡中，我赚了许多钱。

您列举的那些例子都针对于每一个具体的市场。要是我对您说，您能够想出任何一种您希望能够代替期权定价模式的模式，但是，您必须要把它应用到所有的市场中，那么，您能做得比布莱克和斯科尔斯好吗？

不会，只要有这个限制，股价是随机的这个假设和其他假设一样好。但是，正是由于布莱克和斯科尔斯使用了这种万能的方法，可是这并不说明它是正确的。

难道像萨斯奎汉纳(在《新金融怪杰》一书中,我对这家公司的交易原则进行了采访)这样的其他公司也使用这些基于标准的期权定价模式暗示出的感知的错误定价的模式吗?

当我在费城产权交易所的场内大厅进行交易时,一般来说,我交易的股票都是那些和萨斯奎汉纳公司完全不同的公司的股票。他们认为他们是特别的公司,因为他们正在使用一种定价模式,它是对期权定价模式的修正。从根本上来说,他们的修正只是试用版本的。

我把他们正在做的事情称作是类似于对电视机的调整。比如说,我有一个老式的带天线的电视机。我打开了它,图像不是很清晰。我想那应该是米老鼠吧,但是其中的一只耳朵绒绒的,而且它的颜色是有点滑稽的绿色。那么我应该怎么办呢?我是否要继续坐下来,盘算着要把天线放在哪里,才能让它和广播公司的位置相连接呢?不,我不会这样做。我应该走到电视机前,轻轻地摇晃它几次,然后再扭动一下天线。我这是在做什么?我肯定是在根据这台老电视机的毛病而做出相应的调整。我从来都没有想过,会发生什么事情。我能做的只是不断地扭动天线,直到电视机的图画看起来和我认为它应该就是那个样子没有差别——直到我看见荣耀的米老鼠。

做市的那些公司将对期权定价模式进行重大调整——就像是我扭动天线,看到米老鼠的皮肤的颜色是米黄色的,而不是绿色的那样——直到他们的模式表现出的股价和场内大厅中的交易价格完全一致。那么,他们就会说:“哇,我们解决了那些问题;这个才是真的模式!”他们将使用这个模式打印出期权的价格单,再把这些单子交给许多孩子,我们称这些孩子是“表猴子”。他们站在场内大厅内做市。但是,难道他们就没有停下来,思考一下什么才是正确的代替期权定价模式的模式吗?没有。他们只是扭动电视机上面的天线,直到图像和场内大厅的图像一致。

如果你做市,这种方法也许还行,你试图做的只是赚取买入价与卖出价之间的差额,而不是说明从基本面来说,哪些期权的定价过高或者过低。然而,作为一名交易员,我一直在努力识别当市场的价格偏离正轨时,买进哪些股票。我不能使用那样的模式。我需要从基本面上弄明白这些股票的真实价格应该是什么,而不是在场内大厅中重新创造这些股票的价格。

即使您现在管理着 2.5 亿美元的资金，您的投资规模看起来仍然不太高。事实上，我从来都没有见过您的名字出现在媒体上。这是深思熟虑后的行为？

这是一项策略，我通常都不接受任何媒体的采访。

为什么呢？

我觉得，对于一名基金经理来说，在采访中诚实地讲出自己的观点是一件很困难的事情。为什么我不愿意接受媒体的采访，告诉全世界所有的我的最好的投资想法？让我这样说吧。我是一名基金经理，我刚刚识别出 XYZ 股票正是我想要买进的股票。那么，为什么我要接受电视的采访，告诉全世界我的这个想法呢？如果我真的相信 XYZ 股票是我最想要买进的股票，难道我不应该买进这只股票吗？如果我现在正在买进这只股票，我为什么也要让其他人买它呢？

噢，看来您已经经历过那种情况了。

的确如此。任何人找到我想要买进的股票的唯一时机就是当他们也买进这只股票，然后就想要退出市场。当你打开电视机，观看一些金融类的节目时，你就会看到某些人告诉你要买进某只股票，他这样做肯定有他的理由，他告诉你要买进的股票正是他想要出手的股票。我就见过那些基金经理一边在电视上推荐这只股票，一边又在同一天的时间内在交易大厅内发布卖出这只股票的指令。

还有一种可代替的方法。比如，您认为 XYZ 股票会看涨而且刚刚已经全部买进了这只股票。如果这种情况是真的，那么，让其他人买进这只股票会给您带来好处。即使您不打算卖出它。

这难道不是一种自私自利和不道德的行为吗？

不是的，我想说的是，如果我自己持有 XYZ 股票，想要卖出它，那么我就会在电视节目上推销这只股票——这才是不道德的。但是，如果我刚刚买进 XYZ 股票，而且还是全部买进了这只股票，此时恰巧有一位长期的投资者，他并不打算要卖出这只股票，他还想再持有六至八个月，那么，我并不认为推销这只股票有什么不妥。

也许并不是这样子。但是，在交易大厅内，我已经见识过了交易推介和某家公司的自己的交易行为之间的各种各样的冲突。

比如?

我给你列举一个例子吧,它与公共记录有关,交易的股票都是在场外交易的股票——这些完全是精心布置的一个局。一些公司很有秩序地把股票推荐给他们的客户,然后他们一整天都在卖出这只股票。这些公司不仅是在给他们的客户推荐某只股票后成为当日内最大销售商,而且他们还是上周内买进这只股票的最大的买家。下面就是他们如何解释这件事情的——我只不过是在转述他们的话语,但是,我并没有对他们的话语作过任何改动:"这些在场外交易的股票的流动性非常小。如果我们只是简单地推荐了这只股票,我们的客户就不会买它,因为市场会失控。因此,我们就必须在推荐之前先买进数百万股,这样当我们向客户推荐这只股票时,我们的供应就很充足,可以把它们卖给我们的客户。"证券交易委员会在调查此事时接受了他们的这个论点,而且他们会继续这么做。这是相当合法的。

如果你持嘲讽的态度,认为所有华尔街上的公司推荐股票的目的就是要让公司的大客户或者公司本身退出市场,那么你就能赚到钱。我有一个朋友,他正是通过使用这种策略才赚到了钱。在我自己的交易中,当我正在评估某只股票的股价概率分布时,大多数的华尔街的公司都推荐了买进那只股票,这从总体上来说也改变了这只股票的股价的概率分布——这只股票大幅下跌的概率更大。

为什么会是这样?

如果很多经纪公司都推荐了美国在线公司的股票,两三周后,我们估计着那些想要买进这只股票的人们都已经买进了。这也是为什么绝大多数的基金经理的业绩低于标准普尔的业绩的原因:他们买进那些趋势性的股票以及全是正面新闻的股票。事实上,他们买进的股票也许只是一家好公司的股票,但是,他们买进的价格不是很好。反过来说,当某只股票被所有的负面新闻袭击时,每一个刺激因素都能使这只股票的价格下跌,这很有可能也是适用于买进的一只好股票。也许他们买进的股票是一家坏公司的股票,但是,买进的价格还不错——并不会马上就是好价格,但是几周后,当所有关于卖出的新闻都发生时。关于这只股票的当时观点并不重要,重要的是这个观点的潜在变化。

这听起来好像您对华尔街上的分析师的评价并不太高。

如果你打开美国国家广播公司商业新闻台(CNBC)时,看到某家公司已经对外宣布他们的收入很糟糕，股价也下跌了40%，那么，第二天早上，你就会看到，华尔街上的每位分析员都会把这只股票从他们的推荐单上画下来。那么昨天他们在干什么？即使这种新闻已经过时了，而且这只股票在随后的几个小时的交易中，股价下跌了40%，他们仍然因在昨天股市结束前建议清算这只股票而受到好评。当你看他们的业绩记录时，好像是他们建议在50美元时清算这只股票，即使在那时，这只股票已经在官方的交易开始之前，它在场内大厅的交易价格已经达到了30美元。反过来说，如果某家公开宣布了好消息，而且在官方交易开始之前，这只股票的交易价格已经上涨得很高，那么，那些刺激因素就使公司向他们的客户推荐买进这只股票，而且会在昨天结市前发布他们的建议而受到好评。

本德为期权交易员提供了一些非常重要的观点，我们稍后再细谈它们。但是，本章中最重要的信息就是：不要接受任何事情，怀疑一切。这个原则对所有的交易员都同等重要，而且怀疑所有的专业意见。那些怀疑明显是“正确的”事情的人们都做到了这一点。但是，又如，在爱因斯坦之前，大家都认为时间是一种连续不断的看起来很明显的事情，以至于根本就不用考虑什么能够代替时间。爱因斯坦怀疑了这种明显的错误，意识到被大家广泛接受的观点肯定是错误的，（也就是说，时间是多变的，而且与相对速率有关）他在科学历史上做出了最大的进步。

期权理论的其中的一个基本的原则就是不同价格在未来某一日期内的概率可以用正态曲线①进行描述。许多交易员在许多方面都扭曲了这个模式。例如，许多期权市场的参与者都已经意识到了极少数的事件（股价的大幅涨跌，比如，1987年10月19日发生的股市崩盘）不太可能会发生在真实世界中，它们可以被正态曲线所预测，然后再对正态曲线做出相应的调整。

---

① 准确地来说，是对数正态分布，它是那些股价的对数值的正态曲线。在对数正态曲线中，X因素的增加就会被视为另外一个因素1/X的降低。例如，如果X的数值是1.25，这个X因素表示出股价上涨了（25%），那么，这将被视为另外一个因素1/X，或者0.8将下跌了（20%）。对数曲线比正态曲线更好，因为股价会上涨至任何一个数值，但是只能下跌100%。如果要被应用到股价中而不是这些股价的对数值中，那么，由于允许负价格（一个不可能会发生的事件）的存在，正态曲线的对称性就会被实现，事实上，负价格也是一些早期的期权理论家们从事的研究。

(他们着重描粗曲线的尾部。)但是,本德成功了。他质疑了使用正态曲线作为描述股价起点的这个前提。此外,通过暗示出不同股市和股票的价格,他还质疑了通过使用传统的期权定价模式来描述股价行为的做法。通过放弃这个概念——正态分布和放弃那个通用模式的假设而含蓄地暗示出股价波动行为,本德能够得到更加准确的期权定价模式。

理想地,期权应该被用来表示那些交易。在这些交易中,交易员的期望与标准期权定价模式的理论假设不同。例如,如果你认为某只股票的股价在期权结束前将更有可能快速大幅地上涨,这种概率要远远大于其常态,那么买进价外的买入期权也许是一笔更好的交易(从收益/风险方面来说),而不是买进这只股票。(相对来说,价外的买入期权的价格更加低廉,因为如果股价大幅上涨,他们只会在期权结束时才会有价值。)

还有另外一个例子,比如,关于某只股票,市场上将要发生某件事情。这只股票的看涨和看跌的概率各一半。但是,如果它是看涨的股票,那么你就期望着,它的股价很有可能要大幅上涨,远远超过适度的价格上涨。当然,标准的期权定价模式假设适度的价格上涨要远远高于大幅上涨。到目前为止,只要你的这些假设是正确的,而且还没有被当前的股价打了折扣,那么,你就有可能完成一笔对你有利的期权交易。或者,你也许会卖掉你的价外的买入期权,用你得到的那笔保证金来买进一笔更大数量的更加便宜的价外的买入期权。如果股价下跌,这种策略将使你不赚不赔;如果股价稍微上涨,那么你就会赔一点钱;如果股价大幅上涨,那么你就会赚很多钱。

有效地使用期权的关键就在于草拟出你对某只股票攀升到不同价格的各种概率的期望。如果这些期望不同于那些中立的价格假设,这些假设是正态的分布曲线和标准的期权定价模式的基础,那么,这就暗示出还有一些期权的策略,主动提供一个特别有利的赌注——当然,假设你的期望比那些随机的猜想更加准确。

对约翰·本德访谈记录的更新

本德在2000年末关闭了他的基金,这是因为他在年初患上了脑动脉瘤。虽然股市在2000年陷入瘫痪(标准普尔的收益率下跌了10%以及纳斯达克的下跌了39%),但是,他的基金仍然实现了不可思议的高达29%的收益率。

在关闭他的基金后，本德全心全意地投入到保护哥斯达黎加热带雨林中来。本德一直把股市中的部分盈利投入在建立自然保护区上面。在这个自然保护区中，他累积性地共保护了5000多公顷的土地。这个自然保护区中的许多动物都已经有明显的康复的迹象了，本德对此很痴迷。说起那些偷猎者，他这样解释道："由于我们的土地都是被巡逻保护的，在被巡逻保护的土地和那些未被巡逻保护的土地之间有长达50英里的距离，于是那些偷猎者就到这些未被保护的土地上猎杀动物。"接下来，他正在计划着要把那些濒临灭绝的野生生物种类重新引进到这个保护区中。本德希望扩大这个自然保护区，这也是他正在考虑用这项事业代替他的交易生涯的主要原因，尽管这种进展还不是那么疯狂。

我不想问您太过于隐私的问题，但是，我不知道如何避免这个话题。要是您觉得讨论这个话题不舒服，那么就直接告诉我。当您还在交易时，您就患上了脑动脉瘤吗？

具有讽刺意义的是，当我在哥斯达黎加热带雨林过周末时，我发现我长了脑动脉瘤。那时，我觉得有点不对劲儿。最后，我发现在高度压力之间稍微休息时比一直都在经受着压力更容易患上这种病。例如，更容易在周末患上脑动脉瘤，而不是在平常的工作日。

我知道，在您患上了脑动脉瘤的半年后，您就关闭了您的基金。在您关闭基金之前，您很快就恢复了吗，快速地参与到基金的工作中来，还是您的员工在慢慢地清算这个基金？

事实上，大约一个月后，我就开始工作，关注股市，以及从管理风险这个方面监督这个基金的投资组合。但是，我不是那么活跃地进行交易，因为讲话这个问题困扰着我。我害怕拿起电话和发布指令，因为让他们理解我说的话似乎是不可能的，而且即使他们理解了我说的话，我仍然很尴尬地去说话。但是，我能够向我的妻子——安，传达出我最想要说的话。然后，她再把这些信息传递给相关的人。

要是您的病很严重,那么为什么您还要急着回到这么高压力的工作中呢?

这个基金管理的头寸太多。我觉得,对我的投资者来说,我有义务去关注这些头寸,这样我也就可以有序地关闭这些头寸。结果证明,在关闭基金之前的那段时间内——2000年的第二季度和第三季度——我预测的许多事情都如期地在股市中发生了,于是这个基金赚了许多钱。

您患上脑动脉瘤是您放弃交易的原因吗?

这肯定是一个警钟,说明我的健康恶化到了一定程度,以致我必须要改变某些事情。我意识到,我每天都在交易上花费20个小时,周末只能睡2个小时,这样的时间安排对健康特别不利。我还有一个朋友,他也是一个交易员,在四十一岁的时候就患上了心脏病。另外一个非常重要的影响因素就是我越来越把更多的精力投入在保护哥斯达黎加热带雨林上面。我觉得我想要把我的全部时间都贡献在这个保护区上。综合考虑了这些因素之后,我终于做出了放弃交易这个决定。

您认为您这次放弃交易是永远地退出股市吗?还是您期望在未来的某个时间内再次回到股市中?

要是过去你问我这个问题,我肯定会说,我可能不会再回到股市中。但是,这肯定也是我的最好的猜测,现在,我还不确定。

您已经开始再次交易了吗?

没有,但是,几周之前,我的确已经开始认真地关注股市。如果我真的继续交易,这将是在一个有限的基础上,只限于在美国时区内进行交易,而不是像过去的那样,每天交易20个小时。

自从上次对您的采访以后,股市已经经历了大幅下跌。关于这种情况,您有哪些想法?

我不想使我自己听起来太过于冠冕堂皇和太过于强大,但是,这就是我在那时的采访中认为将来会发生的事情。

也就是说?

也就是说,沃伦·巴菲特一直在强调的事情:许多人都买进新技术的股票并不意味着每个人都能够赚到钱。正像他指出的那样,即使飞机是一个非常伟大的发明,许多人都乘坐飞机,但是,许多航空公司还是破产了。相似地,尽管几乎每个人都有私家车,但是,许多汽车制造商也都破产了。在牛市末期的那段时间内，你看到这些人们奔走相告，认为互联网就要改变全世界了，因此你必须要投资互联网。噢，是的，互联网将要改变这个世界，但是，这不意味着投资互联网就是一笔好的投资。

此外，那些积极的反馈也会失真——互联网公司的股价越高，越能吸引更多的人买进互联网公司的股票。由于越来越多的人都买进互联网公司的股票，这将促使股价更高等等，如此循环，不停止。在负面的反馈出现以前，暂时只能出现那种情况。想象一下在牛市快要结束时这些互联网公司的首次公开募股的情形吧。那些市值高达1000万美元的计算机设备公司以及由于入市没有阻碍的这个想法最终让这家公司的市值高达40亿美元。当某人在某一天花费数十亿美元收购一家注册资金只有几百万美元的公司时，在这一天中，你恰好也将看到二十名最聪明的人开始成立二十多个相似的公司。这就是市场那时的情形。

很明显，那些特别廉价的股票和入市没有阻碍结合在一起，对那些互联网公司来说，将有着极大的利润空间。但是，为什么另外一些互联网公司的股价并不高呢？

因为互联网降低了入市的门槛，并波及许多个行业中。除非涉及一些知识产权，否则的话，你面临的竞争将是无限的。现在，任何一个人都能够创办一个网站，以最低的成本销售的产品和那些基础设施健全的公司销售的产品没有什么差别。互联网公司并不需要营销部门，因为它们自己就可以利用互联网进行销售。它们也不需要物流中心，它们可以使用统一包裹服务。此外，互联网使那些消费者更加方便地搜索他们想要的产品，然后买进那些价格更加便宜的产品。除非你正在生产一种涉及知识产权的产品，否则的话，我就认为，最终你将看到你的利润下跌到零。

由于股价在2000年达到新高以来，已经大幅度下跌，那么，您现在仍然认为市场是看跌的吗？现在，您认为股市未来会是什么样子？

和熊市中其他的新低相比，我们已经达到了一个正确的估价吗？没有，但是，我也不认为，熊市将能以常态方式结束，股价下跌到特别低的一个水平上，正像往常的市场底部一样。市场上存在着大量的可利用的投资资金，这些多余的资金将使股价下跌得更低。这只是统计学上的一个论点。我们正在进入一段时期，那些在二战后出生的人们将度过他们的最佳盈利年份。同时，他们的消费也在降低，因为他们已经全部偿还了房贷，而且他们的孩子也已经大学毕业了,或者已经成立了新的家庭。这些趋势综合在一起将创造一个巨大的资金流,这些资金需要被投资。现在,绝大多数的人们都愿意让他们的资金以现金的形式进行投资,因为他们害怕他们的资金贬值。但是,现金投资的力量巨大。它几乎毫不费力气就劝说人们开始用他们的资金进行投资股票,因为投资其他几乎都不会有收益。

大卫·肖

数 量 优 势

在曼哈顿市中心的一幢摩天大楼的高层办公室里，肖已经将全美国最有才华的数学家、物理学家以及计算机科学家都招募到他的公司中，他的心中只有一个目标：要将他们的数量技能综合在一起，这样他就能够连续不断地从全球的金融市场上掘取利润。肖的公司用无数的相互关联的，复杂的数学模式在全球十多个国家中交易了几千种股票，还交易一些与这些股票市场相关的金融工具（认股权证、期权，以及可转换债券）。这家公司从不同的债券之间的差价中赚取利润，严格控制股市波动或者其他的金融市场（货币和利率）直接带来的风险。

关于公司所采用的任何一个交易策略，肖一点儿都不愿意透露，这可以说是一个传奇。他的员工都要签署保密协议，而且即使他们还在公司中工作，并未离开公司，他们都要意识到，不该他们知道的交易方法就不许他们知道。因此，在我对他的采访中，我非常清楚地知道这个原则，我甚至都不会用明显的疑问句去尝试着问肖一些关于他公司的交易方法。尽管如此，我仍然准备了下列的我认为并不特别敏感的一些问题：

- 贵公司曾经使用了哪些策略，但是现在已经停止使用了，因为它们不再有效？
- 为了要找到贵公司现在使用的策略，您认为他们应该需要掌握哪些数学知识？
- 哪些股市反常现象曾经为您提供了交易机会，但是，现在它们已经明显地消失了，您的所有竞争对手都意识到了这个事实？

即使这些都是一些很慎重的问题，但是，肖还是很礼貌地婉拒了。虽然他没有用这些确切的词语拒绝我,但是,肖对这些问题的回答可以用下面的话语来概括:“我更倾向于不回答这些问题,因为我的答案也许能给我的竞争对手提供一些很远的暗示,这样他们就能发现对他们很有帮助的方法。”

自从肖在1999年创立了他的旗舰的交易系统以来,这个交易系统就一直为他带来利润。在过去的11年中,这个交易系统在扣除所有的费用以后,收获了22%的年均复合收益率,同时还严格地控制了风险。在这个交易系统存在的那段期间内,最坏的收益就是从最高值下跌到当月最低值之间的11%差额——而且仅仅在四个月中就完全把这个亏损赚了回来。

肖的公司如何在过去的数十年间,无论是牛市还是熊市都能连续不断地赚取利润呢?很明显地,肖并不会说出——或者至少不会说出他的公司使用的任何一种交易策略的细节。但是,基于肖本人承认的那些事实以及字里行间之间的意思,你也许能够大致勾勒出他的公司使用的交易策略的雏形。下面的解释无可否认地包括了我对他的公司使用的交易策略的许多臆测,但是,我旨在为读者提供了解肖的公司使用的交易策略的蛛丝马迹。

以经典套利这个话题为起点,我开始了对他的采访。虽然肖并不使用经典套利,但是,它为我们提供了一个概念上的出发点。经典套利指的是那些在不同的价位上买卖同一种证券(或者商品)的交易,这种交易必须要买卖同时进行,因此能够获得无风险的利润。一个经典套利的案例就是在纽约用290美元购买一盎司的黄金,同时又在伦敦把这一盎司的黄金卖出去,卖出的价格是291美元。在当前的这个时代中,计算机和接近于即时的交流,经典套利的机会事实上已经完全不存在了。

统计套利和经典套利的概念不同,前者是把买和卖同一种证券或者商品密切地与一些金融工具相联,以获取可能的利润,而后者则是同时买卖那些一致的金融工具,以锁定利润。在统计套利中,每一个单独的交易都不再是一件确定的事情,但是,概率多少就意味着优势的大小。使用统计套利的交易员将在交易中遭受巨大的亏损,但是在未来他就会盈利,假设交易的可能性和交易成本都同时被正确地估计。一个合适的类比就是轮盘赌(从赌博的角度来看):在赌博时,任何一个特定的旋转的指针指定的赢钱的概率都只能稍稍高于50%,但是,它的优势和概率的法则将保证他只能在未来赚钱。

统计套利有许多种不同的类型。我们将只关注其中的一种类型:配对交易。除了为我们提供一个很容易理解的论证之外，配对交易还有一种优势，据说它是摩根斯坦利交易集团使用的策略之一。在肖开始创办他自己的公司之前，他曾经在摩根斯坦利公司中工作。

配对交易包括一个两步的过程。第一步，过去的数据用来确定两只渐渐趋合的股票。第二步，要监控每一只股票，使每只股票的收益都不相同。不管在何时，当已经确定的两只股票能够实现一个统计学上的有意义的不同的收益时，卖出收益更好的那只股票，同时买进收益较差的那只股票。基本的假设就是，在未来，这些密切相连的股票的收益将渐渐聚合。到目前为止，这一理论都还是正确的，这个配对交易的方法将在未来为你的交易提供一种优势及盈利，即使任何一笔交易都有赔钱的可能。

1999 年，耶鲁管理学院的几个教授①发表了一篇研究性的文章，详细地描述了一个完美的配对交易以及如何测试一种具体的策略。通过使用 1963 年到 1997 年的数据，他们发现了，他们测试的那个具体的配对交易的策略产生了统计学上的显著的利润，同时相对来说，风险也很低。事实上，在过去的整整 25 年中，这个配对交易策略产生的收益率要远远高出标准普尔的收益率，同时风险（波动性）更低。但是，这个配对交易策略在最近的几年中也表现出了主要的恶化的迹象，在调查的那个期间（1994 年至 1997 年），收益率接近于零。一个合理的猜测就是，不同的交易公司（也许包括肖的公司）使用这个配对交易策略的次数越来越多，越降低盈利的几率，直到盈利的几率完全消失。

那么，肖的公司使用的交易方法和配对交易有什么关系呢？肖的公司使用的策略和配对交易很相似，也许都是在识别那些债券的结构基础之上的，这些债券和其他债券相比，价格偏低。但是，这也是它们的相似之处。这个复杂元素的部分列表将肖的交易方法与一个简单的统计套利策略区分开来，比如配对交易，包括下面的一些，也许是全部：

- 交易信号建立在二十多个不同的预测技巧的基础之上，而不是一个

---

① Evan G. Gatev, William N. Goetzmann, and K. eert Rouwenhort. 配对交易：相对价值套利法则的绩效分析。国家经济研究局工作报告第 7032；1999 年 3 月。

单独的方法之上。

• 在这些方法中,每一种方法也许都要比配对交易更加复杂。即使相互关联的债券之间的不同的收益正是这些策略之一中的核心,正像它是配对交易中的核心那样,它的数学结构更有可能是它能够即时分析大量债券之间的相互联系,而不是只能分析两只股票。

• 这些策略适用于全球的股市,不仅仅美国股市。

• 这些策略囊括与股市相关的金融工具——认股权证、期权,以及可转换债券——除股票以外。

• 为了要平衡投资组合,使其相对地不受股市总体发展趋势的影响,也许需要适当地调整头寸,以解释那些因素,比如不同债券的变化多端的波动性,和投资组合内的股票之间的联系。

• 平衡投资组合的目的不是为了要移除股价波动在更宽阔的股市中的影响,而是为了要缓和货币价格波动和利率浮动对股市产生的不利影响。

• 采用具体的入市和退市策略,以使交易成本减小到最小化。

• 要即时地同时监测这些策略和这些模式。其中任何一个因素的变化都能影响任何一个其他因素或者所有因素的变化。例如,预测要买进一组债券,同时又卖出另外一组债券的技巧的信号就需要重新平衡这个投资组合。

• 交易模式是动态的——也就是说,随着时间的推移,它也会发生变化,以适应不断变化的市场条件,反映出要终止或者重新修正一些预测技巧,以及重新引进一些全新的预测技巧。

我不知道——正是因为如此,永远都不会知道——上述描述事实上有多么接近于事实情况。但是,我想,到目前为止,它也许是有效的,为读者提供了一个了解肖的公司使用的交易策略的机会。

肖在很小的时候就表现出了对创业的爱好。当他十二岁时,他从他的朋友们那里募集到了100美元,用这笔资金拍摄了一部恐怖电影。由于他从小在洛杉矶地区长大,他成功地劝说其他小孩的父母提供了免费的帮助,比如负责特技效果和剪辑的工作。当时的想法就是让邻近地区的其他小孩观看这部电影,入场费是50美分。但是,由于处理室丢失了其中的一卷胶卷,这个计划最终夭折了。当他后来读高中时,他成立了一家公司,生产和销售迷幻的领带。他购买了三台缝纫机，以及雇用了一些高中生来生产这些领带。由于他在此之前从未想过如何销售这些领带，而且，事实证明，从一家店到另一家店推销这些领带并不是一种非常有效的方法，最终，这次的创业也失败了。

但是，他第一次认真地创业非常成功。当他还是史坦福大学的一名研究生时，他休了两年学，创办了一家计算机公司，研发编译程序（这是一种计算机模式，将用户输入的程序语言翻译成类似于机器语言的指令）。虽然这次的创业十分盈利，但是，肖的研究生导师对他说，既想得到博士学位，又想管理一家公司，这是不现实的事情。于是，肖就卖了他的公司，专心学习，最后获得了他的博士学位。他从来都没有想过要把他的这个盈利很强的公司给保留下来，放弃他唾手可得的博士学位这个目标。“那时，对我来说，完成研究生学业非常重要，”他说道，“你要真的想扎根在计算机研发这个行业里，你就必须要成为一所顶尖大学里的一名教职工，或者成为一家领先的研究实验室中的一名博士科学家。”

肖的博士论文《基于知识的关于关系数据库计算机的检索》，提供了建造一台巨大的并行计算机的理论基础。在肖的论文中，其中的一个关键定理证明了，在一些重要的问题上，从理论上来说，一台多重处理器的计算机的优势和一台单独处理器的计算机的优势相比，它的优势与这个问题的重要性成正比。这个定理暗示出计算机功能结构是很重要的：它论证了和单独处理器的设计相比，并行处理器的设计不可避免地成为实现重大进展的超级计算机技术的方法。

肖已经拥有了足够多的成就，至少在半打的职业领域里，他都取得了成功。除了这个核心的交易业务以外，肖的公司还孵化和分拆了许多其他的公司。也许最著名的一个公司就是朱诺在线服务公司，这是一家全世界仅次于美国在线公司的最大的拨号上网服务提供商。1999 年 5 月，肖建立了这家公共公司，而且还在纳斯达克上市（代号是 JWEB）。此外，肖还创办了 DESoFT 公司，这是一家金融的技术公司，后来它被美林证券公司收购，这一次的收购事件对这家经纪公司日后发展成为一家在线的交易服务提供商至关重要。FarSight 是一家在线的经纪公司，和一家做市的营销公司——DE 肖金融产品公司，都是 DE 集团发展的其他业务，随后都被卖给了其他公司。

除了大量创办了许多成功的公司以外，肖还对薛定谔公司（正是因为这个原因,肖担任了这家公司的董事会的主席)和分子模拟公司都提供了风险资金的支持,这两家公司都是计算机化学软件方面的领军公司。这些投资反映出肖的坚定信念,认为新药物和新材料的设计将从实验室中走出来,更多地运用在计算机中。肖预测出,计算机硬件和软件的发展在未来将不断加快研发新药物的步伐,使成功地研发出新药物成为可能,而且他想要在把这种愿景转变为事实的过程中发挥他自己的作用。

当你看到这里时,你也许想知道,这个人还能有睡觉的时间吗?噢,这个似是而非的观点越来越加深,因为除了这些所有的业务以外,肖无论如何都要腾出一些时间,追求他自己的政治利益。他曾经供职在克林顿总统的那届政府中的科学和技术顾问委员会,以及担任教育技术委员会的主席。

DE 集团接待客户的区域——装饰得特别少,三十一英尺的空间,从四面的墙壁以及七彩的阳光背景中延伸出来的长方形反射出隐秘色彩的表面——看起来很像是现代艺术博物馆中一个巨大的展厅。这种光秃秃的,斯巴达式的,以及未来派的装饰风格毫无疑问地都折射出这家公司的技术力量。

这段采访是在大卫·肖的办公室中进行的。这间办公室非常宽敞,屋顶非常高,打开两扇相邻的玻璃,你就可以看到南面辽阔的视野以及曼哈顿市中心的西面。肖肯定很喜欢仙人掌,这些仙人掌放在窗台上,和办公室墙角中的那个像树一样高的绿色植物。办公室的中央摆放着一张非常大的,不规则的多边形形状的,磨砂铝的桌子。桌子的一头供办公使用,而另一头供开会使用。我和肖分别坐在桌子的两端,面对面地完成了采访。

您开始您的生涯是通过设计超级计算机吧。您能告诉我那段经历吗?

那时我还在大学里,我着迷于这个怀疑——人类的思维到底是什么样——是什么让它不同于一台计算机。当我还是史坦福大学的一名大学生时,我就开始思考我是否能够设计出一台更接近于人脑的机器,它有许多的运行得非常缓慢的处理器——也称为神经细胞——并行工作,而不是一个运行得非常快速的处理器。

那时还有其他人也在致力于发明并行的超级计算机吗?

虽然那时,在我开始设计超级计算机以前就已经有许多杰出的研究员一直在致力于研究并行的计算,但是,绝大多数的研究员都只是看着那些方法，连接，比如，八台或者十六台处理器。我对这个想法——如何做才能建造一台拥有数百万处理器的并行的计算机特别痴迷，每一个处理器都要与一些储存器相邻。但是，必须要有一个取舍。虽然计算机有许多处理器，但是，这些计算机必须形状更小，价格更加低廉。但是，对于一些理论上的难题，你必须要提高计算机的运行速度，要使其比最快的超级计算机还要快千倍。客观地来说，还有另外的一些研究员，他们对那时的这些“细粒度”的并行机器特别感兴趣——例如，某些科学家一直致力于在计算机视觉方面工作——但是，这肯定不是计算机这个行业内永恒的主题。

您刚才说到，您一直在试图设计出一台更接近于人脑的计算机。您能详细解释一下这个吗?

那时，使计算机速度缓慢的其中一个主要因素就是经常被人们称为是“冯诺依曼瓶颈”的这个限制。传统的冯诺依曼计算机是以约翰·冯·诺依曼命名的。这样的计算机只有一个单独的中央处理器（CPU），它连接着一个单独的存储单元。最初，无论是从速度方面还是大小方面来说，中央处理器和存储单元都配合得天衣无缝。然而，随着时间的推移，随着中央处理器的速度越来越快以及存储单元越来越大，二者之间的连接——中央处理器需要花费一点时间才能吸取存储单元内的东西，执行计算，以及再把计算的结果送回到存储单元中——变得越来越成为一个瓶颈。

人脑就不会出现像这样的瓶颈，因为记忆存储要经过数以亿计的不同的单元，这些单元通过无数的突触而连接彼此。虽然我们还不是很完美地理解它，但是我们的确了解，不管计算是怎么一回事，它都发生在存储单元的周围。从本质上来说，这种想法和这种记忆看起来是更加广泛地融合在一起，这种融合要远远超过传统的冯诺依曼计算机中的这二者之间的融合。驱动我的研究向前发展的这个基本的想法就是，如果你能够建造一台计算机，在这台计算机中，每个单独的处理器都配一个单独的存储单元，那么，你也许就能够突破这个冯诺依曼瓶颈。

我猜那时还没有出现必不可少的技术吧。

这种新技术那时刚开始出现。我在 1980 年完成了我的博士学历。在我成为哥伦比亚大学的一位教职工之前，把许多处理器都放在一个单独的芯片上几乎是不可能的，但是芯片上可以放一些非常小和简单的处理器。我们的研究项目就是要努力建成一个芯片，这个芯片要包含许多真实的和多位的计算机。那时,我们能够把8位处理器放在一个单独的芯片上。如今,你也许能够把512位,或者1024位的相似的处理器都放在一个芯片上。

那时,克雷也已经正在制造超级计算机。那么,您的研究工作和他的有什么不同之处?

西摩·克雷也许是世界上活着的最伟大的单处理器超级计算机的设计师。他因推动技术信封而著名。他每建造一台新机器,就使用一些新类型的半导体、冷却器和接线图。他从未在一台真实的计算机中使用过这些半导体、冷却器和接线图。此外,他还是一名一流的计算机建筑师,但是,他将卓越的工程技巧和绝对的技术无畏精神综合在一起使他占尽优势。他一直都对高速率的技术很精通,而且我更关注要建造、设计出一台完全不同的计算机。

您刚才提到,您参与计算机的设计的渊源来自于您对人类思维的着迷。那么您相信,从理论上来说,计算机最终有可能会像人类那样思考吗?

从理论的角度来看,我看不出有什么内在的原因能够证明这些计算机为什么不能像人类那样思考。

这么说来,《2001:太空旅行》中的哈尔计算机并不是一个纯粹的科幻。

很难得到确切的答案,但是,我本人看不出有什么引人注目的原因,让我相信这在未来的某个时间段内不会发生。但是,即使它真的能够证明我们能够造出一台真正的智能机器,我仍然严重地怀疑,在未来相当长的一段时间内,这并不会发生。

但是,就计算机本身能够有感觉这方面而言,从理论上来说,您相信这能实现吗?

我没有完全弄明白,一台计算机本身能够有感觉,这意味着什么,或者正是因为这样,当我们说计算机更接近于人类,我不明白这到底意味着什么。但是,我也看不出有任何内在的原因能够解释为什么认知只应该存在于基于碳氢化合物的系统中,就像我们人类。关于人类是如何思考的,肯定还有许多方面我们尚未了解,但是,在某种程度上,我们可以被视为是一种非常有趣的集高度有序的和自动调节的分子在一起的综合体。然而,我还没有看到任何一个说服力极强的证据表明,人类,作为人类进化的产品,展示了这些分子能够被组合在一起的唯一一种可能的方法,这些分子被组合在一起的目的就是为了能够产生出一种现象,例如思维。

那么，您曾经试图要把您的理论概念应用到建造一个适用于超级计算机的真实的工作模式吗？

是的，至少在一个很小的规模上，我做过这样的尝试。当我拿到博士学位后，我被哥伦比亚大学任命为计算机科学系的一名教职工。非常幸运的是，我从美国国防部高级研究计划署（高级研究计划署以建造其网络而著名，它的网络就是互联网的先驱）接到了一个百万美元的研究项目。这笔资金可以让我组织一个35人的团队，设计出那些定制的集成电路和建造这种类型的巨大的并行机器的工作原型。这是一个相当小的版本，但是它的确为我们提供了一次彻底检验我们的想法和收集数据的机会。基于相同的架构原则，我们需要用这些数据计算出全尺寸的超级计算机能够实现的理论上的速度。

如果您成功地造出一台超级计算机，那么您想过谁应该拥有所有权呢？

最初我们都没有想过。但是，一旦我们成功地建造出了一个工作原型，我们都很明白，要想建成一台全尺寸的超级计算机，还需要1000万美元到2000万美元的资金支持，这远远超出了政府愿意为基础研究项目提供的资金。那时，我们就开始四处寻找风险投资，然后创建了一家公司。我们的初衷不仅仅是为了赚钱，而且还是为了从科学的视角来看，要把我们的研究推向更深处的研究。

那时，其他人已经用并行的处理器的原型建造出了超级计算机了吗？

有一些人已经建造出了多处理器的计算机，包括数量相对较少的处理器，但是，当我们启动我们的研究项目时，还没有人成功地建造出一台基于我们提出的工作原型的巨大的并行的超级计算机。

那时您成功地募集到资金了吗？

没有，至少在长达数月的尝试以后，我们还没有募集到资金，在此之后，我的职业生涯遇到了一个意料之外的转折。要是我没有遇到这个转折，我现在也不会确切地知道，我们是否最终能够找到一个人，他愿意在一个很明显是相当风险的生意计划上拿数亿美元的资金来冒险。但是，基于早期我们从风险投资公司得到的那些反馈，我现在都怀疑我们很有可能不会募集到任何资金。但是，那时发生的事情却是当话儿一出口，说出我正在私有领域中探索选择，我就收到了一个猎头公司打来的电话，询问我是否愿意前往摩根斯坦利投资公司，参加一个非常有趣的小组。那时，我对公司的前景已经相当悲观了,认为我们不可能再会募集到我们需要的资金,也不能再用这些资金来创办一家严肃的超级计算机公司。因此,当摩根斯坦利主动向我抛出了在我看来是一个真实的不同寻常的橄榄枝后,我就兴高采烈地就去华尔街了。

直到那时,您曾经想过您要投身金融市场吗?

不管怎么说,我从来都没有想过。

我曾经了解到,您的继父是一名金融经济学家,他首次向您介绍了有效市场假说①。这让您对发现那些能够打败市场的策略的可行性存有偏见吗?此外,从您个人的长长的投资业绩来看,您的继父仍然相信有效市场假说吗?

虽然我的继父是向我灌输那个想法最多的第一人,这是真实的,但是,我仍然不太确定,他曾经认为要打败市场是不可能的事情,如果不是所有的关于某家已知的公司的公共已知的信息都已经反映在它的当前的股价中。我从他那里学到的事情可能会使我比绝大多数人更加具备怀疑精神,怀疑股市中是否真的存在"免费的午餐",但是,他从来都没有说过,也没有证据反驳有效市场假说,这反倒证明了市场事实上恰巧是有效的。

事实上,从来都没有方法能够证明事实如此。您所能够证明的只是被测试的那些具体的模式不存在。您永远都不能证明,目前还没有可以打败市场的模式。

你说得非常正确。总而言之,我是在这个想法下长大的。这个想法就是,如果可能,那么要想打败市场肯定也是一件非常困难的事情。而且即使是现在,我发现市场事实上是多么的有效。如果为了能够赚到一大笔钱,您必须要做的就是要在某只股票的历史价格中识别出一些标准模式,这是相当棒的。但是,那些所谓的技术分析员发表的言论大多都只与像支撑位和阻力位以及头和肩的模式这样的概念有关,这些言论在方法得当的实证研究中绝对没有任何立足之地。

---

① 关于有效市场假说这种理论,有三种形式:(1)弱式有效市场假说——不能用过去的价格信息预测未来的价格;(2)半强式有效市场假说——当前的价格反映出所有已公开的信息;(3)强式有效市场假说——当前的价格反映出所有的信息,包括已公开的和内部未公开的信息。

但是，是不是有可能这些模式中的许多模式都不能被严格地测试，因为它们不能被客观地定义？例如，您也许用一种方法定义了一种头和肩的模式，而我对它的定义也许和您的完全不同。事实上，从理论上来说，关于这些模式，可以有无限种可能的定义。

是的，这是一个特别好的观点。但是，人们不能精确地解释这些正在被测试的假说就是伪科学的标志杆之一。即使对于这些模式来说，针对于那些自诩为技术分析员的人们从传统上描述的各种各样的模式而提出一个合理的共识性的定义，这也是很可能的事情，但是，从总体上来说，那些研究员并未发现这些模式有任何预测价值。有趣的事情就是，就连那些最备受人们尊敬的华尔街公司也雇用了一些这样的"前科学的"技术分析员，尽管事实是，几乎没有证据能够证明他们正在做的事情比占星术更加有用。

但是，请稍等一下。我采访过的相当大部分的交易员都更加纯粹地偏向于技术面分析，而且他们也取得了非常好的收益/风险成绩，这完全是不仅仅靠运气得来的。

我认为，这要看你对技术面的分析的定义。从历史观点上来说，绝大多数的人们都已经使用过这个术语，他们在很大程度上已经是非科学的头和肩的支持与阻力阵营中的一员。最近，那些在这个行业中做严肃的和学术的工作的人们都称他们自己为定量分析员，而且其中的有些人的确已经发现了市场中存在着真实的反常现象。当然，问题就在于，一旦这些反常的现象被公布出来，这些现象可能就会消失，因为人们利用了它们。麻省理工学院教授安德鲁·罗就是这个行业中最重要的学术专家之一。他识别出了一些历史的低效的现象，而且还把这些结果公布了出来。如果你和他讨论此事，那么他很有可能会告诉你两件事情：第一件，随着时间的推移，这些现象可能会消失；第二件，他怀疑，消除这些市场的反常现象可以被部分地归因为像我们这样的公司的出现。

您能列举一个关于市场反常现象的例子吗？这个反常的现象曾经存在过，但是由于它被公布了出来，现在已经不再管用了。

我们不想泄露这方面的信息。在我们的生意中，知道哪些管用和知道哪些不管用都一样重要。正是因为这个原因，一旦我们投入了巨额费用，这笔费用经常涉及要决定那些在公开文献中出现的反常现象都不存在，我们最不想做的事情就是让我们的任何一个竞争对手能够免费利用这种信息，将他们的注意力吸引到出版的这些结果都不再有用以及备受质疑的方法往往代表着死胡同的这个事实上面来。

那些人们都是在学术性很强的金融和经济期刊上发表他们对市场低效的研究结果吗?还是他们中的有些人也涉及在市场中进行交易?

有些研究员事实上也在市场中进行交易,他们也公布工作中的某些方面的研究成果,尤其是在像《投资组合管理杂志》这样的期刊上面发表文章,但是总的来说,那些研究人员比那些实践人员更愿意发表他们的研究成果。

为什么像在市场中从事交易的人们也能够发表一些管用的研究结果?

这是一个非常好的问题。他们之所以这样做有若干方面的原因。发表在那些公开文献中的绝大多数的高质量的工作事实上都不能用在打败市场的实践中。反过来说,那些绝大多数的管用的研究成果也有可能从来都不会被公布。但是,只有极少数的成功的定量交易员时而不时地发表一些有用的信息,即使他们这样做,对他们没有任何好处。我喜欢的一个例子就是艾德·索普,他是这个行业中的先驱。他比其他任何人都先于做这件事情。艾德一直都很乐于公布他在数十年间不断研究而发现的那些盈利策略,不管这些策略是金融领域之内的还是之外的。当他弄明白如何在21点的赌场上赢钱时,他就发表了《击败庄家》一书。然后,当他弄明白如何打败市场时,他就出版《打败市场》一书,用那些教授们经常使用的清晰的语言具体地解释了如何利用当时市场中存在的某些显而易见的低效现象。当然,当他出版了这本书后,那些市场低效现象就不存在了。

在赌场的那个例子中,消灭市场低效现象意味着要在赌场中使用多个游戏机吗?

在赌博这方面,我不是专家,但是,我的理解是,这些赌博不仅要使用一些固定的和游戏相关的对策,而且他们也越来越意识到"点算牌"的重要性,因此,他们也变得更有效地把这些点算牌从赌场中排除出去。

我知道,一些经典套利的机会早已不复存在。但是,当您初次开始交易时,像这样的受骗的交易还存在吗?

即使在那时,这些真实的套利机会并不多。每隔一段时间,我们都能够在一些紧密联系的工具中交易一套规模很小的交易。当这些工具被综合在一起后,它们就会锁定一笔没有风险或者几乎没有风险的交易。偶尔地,我们甚至也发现了在同样的大金融机构中的不同部门中能够执行给定的某个套利交易中的每一个部分，这是可能实现的事情。如果这个大金融机构在整合全公司的基础上一直都在使用技术来有效地管理所有的头寸，那么，在它的不同部门中执行给定的这个套利交易中的每一个部分将是不可能的事情。但是，即使是在那段时间内，这些机会都非常稀少，现在基本上你都不会再看到它们。

计算机技术的巨大发展极大地有利于寻找那些市场低效现象，这些现象提供了一个概率优势，那么，计算机技术的这些发展会使先前的一些低效现象消失，使人们更难发现一些新的低效现象吗？

由于人们能够绝大多数的“易被识别”的低效现象，从很大程度上来说，这个游戏已经结束了。也许某一天，某人将发现一个简单的低效现象，它已经躲避了我们所有的人，但是这一直都是我们的经历，你能想到的那些最明显的和数学上的那些最直接的想法都会消失在那些潜在的交易机会中。这些想法只留给你许多规模小的低效现象，这些现象经常都是相当复杂的，通过使用一个标准的数学软件包，或者使用那些你也许在大学时学到的传统的分析技巧，你可能不会发现这些现象。即使你莫明其妙地能够发现其中的一种低效现象，不必像我们那样，在过去的 11 年中，一直都在付出非常昂贵的，长期的研究努力，那么，也许你发现的这种低效现象将不足以弥补你的交易成本。

结果，进入这个行业的门槛就变得非常高。像我们这样的公司已经识别出给定的一个金融工具中的数十个市场低效现象，我们也许能够在现有的交易成本中赚到钱。反过来说，一个进入这个行业的新工作人员如果仅仅识别出一个或者两个市场低效现象，那么他往往就很难赚到钱了。

您在这方面有哪些优势？

这是一个敏感的话题。一个单独的市场低效现象也许不足以弥补交易成本。但是，当多个市场低效现象同时发生时，它们也许提供了一个机会，让你能够赚到你统计出的预期收益，收益将超出与之相关联的交易成本。在其他条件都相同的情况下，你识别出的现象越多，你可能就会遇到越多的交易机会。

如何通过使用多种策略实现盈利？每一种策略都不能独立地带来收益。作为一个简单的例子，想象一下现在有两种策略，每一种策略都能实现预期的 100 美元的收益，交易成本各是 110 美元。这两种策略都不能只依靠其自身而实现盈利,要想实现盈利,它必须要依靠另外一种策略。现在我们再进一步假设,这些交易的子集都能实现 180 美元的均利润,交易的成本各是 110 美元。在这些交易的子集中,这两种策略都能提供向着同一种方向的信号。交易子集能够获取高收益,即使每一种策略本身都是失效的。当然,对于肖的公司来说,这些策略之间的相关性的作用是非常复杂的。肖的公司在许多相关的市场中使用无数的交易策略。

随着这个行业逐渐成熟,你需要找出越来越多的市场低效现象,并识别出交易的机会,而且,这对新手来说,是一件越来越难的事情。当我们在十一年前开始交易时,你识别出了一个或者两个市场低效现象,而且它们超越了交易成本。这就意味着,你还可以做有限的研究,而且开始完成盈利的交易,这给你提供了一种研究基金未来的方法。如今,情况越来越复杂。要是我们没有在 11 年前开始研究,那么,我想,我们将要花费更多的资金才能达到我们现在已经达到的这个目标。

您在您的模式中只使用价格数据吗?还是您也使用那些基本面数据?

肯定地,不止使用价格数据。我们也浏览资产负债表、收入报表、交易总量的信息以及我们能够得到的其他的各种各样的数据。关于我们在实践中发现的这些非常有用的数据的类型,我不能说得太多,但是,我可以告诉你,我们使用了数量非常多的数据,而且不仅在获取这些数据方面上花费了大量的时间,而且在把它们转换成对我们有用的形式方面上,也花费了许多时间。

把贵公司的交易哲学概括成如下的几个方面是客观的吗?只能在有限的程度上预测市场,而且任何一个单独的策略都不能实现引人注目的收益/风险率。然而,如果您综合了足够多的策略,那么,您就能够发现一个很有优势的交易模式。

你总结得非常全面。我想补充的是,我们试图尽可能多地对冲那些系统性风险因素。

我想,您的意思应该是,用相关的空头来平衡那些多头,因此,这样就能够消除这个风险因素——市场中的股价波动走势。

在我们交易的多个市场中,消除对整体市场不利的因素是我们的交易方法中一个非常重要的组成部分,便于我们管理风险,但是,除此之外,还有一些其他的风险因素。关于这些因素,不管在何时,当我们没有下特别的赌注时,我们一直都在努力控制我们的头寸。例如,如果你要买进 IBM 公司的股票,那么,你就会不仅在股市总体走势上以及和这个总体股市相关的计算机行业的表现上放置一个隐含的赌注,而且还会在一些其他的风险因素上面投放一个隐含的赌注。

比如?

这些例子将包括经济活动的总体水平,由 IBM 的出口业务引起的未被对冲的汇率,和 IBM 这家公司的资产、债务,和商业活动相关的净有效利率,以及一系列的数学衍生的其他风险因素,用直观的有用的术语来描述这些因素将是很困难的一件事情。虽然消除所有的风险因素既是不可能的又是不划算的,但是,我们仍然试图要把我们接触到的这些风险降低到最小程度。我们不能在预测这些风险因素的同时又能使我们接触这些变量,我们只能预测它们。至少能够在统计的基础上预测它们。

您在交易的初期使用的一些策略现在已经完全过时了。您能讨论其中的一个策略吗?只是作为一个证明市场出现低效现象的例子,这个现象至少曾经一度地为您提供了交易机会。

总的来说,我不太愿意提起这些已经成为历史的市场低效现象,它们现在都已经消失了,因为这种信息能够帮助竞争对手做出如何更有效地分配稀少的研究资源的决定,这让他们有机会"免费搭乘"我们自己发现的那些反证,这将给他们带来一次不公平的竞争优势。但是,我可以给你列举一个例子,它就是估价过低的期权(期权的交易价格远远低于理论模式暗示出来的价格水平)。要是现在你发现了一个看起来定价错误的期权,那么,通常来说,这会有一个原因。数年以前,情形并不是这样。

当您在历史数据中发现了一个看似反常的现象或者模式时,您如何判定它代表的是实实在在的事情,而不是一个出现的机会?

当你知道越多的变量时,你就有可能发现更多的虚假的统计数据,而且你更加难以判断你发现的这个模式是否真的有预测价值。我们很谨慎,尽量要避免这些与"校正数据"相关的数学陷阱。

虽然我们使用一系列的不同的数学技巧,以确定我们使用的策略很稳健,而且还要让它们有预测价值,但是,我们使用得最有用的工具之一就是科学的直接应用的方法。我们不是在这些数据中盲目地搜索那些交易模式——你会明显地意识到在自然科学和医学研究界中使用这种方法带来的危险——我们往往在一开始就在某种结构理论或者定性地理解市场的基础上制定一个假设,然后再测试这种假设,看那些数据是否支持它。

不幸的是,最常见的结果是,这些真实的数据并不能提供一些证据,允许我们可以直接拒绝这个市场有效的"虚无假设"。但是,每隔一段时间,我们的确发现了一个新的市场反常现象,它通过了我们所有的测试,于是,我们就把它纳入到真实的市场策略中。

我曾经听说过,您的公司去年(1998年)遇到了大麻烦,但是,当我现在看您的这些投资成果时,我看到的是,曾经的最坏的收益只下降了11%——而且,即使是这样,您很快就在几个月的时间内弥补了您赔掉的资金。我不明白这究竟是怎么一回事。那时发生了什么事情?

你刚才说到的这些投资成果只是针对于我们的股票和与股票相关的交易策略,自从11年前我们创办公司以来,它就一直是我们的坐盘交易活动中的核心。但是,多年来,我们在交易中也使用了固定的收入策略。从本质上来说,这种策略和我们以前使用的与股权相关的策略完全不同,而且我们接触到的基本风险也不相同。虽然我们在一开始利用这个固定的收入策略赚了许多钱,但是,在1998年末爆发全球经济危机时,我们也亏了许多钱,和那段时期内的绝大多数的固定的收入套利交易员一样。如果按照百分比例和绝对美元的数量计算的话,虽然我们的亏损金额比那些赔钱的公司,例如,美国长期资本管理公司要小得多,但是,这些亏损数额已经相当大,足以使我们以后都不再涉足此类的交易。

美国长期资本管理公司(LTCM)——著名的前所罗门债券交易员约翰·梅里韦瑟领导的一个对冲基金集团,最重要的成员包括获得诺贝尔奖的两位经济学家罗伯特·默顿和麦隆·舒尔茨——在1998年的下半年濒临破产。这家公司在前三年实现了年均34%的收益率,将其管理下的资本规模扩大到近50亿美元。之后,这家公司仅在1998年8月的一个月内就亏损了44%(近20亿美元)。许多因素导致了这些亏损,但是,最重要的因素要归因于这家公司过度使用杠杆:这家公司使用的借贷对其投资组合施加了大约40倍的影响。巨额亏损和巨额债务促使了美国长期资本管理公司的破产。然而,美联储对其拨放了35亿美元的救助资金,因此,这家公司获救了。(一家私有金融机构提供了这笔资金,这笔资金并不是政府的钱)

您已经尝试了所有的风险业务，那么您还有时间去度假吗？

我刚刚就度过了一周的假期——长期以来，这是我第一次休假。

这么说来，您的假期都不多？

是的，我的假期都不会太多。当我度假时，我发现每天我都需要花费几个小时在工作上，这样做只是为了让我自己时刻处于理智状态。

您有招募杰出的数学和科学的天才的好名声。那么，您雇用他们，只是因为他们具备非常单纯的智能，即使当时您的公司中并没有适合他们的职位？

和其他绝大多数的公司相比，我们更愿意招聘一些能力强而经验不太多的人们。如果我们真的遇见一位非常有才能的人，那么，我们就会尽量把他们招聘进来，即使我们没有适合他的岗位。最有说服力的例子也许要数杰夫·贝佐斯的例子了。我的其中之一的合伙人走进来告诉我："我刚刚面试了一位非常优秀的人，他叫做杰夫·贝佐斯。公司目前并没有适合他的工作，但是，我认为，有一天他会成为能为我们赚许多钱的人，我想，你应该抽点时间和他谈一下。"于是，我就去见了杰夫，他的智慧、创造力，以及创业的本能打动了我。我告诉那位合伙人，他是正确的，即使目前公司没有适合他的岗位，但是，不管怎么样，我们都应该把他招聘到公司中，看他以后是否符合我们的期望。

最后贝佐斯离开了您的公司，然后去创办了亚马逊公司吗？

是的。杰夫在我们公司的那段时期内，做了许多事情，但是他的最后一个任务就是和我一起工作，寻找各种不同的与技术相关的新业务想法。其中的一个想法就是创建一个相当于万能的电子书店。当我们发现利用电子目录，可以通过英格郎姆的书店（一家主要的书商）定购图书时，杰夫和我就做了一些快速而容易确定的计算，我们都觉得开创这样一项新业务应该是可能实现的事情，而且首笔投资金额并不大。虽然我想，那时我们都还不知道这项业务未来会有多么成功，但是，我们都认为，这是可以做的事情。有一天，当事情再向前发展一步时，杰夫说要和我讨论一下。我们散着步穿过中央公园时，他告诉我，他一直都想成为"创业者"，要是他决定他想要一个人实现这个想法时，我的想法是什么。

那么，您是怎么回答的？

我告诉他，他要离开公司，我当然很难过，而且我得让他知道他为公司做出了多么卓越的贡献。要是他继续待在公司中，前途会有多么光明。但是,我也告诉他,要是我,我也会做出和他相似的决定,我完全理解,他那时做出这样的决定,他要一个人单枪匹马地这么做,而且我也不会劝他放弃这个决定。我向他保证道,虽然不久前我们讨论了这个电子书店的想法,但是,不管怎么样,如果他决定他想要一个人去实现这种想法,我都没有任何反对意见。我还告诉他,我们也许会或者也许不会在未来做出和他竞争的决定,他说道,这对他来说,看起来还相当公平。

杰夫的离开是相当和睦的,而且当他完成了亚马逊的第一个系统的内部测试版本时,他邀请我和我公司中的其他人对它进行测试。直到我使用这个测试版本在网上定购了我的第一本书后,我才意识到电子书店这个概念是多么强大。虽然当杰夫还在公司中时我们就讨论了电子书店这个概念,但是,正是在杰夫离开公司,他才使其成为亚马逊公司的雏形。

肖的交易方法需要非常复杂的数学模式,非常快速的计算机运算能力,他的那些交易员要连续不断地对全球股票市场进行监测,以及即时的,极端低成本的交易执行,很明显地,那些普通投资者难以接触这种交易方法。但是,在这个采访中出现的一个概念也许对单独投资者来说,有很强的适用性,这个概念就是每一个无法带来盈利的市场模式(按照肖的话说,就是"市场失效现象")。如果和其他模式一起使用,那么它就有可能成为一个盈利策略的基础。虽然肖很鄙视那些图表模式和传统的技术因素,但是,可以使用一个类推的想法:从理论上来说,将不同的交易模式(或者指标)综合在一起,那么就有可能产生出一个有用的交易模式,即使独立地使用每个模式并不能带来盈利。

这种协同效应也将适用于那些基本面因素。例如,一个研究员对十个不同的基本面因素进行测试,发现每一个因素都没有价值,不能暗示出股价未来的波动。难道这就意味着,我们就应该视这些基本面因素是无用的吗?显然不是。即使没有一个单独的因素能够提供出一个有用的预测效果,但是,将这些因素综合在一起也能产生出一个有用的价格指标,这是完全有可能实现的事情。

在这段采访中出现的另外一个重要的原则与使用合适的方法测试交易想法相关。一位试图发现一个系统性的方法,或者任何一种把计算机模式合并成为信号的方法的交易员都应该非常谨慎数据陷阱——让计算机自动地搜索数据,测试数以万计的数据,希望能够找到盈利的模式。虽然让计算机花费时间来搜索这些数据通常都不是一个难题，但是，如此地浪费计算机却需要更关键的费用：它很有可能会产生出那些看起来很不错的交易模式（系统），但是，这些模式毫无预测功能——这就会给你的交易带来巨大的损失。

为什么呢？因为即使是在那些随机的数据中也能找到这些交易模式。例如，如果你把100万个硬币每个都抛10次，那么，平均来说，在这些硬币中，大约有997个硬币在落到地面上，10次都能正面朝上。很明显地，由此而假设这些硬币在未来在落到地面上，正面朝上的几率有可能会很大，这是相当愚蠢的。但是，像这样天真地进行推理恰恰正是一些系统研究人员应该做的事情，他们测试输入到计算机的大量的价格数据，然后用最盈利的价格组合进行交易。如果你对交易系统的很多的变化形式都进行了测试，那么，有些变化形式就偶尔地成为盈利的模式——正像如果你掷足够多的硬币的话，就会有一些硬币正面朝上一样。通过要求每一个理论的假设都应该优于每一个计算机测试，以及通过采取严格的统计措施，评估这些结果的显著性，肖避免了这个数据陷阱的问题。

对大卫·肖访谈记录的更新

近年来，大卫·肖公司的股权策略以及与股权相关的策略呈继续大幅上涨的趋势，实质上，尽管在这段期间内，正是因为使用了这些策略，才使其管理的资产的规模也不断扩大，收益不断提高。2000年，这些策略带来的收益率上涨了58%；2001年，上涨了23%；2002年的前9个月的收益率大约是22%（以净收益为准）。结果，在前14年的投资生涯中，使用这些策略带来的年均复合收益率已经升高到24%以上的比率，包括当前的各种费用。它的夏普比率（收益/风险措施）现在大约是2.00，对于其长期的投资记录，这可是一个相当高的数字。

在过去三年半的时间里，您的投资业绩使您管理的资产增加了两倍。使用股权策略以及与股权相关的策略，您目前管理的资产的规模是多少？这些资产的增加会给您带来一些负荷问题吗？

我们目前管理的资产大约有43亿美元，其中29亿美元的资产，我们使用了股权策略以及与股权相关的策略。现在，迫切需要提高我们的投资管理的服务,只有这样,我们才能够更加容易地募集到更多的资金,但是,对我们来说,避免接受更多的资金,使其不要超过我们相信我们能够更加有效地利用这些资金进行投资的能力,这也是很重要的一个问题。虽然在过去的几年中,由于新的搜索结果以及一些与市场相关的因素,这些策略带给我们的负荷越来越大,但是,我们正在管理的这些资产仍然要受负荷,而不是受吸收更多资金的限制。

由于您管理的资产的规模经常接近于您预估的负荷水平,要是您自己的正面的投资业绩使您管理的资产规模不断扩大,直至超出了您预估的负荷水平,那么将要发生什么事情?

要是发生了这种情况,我们就把收益一直返还给那些投资者,直到我们管理的那些资产的规模回到我们期望的水平上。

自从上次对您的采访以来,您的交易方法有明显的变化吗?

对我们的大部分的策略来说,基本的方法没有任何变化。但是,在我们目前使用的那些策略上,我们补充了新研究的市场效应。此外,我们还使用了一种新策略,这种策略主要应用在疲软的债券市场上。

您交易的这些市场效应或者低效现象只有有限的生命吗?

这要看具体的情况。那些相对来说较容易地寻找或者利用的市场反常现象一般来说都不会出现得太久。但是,那些更加明显的市场低效现象将持续更长的时间,需要复杂的定量分析的技巧,你才能识别出这些现象。我们一般都会关注这种类型的市场低效现象,而不会关注那些更加简单的不可能会持久的市场效应。在过去的数年中,我们不得不停止对这些更加简单的市场效应的交易。

关于最近我们见到的那些公司和会计丑闻,您有什么看法?

我相信监管和立法在这方面的审查,公司的世界现在处于非常健康的环境中。许多行政总裁和财务总监都是在这个范围内行使他们的职权的——在某些案例中,正像我们见到的那样,凌驾于这个框架之上——“管理”他们的收益以及执行复杂的可疑的资金挪移,给公司的正常发展蒙上一层阴影。像这样的行为肯定有损全球资本市场的有效运转,关系到一个国家的安全,尽管这个国家曾经在会计透明方面领先于其他国家。这是一个相当积极的进步,应该逐步采取措施来保证投资者和分析员掌握他们投资的那些公司的正确可靠的信息。

史蒂夫·科恩

交　易　室

当我让一位业界人士给我推荐一些我想采访的交易员时，说到史蒂夫·科恩时，他说道："他是最好的交易员。"不管在何时，当那些业界的熟人说到科恩这个名字时，有好几次我都听到了类似这样的评论。当我后来看到科恩实现的那些投资收益时，我终于明白了他们为什么会给出如此高的评价。在科恩管理资金的七年间，科恩实现了45%的年均复合收益率。在这七年中，只有三个月是亏损的，其中亏损最多的交易只占到了2%的比例。

但是，这些数据并不能显著地低估了科恩的交易天赋。科恩的投资业绩如此好，以至于他能够收取50%的利润激励酬金，这就意味着，实质上，他的交易收益率每年都大约达到90%。尽管这种费用的数额非常巨大——大约是对冲基金行业收取的平均费用的2.5倍——但是，科恩并不担心投资者会撤回他们的资金。事实上，他的旗舰资金拒绝接受新投资者的资金。

科恩的公司的名字是SAC，这取自于他的名字中的每一个首写字母。这家公司位于一个办公大楼之内，对这幢大楼的建筑风格的形象的描述就是"康涅狄格集团"——楼层并不高，正面是长方形的玻璃广场。我期望我见到科恩时，他正坐在一间四面都是窗户的办公室里，办公室中摆放着一张钢架玻璃办公桌。但是，那位接待人员把我领到一间非常大的而且还没有窗户的房间中。在这个房间里，放着六排长长的桌子，每一张桌子旁都大约坐着一位交易员，在每一位交易员的面前，都并排放着6至12台电脑。尽管这个房间很大，但是，交易员和那些计算机设备占满了这个房间中的所有空间，使它看起来更像是一个洞穴，而不是一个海绵体。由于没有窗户，这个房间的空气闻起来就像是煤矿中的气味。

所有的交易员都穿得很随便,有的人穿着T恤和短裤,这是由于天热的原因,而那些由于空调开得太大却怕冷的人们则穿着牛仔裤或者宽松长裤和羊毛衫。科恩坐在其中一排的桌子的中间的位置上,完全不同于房间内其他的交易员。(他就是那个穿着羊毛衫的人。)科恩用他的成功的交易来吸引那些专注于股市的整个行业范围的交易员。他名副其实地都把这些交易员围绕在他的身旁。

当我到达时,科恩正在接听一个冗长的电话——讽刺的是,他正在接受《华尔街日报》的采访。("今天可真是个媒体日啊!"科恩随后又对另外一名打电话者大声喊道,意指一天内有两个采访。)我拉过一把椅子,坐在科恩的旁边,我在等着他接完这通电话。在他的整个电话谈话中,科恩一直都紧盯着他前面的计算机屏幕上的报价。偶尔地,他打断了那位采访者的谈话,发布订单。"卖出2万股口袋妖怪的股票。这是一个岔开的话题,"他说道,"我的孩子们都很喜欢这个游戏,但是,这只股票实在太糟糕了。"他的话让我想到了《宋飞正传》中的杰森·亚历山大——身形相似,说话的方式以及幽默感也相似。

从交易员的数量来看,令人惊讶地,这个房间很安静。我意识到缺了点什么——不断响起的电话铃声;那些负责订单的职员都可以直接拨通交易所场内大厅的电话。时而不时地,这些交易员都很忙碌,以及伴随着一波又一波的越来越大的噪音。这些交易员连续不断地大声喊出来买进和卖出的指令,一条又一条的新闻消息,以及向办公室中的其他人询问。例如:"有谁知道——玛莎·斯图尔特公司的股票要成为一只炙手可热的股票吗?"几分钟后,科恩又下达了让其员工执行的买进或者卖出的指令,语调如此随意,就好像他正在买一份黑麦金枪鱼三明治似的,而不是一次买进或者卖出2.5万股或者10万股的股票。

您要卖空的那只股票是什么?您的孩子喜欢这家公司的哪一款产品?

我要卖空的是任天堂公司的股票。这家公司研发口袋妖怪游戏。你了解这款游戏吗?

恐怕我并不了解。(这次对科恩的采访是在媒体越来越喜欢这款游戏之前完成的,这款游戏后来荣登《时代》杂志的封面。)

它是日本卡通中的一个角色,现在非常受人们的欢迎。

既然您的孩子这么喜欢它,您为什么还要卖空这只股票呢?

因为我认为这只是一时流行,并不会持久。而且,这家公司只有这一种游戏。(科恩一边盯着电脑屏幕,一边说道。)我认为市场也许还会持续走高,但是,事实上,我对其持负面态度。

为什么?

这只股票正在持续走高,但是涨幅的宽度有限。当时市场已经有小幅上涨。此外,随着年末将近,人们将开始更加关注 Y2K。

当我拜访科恩的那天,美联储宣布了要上调利率。当我到达他的办公室后,也就是美联储的宣布已经过去了 15 分钟,科恩开始输入一连串的买进和卖出的指令,买进和卖出的价格都完全远离了当前的市场价格。“以防止市场做一些愚蠢的事情。”他解释道。换句话说,他正在把他自己定义为采取与任何一个极端反应都相反的一面——价格抬高或者抛售——以应对美联储的这个决定。

当美联储宣告这个决定以前,我们就打开了电视,好像电视里正在播放电影《颠倒乾坤》。(必须郑重声明,虽然《颠倒乾坤》的后续事件发生在商品的场内交易大厅中,这部电影脱离了现实,因为,农产品报告的延后发布显然是故意的,直到期货市场结束之后才发布了这份报告——但是,再一次地证明,这部电影只不过是部喜剧片罢了。)当时钟显示为下午 2 点时,办公室中弥漫着紧张和期待的气氛。科恩拍了拍他的双手,然后渴望地大笑着说道:“我们走吧!”在美联储宣布这个决定的前一分钟,一个自发的有节奏的拍手——只有在运动比赛中才能听到的我们出发吧(团队的名称)此时却响彻整间办公室。

美联储宣布要把利率上调 0.25%,这恰巧符合人们的期望值,而且市场反应也是趋缓的。办公室的交易活动有一点点的慌张,这种慌张很快就逐渐平息了。“好吧,那是令人兴奋的,现在我们都下班回家吧!”科恩以一种开玩笑的口吻对大家说道。

科恩有条不紊地在键盘上输入那些报价符号,大约 1 秒后,计算机屏幕上就出现了那些公司,这些公司并不在他的那些无数的想要买进的公司之中。市场开始恢复力量,于是,科恩就想要买进一些股票,但是,随后他决定要等等看。10 分钟后,市场开始下跌,而且下跌的幅度已经使之前赚到的钱顿时化为乌有。

在您完成的那些交易中,有多少是靠直觉完成的?

许多交易都是靠直觉完成的,至少有一半的交易都是这样。

我尝试着继续这个采访,但是,要是没有那些干扰和打断,实质上是完全不可能的事情。科恩一心一意地专注在他的电脑屏幕上,频繁地发出交易的信号和接听电话。我成功地记录下来的那些少得可怜的问题和答案中包含的信息都是我不想要的。余下的这部分采访,除最后的那部分外,都是在科恩的这间办公室的稳重的气氛中完成的。

您何时第一次意识到世间还有股市?

当我大概13岁时,我第一次意识到股市的存在。我父亲过去每天晚上都把《纽约时报》带回家。我经常只看那些体育新闻。我注意到,其他的版面全被数据占据着。当我知道这些数据都是股价,它们每天都发生变化后,我特别欣喜若狂。

我开始去当地的一家经纪公司闲逛,观察那些股票报价。当我上高中时,我在一家成衣店里打暑期工。它离那家经纪公司只隔一个街道,因此,当我吃午饭时,我就跑到那家经纪公司观看股盘。在那段时期内,股盘跳动得特别慢,你完全能够跟得上它。你能够看到某只股票的成交量的变化,能够感觉到它要上涨了。但是,现在你不能做到这个,股盘变化得太快。但是,我今天所做的每件事情都根源于那段早期的读盘经历。

您在沃顿商学院学到的那些经济学知识在您的股票交易员生涯中有任何帮助吗?

这些经济学知识对我的帮助不大。在他们教给你的那些知识中,只有极少一部分的知识是有用的。

比如哪些有用的知识呢?

他们教你意识到,股价之所以会波动,40%是由于股市,30%是由于行业,而且剩下的30%与这只股票本身相关,我相信这是真的。我不确信这些比例是否准确,但是,这些想法很管用。

您何时交易呢?如果这笔交易对您不利,您如何决定您在何时做出了错误的决定?

如果我是由于某个刺激因素的出现而进行这笔交易,那么,当这笔交易对我不利时,我要检查的第一件事情就是看这个刺激因素是否仍然有效。例如,大约在一个月以前,我期望IBM公司能够向外宣布令人失望的收益,于是,我就在收益报告发布之前卖空了这只股票。我认为市场会看跌,因为许多计算机和软件公司都由于千年虫的问题而弄错它们的数字(报告的收益比期望的收益要低)。那些顾客都延迟安装一些新系统,因为,2000 年马上就要来到,他们认为他们也许应该继续使用现有的计算机系统。

当这只股票的价格在 169 美元时,我卖空了这只股票。后来收益报告出来了,而且收益是惊人的——一个完全的井喷!在股市结束后的交易中,我卖出时的价格还相当高,然后又在 187 美元的时候重新买回了我卖出的那些股票。可是,这笔交易仍然不管用。第二天股市开始时,股价就上涨到 197 美元。因此,感谢上帝,我在收盘后补回了那些股票。

您过去经常做这些事情吗?——也就是说,当您认为您做出了错误的决定时,您快速地终止交易吗?

你最好要做到快速地结束交易。这并不是一个特别完美的游戏。我对我的那些交易员的投资业绩的数字进行了统计:最好的交易员只能在 63% 的交易时间中赚到钱,绝大多数的交易员都是在 50% 至 55% 的时间范围内赚到钱的。这就意味着在大多数情况下,你都是错误的。如果事实真的就是这样,那么,你最好确保你的亏损尽可能地小,而且保证你赚钱的可能性尽可能地高。

您有没有特别感性地完成了一些交易?

我曾经持有某家私有公司的 23% 的股票,后来这家公司被 XYZ 公司收购。(由于科恩与这家公司之间的关系,他让我不要透露这家公司的真实名字。)于是,我用个人的账户买进了 XYZ 公司的股票,一直持有了四年或者五年。在这期间,它的股价并没有太大变化。

XYZ 公司有一个子公司,它有一个金融评论的网址。他们决定要让这家子公司上市。XYZ 公司的股票在发行其子公司股票之前,就攀升至 13 美元,这比任何时候我持有时的股价都高。于是,我就卖出了这些股票,而且我很高兴我那时这么做了。

按照初步的计划,XYZ 公司的子公司要在 12 月份上市,但是,却被延误了,于是 XYZ 公司的股价开始狂跌。几周以后,他们就向外宣布新定的发行股票的时期是在来年的 1 月份,于是,XYZ 公司的股价又开始大幅上涨,成为互联网热的一部分。仅仅在两周内,XYZ 公司的股价就从 10 美元上涨到 30 多美元。

我不能忍受这个想法,在持有这只股票这么多年以后,我竟然在其大幅上涨之前刚刚全部卖空了这些股票。但是,这真的让我很生气,因为我了解这家公司,股价攀升至30美元以上,这毫无道理。这家子公司的股票的初始发行价是15美元。如果它的交易价格是100美元,那么对这家子公司来说,它的价值只在10美元左右。如果它的交易价格是200美元,那么,它的价值将升高到20美元左右。这家子公司的价值也许只值5美元。因此,你持有某只股票,在极端乐观的交易环境下,它本身的价值只值15美元到25美元,但是,交易的价格却在30美元以上。

我又开始全部卖空了这只股票。最终,我卖出了90万股股票和2000笔买入期权,平均售价都在35美元左右。但是,随后,这只股票上涨到45美元。在周五那一天,也就是这家子公司发行股票的那天,XYZ公司的股价狂跌。那天下午,在22美元、21美元和20美元时,我又渐渐买回了这只股票。我还在1美元时买回了那些卖出的买入期权,在这之前,我卖出的价格介于10美元和15美元之间。

很明显地,像这样的交易还是一笔不错的交易。但是,当您卖空这只股票时,风险却是无限的。比如在这笔交易中,您刚才说到您的平均价格在35美元左右,但是这只股票后来的确攀升到45美元。要是它再上涨,您会怎样做呢?当股价升到哪种价位上,您才会拱手认输?或者,如果您认为这只股票的定价过高,而且您的这种想法保持不变,那么,您还会持有它吗?

在卖空某只股票的交易中,需要遵守一条基本的原则,那就是市场上必须出现一个刺激因素。在这笔交易中,刺激因素就是那家子公司要发行股票。发行日期定在周五,而且,我在周二时就开始卖出这些股票,因此,在发行之前,我就已经完全清仓了。如果在周五发行了股票,而且这只股票也没有下跌,那么我也许就会再次补仓。让我最生气的是,在此之前,我就已经卖光了初始头寸。

因此,您再次买回了那些股票。

是的,我再次买回了那些股票。这很惨。

当您要卖空某只对您不利的股票,而且市场上也没有马上就出现了刺激因素,那么,您会怎么做呢?您卖出时的价格是40美元,可是,后来它却攀升到45美元、50美元。您选择何时退出呢?

如果这只股票对我不利,那么,我很有可能就不会买进它。

即使它的基本面因素没有发生变化，您也不会买进吗?

噢，当然了。我经常告诉我的那些交易员，“如果你认为你错了，或者如果此刻的市场情形正在对你不利，而且你也不知道原因，那么，你就应该立即卖出一半的股票。如果可以的话，以后你再把它们重新买回来。”如果像这样地交易了两次，那么你卖出的头寸就是原来的四分之三。然后，余下的四分之一的头寸就是能够让你赚钱的交易。关键就是要行动起来。我发现了，太多的交易员都只会站在那里，让交易的这辆卡车自动向前走。这些交易员在做卖空的交易时经常犯的一个错误就是和他们的投资组合相比，他们买进的头寸太大。然后，当市场对他们不利时，他们的痛苦就变得越来越大，他们开始难以承受，最终，他们恐慌不已。

交易员还会犯哪些其他的错误?

他们毫无理由地就开始交易。他们一脚踏进列车的最前端。他们卖空股票，是因为股价不断上涨，好像这可以成为一个理由。他们经常说:“我不相信这只股票能上涨得这么高。”而且，这就是他们的整体研究。这对我来说，毫无意义。我的回答则是:“你必须要做得更好。”我有一些朋友，他们非常感性地对待市场。他们打败了他们自身的这种缺点。为什么要把你自己置于那种位置上呢?

但是，您刚才告诉我的那笔 XYZ 公司的交易打败市场了吗?

不同之处就在于在 XYZ 公司的这笔交易中，市场出现了一个刺激因素。在此之前，我就知道发行日期初步定在周五。我知道接下来会发生什么。我也知道我期望着会发生什么。事实上，这是一笔计划得非常详细的交易，即使我那时非常生自己的气，气我为什么要在那么低的价位上就全部卖出了我持有的股票。

交易员还会做哪些错事?

你必须要充分地了解你自己，不要试图成为你不应该成为的那种人。如果你是一名日间交易员，那么，你就在当天内完成交易。如果你是一名投资者，那么，你就做好投资者的工作。这就像是一名喜剧演员，当他走到舞台上以后，就开始唱歌。那么，他为什么要唱歌呢? 因为他是一名喜剧演员。我真的不理解下面的这个特例:我认识一些家伙，他们创建了对冲基金，这是他们交易中的一部分，也是小盘交易中的一部分。难以置信地，这些小盘交易中都没有流动的现金，你必须要永久地持有它们——这与交易恰恰相反!

您如何与那些为您工作的交易员互动?

我让不同的交易员负责不同行业的股票,这是因为有一些原因。公司中有许多员工,让不同的交易员交易相同的股票是一件相当麻烦的事情。此外,因为我们现在交易的资金超出了10亿美元,我们想要尽可能地覆盖多个行业。从本质上来说,我们公司的结构是水平结构,我像是音乐会中的指挥官,将所有的事情都协调起来。你可以说我就是那个中心,那些交易员就是轮辐。

要是您不同意您的某位交易员做出的交易决定,您如何处理这种情况?

我不想告诉你我的那些交易员都在做什么。我不会断然肯定什么样的决定是正确的。我所做的一切就是要确保他们了解到的事实情况和我了解到的一样,如果他们真的想做那笔交易,那么,他们就可以去完成。我鼓励我的那些员工们要大展拳脚。我必须要这样。我现在掌管着10多亿美元的资金,仅靠我一己之力无法完成。

您如何挑选那些交易员?

许多在这儿工作的交易员都以我为中心。此外,我一直都在训练他们,他们已经完全能够单枪匹马地完成交易了。还有一些员工,在刚开始时,他们只是记账员,现在却都交易着几百万美元的交易,而且做得都特别好。

我喜欢做的一件事情就是使一名交易员和另外一名交易员成为搭档。谁都需要一个参谋。你需要某个人,他要说道,“为什么我们要买进这个头寸?”要有制衡,你不能只按照你自己的想法行事。

此外,我们还有一些团队,在这些团队中,通常都会有一名交易员和负责同一个行业的分析员。我非常喜欢这个想法,因为这有利于那位交易员学习到这个行业中的精妙之处,从而理解什么因素才能真正地拉动股价上涨。

这些交易团队都是非正规的吗?还是他们各拿各的交易资金?

不是的,他们在一起工作。他们的收入要依靠他们共同的努力。

通过使用这种团队的方法,您发现他们的交易业绩有所提升吗?

结果要靠他们共同的努力。

使用这种团队的方法是您的主意吗?

这是一个不断进化发展的过程。绝大多数的交易员都想要参与到每一笔交易中。他们前一分钟还在交易雅虎公司的股票,下一分钟就在交易埃克森公司的股票。这是他们应该做的事情,谁让他们是交易员呢!

但是,我却不想让他们这么做。我想让我的交易员高度集中在其中的一件事情上。我想让他们精于其中的一件事情,而不是对每件事情都浅尝辄止。

这就意味着他们不能分散地投资。

他们不能分散地投资,但是,公司可以分散地投资。只要他们卖空和买进股票就行。我认为,公司中的所有员工都不会认为专注于其中的一个行业是对他们不利的。

当您在招聘那些潜在的交易员时,您最看重他们具备什么特殊的技能?

当我在招聘时,我只看他们是否害怕承担风险。我问他们的其中的一个问题就是:"告诉我你曾经做过的风险性最高的几件事情。"我需要的是那些能够自信地告诉我他们未来会成功的人们;敢于承担风险的人们。

什么让您警惕一名交易员?

我担心那些交易员,他们等待其他人来告诉他们应该要怎么做。我认识一个人,他本来可以成为一名伟大的交易员。他只有一个问题:他拒绝靠他自己做出决定。他想让其他人告诉他,他应该买进和卖出哪只股票。而且当他发现他做出错误的决定时,他又不知道何时才能退出市场。很久以前我就认识了他,他一直都这样做。

那么,您给他提供建议了吗?

是的,可是不管用。他依旧我行我素。他找到了一种新方法,使其看起来他正在靠他自己做出交易的决定,但是,事实上并不是这样。具有讽刺意义的是,如果他只是靠他个人做出决定,那么,他的业绩就会非常棒。很明显地,在某种程度上,他很胆怯。也许他害怕别人会觉得他很笨吧。

您把公司一直都经营得特别好——数年来,巨额的收益以及管理的规模庞大的资金。您曾经想过要关闭这家公司,然后退休吗?

许多人都害怕,而且认为由于他们赚到了许多钱,他们最好要保护这些钱。这是一个非常有限的哲学,而我的想法恰巧与此相反。我想要继续使这家公司壮大起来。我对退休没有兴趣。首先,我没有其他事情可以做。我也不想去打高尔夫。你知道,有一句古老的谚语:"当你每周打三次高尔夫时,你的球技就会很棒,否则的话,就毫无乐趣可言。"其次,我很享受做现在的事情。

如果我对一家公司感兴趣,那么我肯定要使其发展起来。我们把我们的业务从原来的传统的交易扩大到囊括全部的新策略的交易上来。这些新策略包括市场中立、风险套利和重大事件主导的投资等等。此外,我的那些交易员也教给我一些他们负责的那些行业中的知识。我一直都在学习,这使交易是一件令人兴奋和全新的事情。我现在做的事情完全不同于我在10年前做的事情。我一直都在进步,而且还要继续进步下去。

您设想过当前的这个长期的牛市如何结束?

最后的结局肯定很惨;结局一向都很惨。世界上的每个人现在都在讨论股票。每一个人都想成为一名交易员。对我来说,这是某件事情要终结,而不是要开始的迹象。你不能让每个人都和你站在同一条战线上。这也不是世界运行的方式。

有任何总结的话语吗?

你并不能控制市场的运作方式,但是,你却能够控制你对市场的反应。我一直都在检测我做的事情。这就是和交易相关的。

后来证明,这些并不是他对这段采访的总结性话语。当我这次拜访过他以后,我又给科恩打了电话,问了他一些下面的问题。这部分的电话采访如下。

您如何描述您使用的交易方法?

我把我从各种渠道那里听到的消息和我对市场如何应对做市赌注的直觉结合在一起。

什么让您不同于其他交易员?

我并不是一只孤独的狼。许多交易员都喜欢只打他们自己的仗。我更喜欢得到别人的帮助。我之所以能够取得如此的成功,是因为我成立了一个非常可靠的团队。

假设,要是只有您一个人在交易室中进行交易,结果会怎么样?

我仍然能赚到钱,但是,我不会这样做。我没有办法能够交易那么多的股票。

那么,您如何决定您的交易时机呢?为什么您要在今天,而不是在昨天或者明天完成一笔交易呢,或者就此而言,在某个给定的时刻,而不是在一个小时以前或者以后完成一笔交易呢?

这要具体的交易情况具体分析。我为什么要完成那些交易是有很多原因的。有时我根据股盘进行交易——单独的股价走势;有时,我在某个行业内进行交易;有时,我只是根据某个刺激因素而进行交易。

当我上周拜访您时,您还认为债券会下跌。自从那时起,股价开始有些许上涨,然后就变现了。您那时未出手吗?

没有,我立即出手了。最基本的想法就是你用想法进行交易,然后让市场告诉你这种想法是否正确。

我听说过,您专门为那些和交易员一起工作的员工聘请了一位精神病医生?

是的,我专门聘请了阿里·基辅。他在这儿每周工作三天。(本书中也包括对基辅的采访。)

这究竟是怎么一回事?

阿里曾经和那些奥林匹克运动员共同工作过,我非常看重他的这段经历。我看出了其中的相似性:这些交易员也在竞争相当激烈的环境中工作,他们也受成绩的驱使。我感觉到,有一些交易员无法取得成功,这通常要归因于他们的性格缺陷,而不是因为好想法和坏想法。所有的交易员都有严重的缺点。

那么,阿里的这些辅导安排对这些交易员有用吗?

我已经见到结果了。如果你环顾四周,就会看到那些棒球运动员都有教练,乒乓球运动员也有教练,等等。为什么这些交易员不能有教练呢?

在您完成的那些数不清的交易中,有一些交易是很特别的吗?

有一次,我卖空了100万股股,结果,第二天,它的股价就下跌到10美元。这对我来说,是一笔相当盈利的交易。

这里面有什么故事吗?

在这里,我不想说出这只股票的名称——否则的话,这家公司再也不会理我了——在这个行业中,大部分的其他股票都处在压力下,但是这只股票却不断上涨,因为它正要在标准普尔中上市。我发现,一旦标准普尔完成了购买这只股票,它就会变现。在我卖空这只股票的第二天,这家公司就发布了令人失望的收益报告,于是这笔交易就变成了全胜。

您曾经为哪些交易而失眠?

噢,我想我的睡眠质量相当好。我不曾因为交易而失眠过。也许你应该问一个更好的问题:我曾经经历得最糟糕的一天是哪一天?

那好吧,您曾经经历得最糟糕的一天是哪一天?

最糟糕的那一天就是我在这天内亏损了 400 万到 500 万美元。

那一天发生了什么事情?

现在我甚至都记不太清楚了。现实就是,如果你交易的时间足够长,那么,什么样的事情都会发生。

什么是直觉?这只是对我们无法解释的智能的一种描述方式。我亲眼见到许多交易员都使用直觉——这些交易员能够看到的信息和其他交易员看到的信息一样,但是,他们能够明确地感觉到市场未来的走势。看着史蒂夫·科恩,他就会给你留下他绝不会犯错的印象,他非常确切地感觉到市场接下来将要走向何方。这种感觉,或者直觉,只是对从数以万计的交易中吸取到的经验和教训的一种净化而已。交易员就好像是拥有人脑的计算机。

所谓的直觉其实就是经验和才能的融合。别人不能教你掌握这种技能。那些新交易员不能奢望他们自己能有直觉,而且那些经验丰富的交易员,也许对市场还没有直觉。许多金融怪杰还都没有直觉;在许多情况下,他们的交易取得了成功,这要归因于他们的才能不同于其他人的才能——例如,市场分析的技巧或者构筑系统。

虽然史蒂夫·科恩的交易方式不能被模仿,但是,可以模仿他的交易原则。到目前为止,科恩的行为论证了一名成功的交易员必须具备的一些关键品质。即使对刚刚开始的交易员来说,他的交易经历中也包括了重要的信息。例如,科恩提供了一个非常完美的模式,展示了一个成熟的交易员采用何种方法来控制风险。

尽管科恩如此优秀,但是,他也会犯错误——有时,还是大错误。想想他在这笔交易中犯的错误吧,在 IBM 公司发布收益报告之前,他就卖空了这只股票。由于判断的失误,在发布收益报告之后的第一笔交易中,他跌了一个大跟头,这只股票上涨了 18 美元,这对他非常不利。由于他当初从事这笔交易的原因已经被推翻了,科恩立即重新买回这些股票。他并没有试图要理性地分析这种情形;他也没有给市场多一点的时间。虽然他遭受了极大的损失,但是,要是他只是等到第二天早上,那么,这只股票就还会再上涨 10 美元,这对他更加不利。所有的交易员都会犯错误;但是,那些伟大的交易员却限制他们的亏损。

对科恩来说,减少亏损几乎是一种条件反射。虽然发现像这样的控制风险的技巧需要许多年的交易经历,但是科恩给出了一条相关的建议,无论对新交易员来说,还是对那些专业的交易员来说,这个建议都很有用:“如果你认为你做出了错误的决定,或者市场情形正在对你不利而你却不知道为什么,那么,就减少一半的头寸。以后你可以再把它们重新买回来。”

科恩提供的另外一个非常重要的教训就是,你的交易方式要适合你的个性,这非常重要。在股市中进行交易,没有捷径可言。你需要了解你是什么样的人。例如,不要既想着成为一名投资者,又想着成为一名日间交易员。选择其中的一种。对于你的选择,你需要感到舒服。

此外,科恩还建议道,确保你要有一个非常好的理由去进行这笔交易,这也非常重要。买进某只股票是因为它的股价“太低”或者卖出它是因为它的股价“太高”,像这样的理由都不是好理由。如果这正是你的分析范围,那么,你期望着要在市场中取得成功是毫不可能的。

成为一名伟大的交易员需要过程。这是一场没有终点线的比赛。市场并不是静止的,而是动态的。没有哪一种方式或者方法能够给你提供出最好的结果。为了使你的成绩在未来比别人的更好,这些伟大的交易员也需要继续学习和适应。科恩一直都在试着去掌握市场的方方面面——从他的专业技能发展到其他股票、行业,以及交易的方式。正像科恩解释的那样,为他完成交易是一项逐步发展的过程。

对史蒂夫·科恩访谈记录的更新

史蒂夫·科恩拒绝后续的采访。他的投资成绩一直都很显著。如果在2000年4月开始的熊市让他们的交易更加困难,那么,很显然地,肯定是有人忘记了科恩。从2000年4月到2002年8月,自从熊市开始以来,科恩的投资成绩就高达100%以上——这是按照净值来计算的;他实现的毛收益肯定不只如此!甚至是更加卓越,在整个熊市期间,他从来都没有一个下跌的月份。事实上,在这四年中(自从1998年8月以来),每个月的投资成绩都是盈利的。也许会有另外一名交易员,他的业绩比史蒂夫·科恩的收益/风险率更好;只是现在,我还不知道这名交易员是谁。

阿里·基辅,医学博士

胜利者的精神

阿里·基辅并不是一名金融怪杰,他甚至都不算是一名交易员。那么,为什么我们还要关注他给出的建议呢?因为史蒂夫·科恩充分地肯定了基辅医生的工作,让他永远地留在他的公司中工作。毫无疑问地,科恩是世界上最伟大的交易员之一。(详见本书中对他的采访)1992年,基辅医生开始在科恩的公司中和那些交易员一起工作,开展每周的研讨会。随着时间的流逝,基辅医生的这种作用越来越重要,现在他每周都要花费三天的时间呆在科恩的公司中,要么辅导其中的一名交易员,要么辅导一个小组内的交易员。此外,他还为其他公司中的一小部分专业交易员提供辅导服务。

基辅医生本科在哈佛大学上学,随后获得了康奈尔大学的医学博士学位。在伦敦的约翰霍普金斯医院和莫兹利医院都当过住院医师以后,他回到了康奈尔大学医学院,担任社会精神病学系的主任,主要关注自杀防治研究。他于1970年创立了社会精神病研究所,主要参与那些抗抑郁药物的主要试用,这些药物包括百忧解、帕罗西汀、左洛复、西酞普兰,等等。

基辅医生是美国奥林匹克运动会医学委员会任命的第一位精神病学医生,在1977年和1982年之间,与那些奥林匹克运动员共同工作。正是由于基辅医生的这段帮助奥林匹克运动员提高他们成绩的经历才在数年后引起了史蒂夫·科恩的注意,因为科恩相信,顶级的运动员和顶级的交易员之间有着极强的相似性。

基于多年和专业交易员共同工作的经历,基辅医生已经出版了14本书籍,包括《交易制胜:掌握市场的心理》,以及《交易心理分析》;最畅销书籍《日常生活的策略》以及最受人们欢迎的人类学文本《魔法,信念和愈合:对原始精神病学的研究》。

在基辅医生的曼哈顿的办公室中,我完成了对他的采访。(是的,我没有让他躺在沙发上接受我对他的采访。)

在您的职业生涯初期,您和那些有自杀倾向的病人与抑郁患者一起工作,随后,又和奥林匹克运动员与顶尖的交易员一起工作。这是一个相当大的转变。听起来这二者之间并无任何关联。

治疗那些有自杀倾向的病人和抑郁患者的其中一种方法就是要帮助他们变得更加自力更生和自信。这些技巧同样适用于那些运动员和交易员。

您是如何开始与奥林匹克运动员共同工作的?

那时,我的孩子去健康俱乐部健身,它是由美国奥林匹克运动会医学委员会的头儿管理的,于是在那里,我见到了一些奥林匹克运动员。正是由于这种联系,我成为医学委员会任命的第一位精神病学医生。

和您一起工作的那些奥林匹克运动员都参加了哪些体育比赛?

雪橇运动——我儿子在1981年加入到美国国家队中——篮球,射击,击剑,皮艇运动,单人双桨赛艇比赛,以及其他运动。

这些运动员参加的比赛项目可真多呀。在这些比赛项目中,您使用的辅导方法都一样吗?还是针对不同的比赛项目,使用不同的方法?

在有些比赛项目中,使用的辅导方法一样,但是不同的比赛项目需要不同的思想架构。例如,在雪橇运动中,出发时,当你向前走时或者带动雪橇时,都需要最大的力气。但是,一旦你站在雪橇上后,你就必须要降低肾上素的分泌,这样你就能够在滑雪橇时保持镇定和专注。在滑雪、射击的比赛中,来自全世界各地的运动员也需要相似的转变。他们的心跳率每分钟会超过120下,随后,他们必须要停下来,关注于射击,这时,他们的心跳率可以完全下降到每分钟40下。像这样的运动员可以通过练习用力和放松之间的急速的心理转变来达到调节他们自己的目的。

但是,在像射击这样的比赛项目中,关键的因素在于能够放空他们的思维。例如,我曾经辅导过一名射击运动员,他后来在前几届的奥林匹克运动会中摘取了金牌,而且这种成就使他不能把他的大脑放空,从而只关注在射击目标上。他需要找到一种技能,排除他以前曾经拿到过金牌的想法,这样他就能够做到放松,然后完全关注在射击目标上。

您如何成功地做到这个?

通过放松和想象。其实,有许多技巧,但是,最关键的想法就是你需要留意那种想法,然后顺其自然。例如,你也许能够在气泡中想象出那种想法,然后将其慢慢视觉化,直到最后消失。

有一些成功的特征适用于所有的比赛项目吗?

在任何一项比赛中,拿到金牌都至关重要,除非你打算在下一次的奥林匹克运动会中再摘取金牌。组建一个奥林匹克团队和摘取金牌也许需要你十年的不断的探索。如果你想要摘取金牌,那么,你就必须从今天开始去做那些事情,因为你的竞争对手也在做这些事情。绝大多数的人们都不相信,满足于成功是不可能的事情,或者至少他的成功没有达到他们的期望值。你必须为自己设定一个明确的目标,然后努力实现它,即使在你承诺过你要努力这个目标以后,如果你没有达到,那么,你至少不会有后悔的感觉。

向您自己承诺还是向世界承诺?

向世界承诺——这样的话,你做出的承诺更有力量。承诺的这个结果将让你全心全意地付出行动,对你来说,没有退路可言。如果你要想实现你的承诺,那么你就必须要付出行动。让其他人知道你已经设定了目标,而且正在努力实现它,你实现这个目标的可能性就很大。这条真理不仅适用于在运动王国,还适用于交易中,以及其他的行业里。

七年前,我在科恩的公司中采取的一个措施就是让这些交易员围绕着办公室走一圈,然后说出他们的目标。在刚开始的时候,除史蒂夫·科恩以外的所有人都极力地反对这项措施,只有科恩很愿意说出他的那个非常引人注目的承诺。这些交易员花费了很长的时间才接受了这项措施,但是,现在,它已经成为公司文化中的一部分,这真是不可思议。几乎所有人都愿意给出承诺,承诺要赚到比去年更多的钱,通常情况下,承诺今年要赚的钱是去年的两倍。这和承诺要赚多么多的钱无关;关键就是要承诺去做某些事情,然后脚踏实地地度过每一天,最终实现你的承诺。

史蒂夫·科恩今年设定了一个目标,他要打破以往的纪录。他必须要计划出一种策略,这种策略要与目标保持一致。他开始在每周日下午四点开始工作,然后一直工作到晚上十点。“我不想这么疯狂地工作,”他说道,“但是,我必须要这样做,因为我要实现我的目标。我不想每天早上七点半就准时来到办公室。我不想每天晚上都要反复地看这些图表。但是,如果我想要坚持我的目标,这就是我必须要做的事情。”

您的意思是,简单地承诺一个更高的目标,您就能实现这个目标?

相信你有可能实现目标,那么你就会实现它。一个经典的例子就是罗杰·班尼斯特用不到4分钟的时间跑完了一英里。当他在1954年实现这一目标之前,这个目标一直被视为一个人类无法逾越其体能极限的障碍。当他跑完这段所谓神奇的路程之后,许多其他的跑步运动员都突然开始超越了这个曾经被视为无法逾越的障碍。

随着史蒂夫逐步打破了其他障碍,他的公司中的其他交易员都发现了,他们赚到口袋中的钱远远超过了他们曾经认为可能会赚到的钱。其中的一名交易员在五年前只是一名记账员,今年他计划交易7000万美元。

如果要设定一个目标,然而没有实现它,这会带来什么后果?当然,并不是每一个设定更高目标的人都能实现这个目标。

设定一个目标的目的并不是说要让你一定要实现它,而是要确定一个标准,根据这个标准而衡量你的成绩。如果你不能实现那个目标,那么,它就会迫使你专注于你正在做的错误的事情上,或者你现在做的事情也许不是你应该做的事情。这个目标使你保持一种更高标准的成绩。

为什么会有一些运动员或者交易员退出了,而那些和他们掌握同等技巧的其他运动员或者交易员最后取得了成功呢?

有时,当人们实现了他们的目标以后,没有其他事情发生时,他们就会停止关注使目标实现的任何一种承诺。这也解释了为什么一些人在他们成功以后就开始失败。他们没有继续付出努力。当某人实现了他的目标以后,经常会有一个问题,“现在该怎么做呢?”基于将那些获得金牌的运动员和那些没有获得金牌的运动员进行对比而得出我的答案,这就是设定另外一个目标,它能够给你带来挑战。那些获得金牌的运动员经常追逐不确定的目标。

不能重新设定目标限制你的成功。例如,一名高山滑雪运动员花费数年的时间在奥林匹克预赛上,我亲眼见过他做过的那些动作有多么完美。他顺利地参加奥林匹克预赛,做出完美的动作,实现了他设定的加入奥林匹克团队的目标。问题就在于,这些完美的动作使他的职业生涯止步于此,因为在此之前,他没有形象地设想或者想过要是他通过了奥林匹克预赛后,接下来他要怎么做。

还有一些交易员,一旦他们的成绩比别人的超出一大截后,他们就很难再继续保持那些让他们成功的纪录了。在我辅导过的那些交易员中,有一位交易员,在每月的前几天,他的成绩都很好,但是不管在任何时候,只要他领先别人30万美元时,他就开始暴露一些坏习惯了。当我让他解释为什么他在下半月的投资成绩如此差时,他说道:“从我单调地做交易这个角度来说,每个月我都开始交易。因此,我很谨慎地挑选那些交易,使用严格的风险控制措施。一旦账户里有钱,我就开始松懈起来。我的自信心开始膨胀。我也开始不再尊敬市场了。”

还有什么其他的因素阻止那些技术娴熟的运动员和交易员胜过他人?

有一些人,他们保持着世界纪录,但是从来都没有拿过金牌。其中的一位运动员在他的那个比赛项目中一直都保持着世界纪录,而且,还参加了四届的奥林匹克,但是,他从来都没有得过金牌。后来才知道,当他在设定世界纪录这个目标时,他忍受着蜜蜂的蜇伤,使其注意力不再集中在这样的想法上:“我没有取得成功。我必须要赢。”

有适用于交易的教训吗?

有,全神贯注地使交易不赔钱就会干扰你想赚钱的想法。使交易不赔钱并不是一个好策略。你交易的目的就是要赚钱。

您是如何开始辅导那些交易员的?

史蒂夫·科恩听说我曾经辅导过那些奥林匹克运动员,他认为这段经历与辅导交易员相关。我在他的公司中工作了七年。当我刚进去时,他的公司还只是一个管理2500万美元的对冲基金集团;现在公司管理的资产规模已经超过了15亿美元。我知道,你已经采访了史蒂夫·科恩。我很好奇,他给你留下的印象是什么?

他在交易中表现出来的漫不经心让我很吃惊。他发出买进10万股股票的订单时表现出来的随意就好像是他正在买一份三明治午餐。此外,在交易中,他看起来一直都还保持着一种幽默感。关于史蒂夫,我还注意到另外一件事情,我已经见过许多其他的交易员也注意到了这件事情,这就是他和其他人一样都能看到一百种事实——认为有些股票看涨,有些股票看跌——以及挑选出一只或者两只股票,这些股票与那时的市场最相关。

他给你留下的印象是这个?我认为一半原因是准备工作,另外一半原因就是经验。他现在正在进行的交易都不是全新的交易。他在这个行业中有着极广的人脉关系,而且他还能接触到他们。像史蒂夫这样的伟大交易员都能够注意到,有利时机何时会出现,何时会消失。根据他的公司的风险经理的统计数据,在他完成的所有交易中,5% 的交易几乎占据了他的所有利润。除此之外,当他做出错误的决定时,他很愿意削减他的头寸。

您只辅导那些专业的交易员,还是您也辅导那些普通的人们,他们想要成为成功的交易员?

我只辅导那些专业的交易员。我认为我自己是一名交易教练——帮助那些交易员做得更好,而不是教会普通人成为交易员。我的工作就是诊断出交易员如何受他们自己针对于市场而做出的感性的决定,然后帮助他们纠正他们自己的方法,最后成功地解决问题。

举个例子吧。

例如,有位交易员走过来对我说:"当我在赚钱时,我就会一直在赚钱——我不会做出错误的决定;当我赔钱时,我就会一直在赔钱——我做的任何事情都是错误的。"解决方法就是要把他赔钱时的思想状态扳正到他赚钱时的思想状态。

您是如何做到的?

我让他重新创造出他连续赚钱时的那种心态。当他在连续赚钱时,他很无畏,直觉灵敏,以及能够做出正确的决定。当他在连续赔钱时,他需要想象、记住以及感觉他在连续赚钱时的那些积极的特征,因此,当他走进办公室时,他对待交易的态度就像是他在连续赚钱的中途的心态。你会重复性地听到那些交易员说道,当他们在连续赚钱时,他们不会做出错误的决定。我一直都在建议他们要在大脑中再次创造出他们想要连续赚钱的那种心态。

这也是您辅导那些运动员的方法吗?——让他们在大脑中想象着完美地做到这些事情?

我曾经辅导过一名溜冰运动员,他总是不能完成三周跳。每一次当他试着尝试完成第三圈时,他总会从空中跌下来。我问他,他是否能在大脑中完成这个动作。刚开始时,当他试着在大脑中做这个动作时,他还是会从空中跌下来。我让他一直在大脑中练习这个动作,直到他能够在大脑中舒服地做完了这个动作。为了能够在冰上完成这个动作,他必须先要在大脑中成功地做完这个动作。不久以后,当他在大脑中舒服地做完了这个动作以后,他就成功地在冰上完成了这个动作。

还有,我辅导的另外一名雪橇运动员,当他每次都在做着90度的旋转动作时,他都会斜着掉在普莱西德湖面上。后来,当他每一次都做这个动作时,他都做过了头。我让他想象那个完美的动作。他在湖面上运动了大约一分钟后,他就试着在大脑中保持这个动作达十秒之久。他连续不断地在大脑中练习着向下滑的这个动作,在练习了几百次以后,大脑中的这个图画帮助他克服了焦虑。他最终成功地做出了这个完美的动作。

我不想让这些例子听起来过于简单或者过于神奇。我不是要向你建议,所涉及的就是要学习一些试想的技巧。我的做法可以被更好地描述为一个对话过程,帮助他们找到正在阻碍他们取得好成绩的原因。

那些交易员知道这个问题的答案吗?

他们都知道这个答案。我辅导过的其中一位交易员,不管在何时,他都做出要清仓的决定,但是他并未全部卖出,总是留下一小部分的股票,以防止市场继续朝着他期望的方向发展。总而言之,留下来的这些股票正在浪费他的金钱。他必须要学会当他决定要清仓时,他应该卖出全部的股票。刚开始时,这让他有点焦虑。

我并不是要让他们尴尬。我只是尽量让他们去做能给他们带来最大利益的事情。人类想要感觉舒服。我的工作就是要让自己成为讨厌的人,这样的话,我就能让他们做出必要的改变。

还有另外的一些个人缺点吗?这些缺点阻碍交易员全部实现他们的潜力。

其中有一位交易员,他管理着一个很大的对冲基金集团,但是,他从来都不愿意在市场上买进股票;他经常都想要股价变得更低。结果,他错过了许多交易。

您是如何发现他的这个缺点的?

我问他:"今天的交易怎么样?"

"不是太好。我刚刚错过了买进XYZ公司的股票,这可是一笔大交易。我尽力去买进它,但是,我买不到,因为股价上涨得太快了。我已经出了一个价格,但是,股价已经上涨得比我的报价还要高出1美元,因此,我不想在以更高的价格买进它了。"

我一直都在试图让他进入一个不同的思想状态中。数年来,他一直都很成功。在绝大多数的交易中，他都赚到了钱。为什么他会是这么一个斤斤计较的人呢？

为什么您会认为他是一个斤斤计较的人？

我想这就是他的个性吧。这就是他被养大的方式。他对一切事情都斤斤计较。

而且，他的这种个性阻碍他向前发展了吗？

是的，这种个性正在阻碍他向前发展。我尽力做的事情就是倾听交易员诉说他遇到了什么问题，然后帮助他找出那些阻碍因素。

您能列举一个行为模式阻碍交易员向前发展的例子吗？

有一位交易员，他只根据大盘的基本面来挑选股票，然后，随着股价的下跌，他就大量买进股票。当某只股票深陷困境时，即使他已经决定了要在低于平均价格的基础上买进它，但是，当他退出市场后，他还是非常宽心。

难道他就没有意识到他的入市的方法将会带来初期的亏损吗？

从理智上来说，他知道这一点，但是，从心理上来说，他仍然期望这是一笔赔钱的交易。因此，当某只股票深陷困境时，他就非常高兴地退出了市场。第一步就是让他感觉到他正在做的事情。现在他可以更久地持有股票了。意识只是我使用得最关键的工具之一。在这个例子中，这位交易员需要面对事实，因为他正在自欺欺人。

那么，他改变了他正在做的事情了吗？

是的，当某只股票深陷困境时，他想要把它卖出时，他现在都控制了他想要卖出的欲望。他不仅的确控制了这种欲望，而且我还在其他交易员的身上也看到同样的毛病。

最后，他的交易成绩提高了吗？

他的交易成绩得到了大幅提高。去年他赚了2800万美元。在今年的一开始，我问他："你今年的目标是什么？"

"5000万美元。"他回答道。

"只是5000万美元？"我反问道。

"噢。"

听到他回答"噢"时，我连忙说道："让我们放大这个'噢'。'噢'大概是指多少？"

"我也许能够赚更多的钱。"

"能多赚多少?"我问道。

"我不想说。"他回答道。

"来吧,说吧。"

"我不想说,否则您就会让我实现它。"

"我不会让你去实现它。但是,你认为你能赚多少?"

"我想我可以赚1亿美元。"他小声说道。

"噢,那么就大声说出来吧。"

"好吧,我今年能赚1亿美元。"

我告诉他:"接下来我们要把你的员工都召集在这里。"

我们把他的员工都叫进来,然后,他对他们说道:"我刚刚和阿里讨论过,我们今年要赚够1亿美元。"

三周前,他来告诉我,他已经达到了今年赚够1亿美元的这个目标。关键就是要让他意识到当他说5000万美元是他今年的目标时他自己的犹豫不决。如果当他说5000万美元是他今年的目标时,我们的谈话就此终止,那么,今年他就不会赚够1亿美元。我和他之间必须要有交流,让我感觉到他的真实的实力。1亿美元并不是我的数字;它只是我为他而设的一个数字。如果我使用的方法真的很独特的话,那么,正是由于我能听出他的犹豫不决,我才弄清楚阻碍他向前发展的原因。

您已经写了一整本书,这本书是关于交易心理的。要是我想请教您给出一些如何才能在交易中取得成功的建议,但是,需要您用25个词语甚至更少的词语来描述这些建议,您会如何描述呢?

确定目标,使你的策略和你的目标一致,遵守一整套的规律,以及风险管理指导方针。然后开始交易,监测交易,以及评估你自己的投资成绩。

基辅医生给出的关于目标实现,以及尤其在交易中取得成功的建议可以被总结为以下的几个方面:

- 如果你相信你能够实现目标,那么你就有可能实现目标。
- 为了要实现目标,你不仅必须要相信这个目标是可以被实现的,而且你还需要付出实际的行动。
- 向他人说出你的目标,这比只有你一个人知道这个目标更加强有力。
- 那些非凡的佼佼者——奥林匹克金牌得主、超级交易员——连续不断地重新确定他们的目标,这样他们就可以延伸他们的目标。保持非同一般的投资成绩需要交易员离开舒适区。

- 当交易员或者运动员确定目标后,他们就需要确定一种与目标一致的策略。
- 那些交易员、运动员,以及其他的以目标为导向的人们都需要监测他们的成绩,以确保他们在通往实现目标的正确道路上,以及如果他们不在正确的道路上,诊断出阻碍他们前进的因素。

对阿里·基辅医生访谈记录的更新

自从上次采访过基辅医生以后,他一直都把他的注意力关注在辅导那些交易员上。此外,他已经出版了两本书籍,这两本书都围绕着这个话题:在区域内进行交易以及风险的心理。

自从上次采访过您以后,在已经出现的这段长期并将长期存在的熊市中,您觉得您辅导的那些交易员有什么变化吗?

他们的自信心水平比原来的要低很多。我辅导过的那些交易员越来越多,他们不断地给我打电话,因为他们感到压力太大了,对市场已经不再抱信心,或者他们觉得他们对市场的分析和方法已经不再管用了。他们想知道他们接下来应该怎么做。

那么您告诉他们什么了?

我建议他们去休假,以补充体力,然后再重新找回对市场的感觉。一直以来,我都辅导他们要降低期望值,这样他们就能够再次重拾掌控市场的感觉。如果对市场的期望值太高,那么他们很有可能就会遭受太多的挫折。此外,我还提醒他们,一定要警惕着不要下大赌注,想要赚回所有的钱。

您能给我列举一个关于您曾经辅导的交易员的例子吗?他一直都很难适应当前的市场环境。

最近,我遇到一名交易员,他一直都很偏爱多头头寸,他正在管理3500万美元的资产规模,今年他已经亏损了300万美元。在此之前,他已经大幅地削减了头寸,尽力使他自己尊重市场。他的情绪非常低落。因为他的投资成绩已经非常糟糕,所以他非常不愿意走出办公室,和团队中的其他人互动。很明显地,他有些许的抑郁现象。他深陷于自保的囹圄之中,在这个囹圄中,他的糟糕的投资成绩已经让他失去了自信,他想要退出,这反过来更加阻碍了他的投资业绩。

那么,您给他提出了哪些建议?

问题就在于,他一直从投资成绩这个方面来定义他自己。我告诉他,以给公司出各种各样的主意以及和公司内的其他人进行互动的这种方式来更好地融入公司中。

在这个熊市中,您如何改变您辅导交易员的方式?

我一点儿都没有改变我的基本策略。我仍然要强调鼓励这些交易员去取得最好的成绩,为实现更高的目标而付出全心全意的行动,然后找到和这些目标一致的策略:快速地减少损失,当他们非常确信、占有优势,以及实现非常多的利润时,他们就应该扩大头寸。

这种方法继续适用于更宽泛的市场和策略:外汇交易员,宏观交易员,可转换债券的套汇商,以及使用黑匣子系统的定量交易员。在股权交易员之间,这些交易员有实力进行卖空,而且他们也相信,他们能够经受得住巨大的亏损,因为他们了解,他们要卖空的这些头寸的基本面因素易受波动。但是,一些股权交易员就很难适应最近几年出现的非常疲软的熊市。对他们来说,不是争夺金牌的问题,更多的是保住他们呆在这个行业的资本的问题。虽然我更偏向于强调投资成绩的提升——也就是说,假设交易员能够赚到更多的钱,就帮助他们赚到更多的钱——但是,对一些交易员来说,关注于资本的保存和风险的管理是他们更应该做的事情。

具体地说,您如何辅导那些有困难的交易员?

这一直都是让这些交易员面对他们的否定和合理性的问题。例如,对一些交易员来说,这意味着要不断学习如何削减损失,即使那些基本面很稳健。对其他的交易员来说,这就意味着帮助他们克服他们的出于本能的因卖空股票而给他们自身带来的不舒服的感觉。此外,我还建议这些交易员,只有在赚到很多利润以后,才能承担更大的风险。但是,这两种方法都很管用。对于那些更加警惕的、不愿意使用分配给他们的所有资金的交易员来说,我一直都鼓励他们,当他们赚到很多钱后,他们的夏普指数能够承担风险时,他们才可以再做更大的交易。

还有一些其他的值得特别强调的变化吗?

我发现我自己处理的是更多的与管理方面相关的问题,比如,保持团队的士气,团队建设,以及与那些中坚员工的沟通技能。例如,一名对冲基金经理最近告诉我："我指导我的交易员去卖空10万股股票，但是，他只卖出了4万股。"我问他，为什么他没有明确地告诉那位交易员要再卖出6万股。"噢，"他说道，"我不想打击他的自信心。"牛市允许那些经理以一种更加随和的方式来管理他们的团队，而且许多经理从来都没有学习过如何让他们的员工理解，当他们说X时，他们指的就是X，而不是Y的技巧。但是，在熊市中，你犯不起这种类型的错误。

假设，您辅导过的那些经理在牛市中的业绩特别好，这并不是因为他们的天赋，而是因为牛市是一个单行道。您如何区分那些也许有短暂困难的交易员和那些从来都没有特别的天赋的交易员？

刚开始时，你只需要看他们的投资成绩，你就能明白这些交易员有没有天赋。如果经理连续不断地赔钱，然后，也许他应该去做其他的事情。此外，你还必须要看他们的工作现状、使用的方法的复杂程度，或者方法过于简单。最近我和某位经理共进午餐。在此之前，这位经理曾经成功地募集了巨额资金，并用这笔资金创办了一家新的对冲基金公司。对于他使用的方法是多么初级，我非常惊讶。他让他的分析员给他提供一个清单。他会买进那些被列在清单末端的股票，同时也会卖出那些被列在清单顶端的股票。他根本就不了解这其中的微妙之处。我对此非常震惊。我建议他要聘请一些一等的分析员，以巩固他的投资过程。

在上次对您的采访中，您强调了交易员要全心全意地为实现更高目标而付出实际行动的重要性，当然，在这种熊市中，许多交易员肯定都不能实现他们的目标，甚至还赔钱。那么，您告诉他们要怎么做？

有位交易员曾经说过，今年他的目标就是要赚够1000万美元，但是当他赚够200万美元时，大半年时间都已经过去了。在这种情况下，也许对他来说，500万美元是更好的目标。降低目标并不是什么羞愧的事情。实现更低的目标远远要比因不能实现更高的目标而带来的挫折感重要得多。

这么说来，现在您经常发现您要辅导那些交易员去降低他们的目标，而在此之前，您却建议他们要提高他们的目标。

的确如此。

要是有交易员不是不能实现他的目标，而是实质上要赔许多钱，那么您会怎么做？比如说，某年他的目标就是要赚够1000万美元，但是当他赔了300万美元时，大半年时间都已经过去了。

问题就在于,这位已经赔了300万美元的交易员依旧在想这300万美元对他来说是多么一个天文的数字。你不应该要想着把已经赔了的钱再赚回来——这太有压力了。你应该从哪里跌倒,就从哪里爬起。当你赔钱时,但是,在本周,这个月,以及今年中余下的那些时间中,你能怎么做?你必须要试着重新获得掌控感。

股市天才们的经验和教训

1. 没有真正的唯一的途径

要想在股市中取得成功,没有真正的唯一的途径。那些伟大的交易员们使用的方法各种各样。一些交易员只是单纯的基本面分析家;其他交易员只使用技术分析;还有一些交易员综合使用这两种方法。一些交易员认为两天就是长期,而另外一些交易员则认为两个月都是短期。一些交易员高度重视定量分析,而另外一些交易员则主要依靠定性分析而做出决定。

2. 共同特征

虽然我采访过的这些交易员的方法、背景和个性都大相径庭,但是,他们身上都有着无数的共同特征。所有的交易员都谈到的其中一个的特征就是规则。

从本质上来讲,成功的交易都需要一个两步的过程:

(1)制定一种有效的投资策略,以及制订一份能够对付所有紧急情况的交易计划。

(2)严格遵守交易计划。(根据其定义,任何一个例外所必需的一个理由——例如,纠正疏忽——就必须是交易计划中的一部分。)不管投资策略多么靠谱,成功的交易都需要依靠人们对计划的遵守,而这种遵守又需要人们严律于己。

3. 您必须要按照您的个性进行交易

科恩指出,用一种符合你的个性的方式进行交易非常重要。没有单独的唯一的交易方法;你必须要知道你是个什么样的人儿。例如,不要试图既想成为一名投资者,又想成为一名日间交易员。选择一种让你舒服的方法。米内尔维尼也给出了类似的建议:“集中掌握一种适合你的个性的交易模式,这是终生的过程。"

那些成功的交易员都毫无例外地发现了一种适合他们个性的方法。例如,在每笔的交易上能赚到小额的利润,库克就很高兴,但是他却不愿意承担哪怕是很小的损失。确定这个因素后,他发现的那些交易方法就只能接受每笔交易都是低风险和高收益,这些方法很适合他。但是,这些同样的方法未必就适合他人。交易并不是一个千篇一律的命题;每位交易员都必须量身制造属于他们个人的方法。

4. 失败和坚持不懈

虽然本书中采访的一些交易员在刚开始都取得了成功,但是,其他交易员的早期的市场经验完全是失败的。马克·库克不仅连续几次都输光了他所有的赌本,而且还有几次把借来的几百万美元的贷款也全输掉了,距离个人破产仅有一尺之遥。斯图亚特·沃尔顿也曾经把从他父亲那里借来的钱赔了全光,而且几年以后,不仅输光了所有的交易赌本,而且还输光了用他的家作为抵押品而贷来的贷款。马克·米内尔维尼在股市中失去的不仅是他自己的资金,而且还有一些贷款。

尽管他们的开始都很可怕,但是,这些交易员最终都取得了辉煌的成功。那么,他们是如何实现了这种成功的呢?当然,部分原因是由于他们都有一股内在的力量,没有被失败打败。但是,没有灵活性的韧性绝不能帮助他们取得成功。要是他们继续做他们之前一直在做的事情,那么,他们也就不会取得成功。关键就在于他们完全改变了他们现在正在做的事情。

5. 那些伟大的交易员都具有灵活性

即使是那些伟大的交易员有时候也会在一开始从事交易时完全误读了一些想法。但是,他们最终都取得了成功,因为他们都灵活地改变了他们的交易方法。拉·罗什富科曾经说过:"人生最大的悲剧之一就是在一系列残酷的事实面前,抹去了那些美妙的想法。"那些伟大的交易员都能够面对这些"悲剧"而且选择用事实代替他们的感觉。

例如,沃尔顿刚开始只卖出强势股和买进垃圾股。当他完全根据经验,而不是根据他原来的猜测,观察到市场上正在发生的事情时,他足够灵活地完全改变了他的交易方法。再比如另外一个例子,正像米内尔维尼在刚开始交易时的那样,他偏爱买进那些正在创新低的低价股,这种方法和后来他使用的交易方法差不多要完全相反。

股市是动态变化的。在某一阶段内有用的交易方法未必在市场的其他阶段内有效。要想在股市中取得成功,需要根据股市不断变化的条件和已经发生的事实情况而做出相应的改变的能力,就像下面的例子那样:

- 沃尔顿改变了他的交易策略,以符合他对当前市场环境的感知。结果,他在一年之中成为买进强劲股以及在另一年中买进价值股。“我的哲学,”他说道,“就是要像水母一样来回漂浮,市场把我推向哪儿,我就去哪儿。”

- 即使雷斯卡波已经发现了那些非常有用的交易系统,但是,他还会继续他的研究,发现更优秀的交易系统。当市场条件发生变化时,他就可以做好准备。

- 弗莱彻的当前主要的策略是从早期的更简单的策略中发展而来的。随着越来越多的竞争对手要使用他正在使用的交易方法,弗莱彻一直都在忙于发现新的投资策略。

- 科恩说道:“我一直在学习,这是一件令人兴奋和新鲜的事情。我现在做的事情绝对不同于我在十年前做的事情。我不断在前进,而且会一直前进。”

6. 成为一名成功的交易员需要时间

要想在股市交易中取得成功,至少需要你要有经验,正像其他职业要求的那样,而且,经验只能在真实的时间中才能获得。正像库克所说的:“你不能期望你自己能在一夜之间成为一名医生或者一名律师,而且对于交易来说,也是一样的。”

7. 每天记录对市场的观察

虽然获取经验并不是一蹴而就的事情,但是,通过记录对市场的观察,而不是仅仅依靠记忆,它可以让你的交易更加有效。每天在日记中记录他在市场中发现的周期性的交易模式,这帮助库克从失败迈向了成功。他使用的许多交易策略都出自这些笔记。马斯特斯在他的名片背面上草草记下这些观察笔记。这些笔记综合在一起,就为他提供了交易模式的基础。

8. 发展交易哲学

发展一个特定的交易哲学——融市场概念和交易方法于一起——基于你得到的市场经验,而且它要与你的个性相符合(item 3)。发展交易哲学是一个动态的过程——随着你获取越来越多的经验和教训,你应该相应的修正你当前使用的哲学。

9. 您的优势是什么?

要是你不能清楚地果断地回答这个问题,那么,你还没有做好交易的准备。该书中提及的每位交易员都有明显的优势。比如下面的一些例子:

- 马斯特斯已经发现了一个基于刺激因素的交易模式,它能分辨出那些成功概率高的交易。
- 劳尔使用一个特定的六步挑选股票的过程,用于辨别那些回报/风险前景特别好的股票。
- 库克已经使用了若干种价格模式,它对市场短期走势的预测成功率在85%左右。
- 科恩将他的团队中的交易员和分析师们者提供的信息和他作为交易员天生具备的时间技巧融合在一起。
- 广泛的投资研究和极低的交易成本使肖的公司有可能找到那些市场无效率小的股票,并从这些股票中盈利。
- 通过将仔细的结构性的金融交易与对冲技巧结合在一起,弗莱彻完成的交易都是那些不管在任何情况下都有很大可能获利的交易。
- 沃森的广泛的在交流基础上的研究让他能够识别出那些在被华尔街充分意识到的机会之前就极有可能快速上升的股票。

10. 先有鸡还是先有鸡蛋的自信问题

在我的两册书中出现的这些交易员中最明显的特征之一就是他们都特别自信。这引发出这样一个问题:他们如此自信,是因为他们做得特别好,还是因为他们的成功是源于他们的自信?当然,本书中出现的非常优秀的这些交易员都很自信,这一点儿都不让人吃惊。但是,当我采访越多这样的股市奇才,我就越相信自信是这些交易员们共有的内在本质,而且在交易中取得成功,自信这个特征是一个极其有益的因素。下列就是我列举的一些可能的例子:

- 当沃森被问到,是什么给了他极大的信心让他追求管理资金的工作,当时他在此之前并没有成功地挑选过任何一只欧洲共同市场票。他回答说:"一旦我决定了我要去做某些事情,我就下定决心一定要成功,不管有多少困难。如果我不持有这种态度,我从来就不会做到。"
- 当马斯特斯还是一名未被雇用的股票经纪人时,他就创立了他的基金,当时他还没有优秀的基金方面的业绩。当他被问到这个问题时,他回答道:“我意识到,如果某人能够在交易中赚钱,那么我也能。而且,我曾经参加过最高级的游泳比赛这个事实也给了更大的信心,让我认为我在这个行业中也能够做得很好。”

• 雷斯卡波的自信心看起来有点不可思议。当被问到为什么不等到他发现他自己的交易方法之后再和他的合伙人分开时,当时他的合伙人是他的团队中的基金经理,他回答道:“我知道我会遇到一些困难。在我心中,这是毫无疑问的。只要我坚定信念去做一些事情,我从来都没有失败过,而且,这次也会是一样。”

诚实地评估我们每个人的自信心也许是预示着这些交易员未来能够在股市中取得成功的先兆之一。至少,这些人们想着改变职业生涯,成为交易员或者将其投资组合中的部分资产拿去冒险应该问一下他们自己,他们是否有绝对的信心去取得最终的成功。只要对这个答案稍有迟疑,那么,这就应该被视为一个警示标志。

11. 努力工作

讽刺的是,如此多的人们都被吸引到股市中来是因为这看起来像是赚大钱的一条捷径,但是,那些最后成功的都付出了极其努力的工作——这几乎无一例外。想象本书中的下列的例子:

• 好像掌握一家对冲交易公司还不够似的,肖还成功地创立了一系列的技术公司,为风险投资募集资金,以及为两家编程的化学软件公司提供资金支持,而且他还担任总统顾问委员会的主席。即使他好不容易才休一次假,他也承认道:“每天我都需要几个小时去工作,只有这样,才能让自己很理智。”

• 即使雷斯卡波的交易系统仍然很有效,很管用,几乎都不需要修正,但是,他继续花费很多的时间在计算机研究上。他继续工作,好像这些系统明天就失效似的。他从来都不错过任何一个交易日,即使他的膝盖受伤做过手术后,他还需要待在家里休息,却仍然一瘸一拐地走到办公室中,这样他就能够及时地查看股市行情。

• 米内尔维尼每周都工作六天,每个交易日都工作 14 个小时,而且连续在 10 年中,从来都没有错过任何一个交易日,即使他患了肺炎之后,依旧如此。

• 库克除了每周花费 50 至 60 个小时在股市上以外，他还坚持继续干农活儿。此外，当那笔残忍的交易把他推到破产的边缘的数年以后，库克仍然干着这两份全职的工作。

• 本德不仅把白天的时间都全部花在美国的股市上，而且还在半夜时从床上爬起来关注日本的股市。

12. 对成功的欲望

努力地工作和痴迷之间总会隔着一条线，而这些金融怪杰们经常能够跨越这条线。当然，还有一些列举的例子也包含着痴迷这个要素。这也许是这些成功人士尊重市场的一种信念，而且另外一些人还正在努力，这种信念是简单地与成功相联系的一个特征。

13. 这些金融怪杰们都倾向于成为创新者，而不是追随者

比如下面的这些例子：

• 当弗莱彻开始他的第一份工作时，他只被分配了一张桌子，然后被告知"弄明白它"。他从来都没有停止。弗莱彻在他的职业生涯中，一直都在积极地思考问题，以及实施那些创新的市场策略。

• 本德不仅发现了适合他本人交易的方式，而且还创造出了一种获利的方法，投资的股票不同于传统的投资模式。

• 创新贯穿着肖的整个人生：当他刚刚毕业时就创建了一家软件公司；他一直在坚持不懈地设计超级计算机的结构；创立了各种各样的公司；以及他在发现那种独一无二的复杂的数学的交易模式中发挥了中心作用，这种模式只适用于他本人。

• 通过在数十年中每天记录下对市场观察并将这些记录编纂在一起，库克成功地发现了许多原创的而且还是很管用的交易策略。

• 米内尔维尼使用他自己发现的一系列的图表模式，而不是采用那些股市书籍中大受人们追捧的模式。

• 马斯特斯草草地写下所有的市场观察，因此他能够发现只适用于他本人的基于刺激因素的交易模式。

• 虽然雷斯卡波对细节很保密，但是仅仅基于他们的不俗表现，我们就可以明显地看出他的交易系统肯定是独一无二的。

14. 要想成功，你必须要愿意承担损失

用沃森的话说："你不能害怕承担损失。那些在这个行业中成功的人们都是那些愿意赔钱的人们。”

15. 控制风险

米内尔维尼相信,那些新手们容易犯的一个共同错误就是他们“花费太多的时间在试图找到那些伟大的交易策略上,因此花费在资金管理上的时间就不够”。“考虑到你的亏损,”他说道,“就是在股市这个战场上90%会遇到的事情,不管你使用哪种策略。”科恩也用下面的话语解释了控制亏损的重要性:“绝大多数的交易员都只能做到50%至55%的成功率。我在最好的交易状态时也只能达到63%的成功率。这就意味着,在大多数情况下,你都是错误的。要是这样的话,你最好做到尽可能地把亏损限制到最小程度。”

我采访的那些交易员们使用的控制风险的方法包括下列的方法:

- **止损点**。米内尔维尼和库克都在对他们不利的交易中事先设计好抛售的时机。这种方法可以让他们在任何头寸上都能做到控制潜在的亏损,而且把风险水平维持到一个界限清楚的水平上(以防止股价在一夜之间大幅上涨)。此外,米内尔维尼和库克都暗示出,任何一笔交易中的止损点都随着期望利润的不断变化而变化——也就是说,潜在的利润越大,止损点也要越宽(容许接受更多的风险)。

- **缩减头寸**。库克的电脑上贴着一个便笺,上面写着止损。“当我赔钱时,我做的第一件事情,”他说道,“就是止血。”科恩也说出了几乎是一致的话语:“如果你认为你错了,或者如果市场正在对你不利,而且你还不知道为什么会这样,那么,就降低一半的头寸。你可以经常补仓。如果你像这样子做了两次,那么,你已经缩减了四分之三的头寸。然后,剩下的头寸也就不再是什么大问题了。”

- **挑选低风险的头寸**。一些交易员只根据非常苛刻的挑选股票的条件来限制风险,并将此作为一种可替代止损清仓或者缩减头寸的方法。(详见条目17)

- **限制初始头寸规模**。科恩说道:“交易员们易犯的共同错误之一就是在投资组合内,他们买进的初始头寸太大了。然后,当股价对他们不利时,痛苦就变得太大而不能收拾,因此,最后他们会恐慌或者冻结。”同样,弗莱彻也引用了他的导师艾略特·沃克的话语:“永远都不要在你输不起的交易上面下赌注。”

- **投资多样化**。你手中持有的投资方式越多样化,你承担的风险就越小。但是,投资多样化本身并不是控制风险的一个足够的措施,因为大多数股票和更宽的市场之间,或者互相之间都有着显著的联系。此外,正像条目52讨论的那样,投资方式太多样化也会带来明显的缺点。

• **卖空**。虽然人们普遍都认为,卖空很有风险,但是,这其实是降低投资风险的一个有效方法。(见条目58)

• **对冲的策略**。一些交易员(比如,弗莱彻、肖以及本德)都使用这样的方法。在这些方法中,那些交易的头寸在一开始都是对冲头寸。对这些交易员来说,控制风险和限制杠杆有关,因为,如果杠杆比率过高,即使一个非常低风险的策略也能使这笔交易变成一笔高风险的交易。(见在对肖的采访中讨论长期资本管理的那个例子)

16. 你不能害怕风险

控制风险不应该和害怕风险混为一谈。愿意接受风险也许是每位交易员内在的一个必要的个人特征。正像沃森指出的那样:"你必须要愿意接受某种程度的风险,否则你将永远都不可能成功。"当科恩被问到当他在招聘新的交易员时,他最看重他们身上的哪些特征时,他这样答道:"我一直都在寻找那些不害怕承担风险的交易员。"

17. 关注那些估值不足的股票,从而限制股价下跌

许多接受过采访的交易员都限制股票,只选择那些估值不足的股票。沃森只关注那些市盈率相对低的股票(见条目8到12)。欧卡姆斯买进从新高上下跌60%甚至更多的股票,而且交易的价格还要低于12倍的市盈率。此外,他还偏爱在股价尽可能无限地接近账面价值时买进股票。

这些交易员关注买进那些满足他们自己定义的价值的股票的原因就是,这样做可以限制股价下跌。买进那些交易价格很低的股票还有另外一个好处,这就是像这样的反复反弹的股票通常都具有强大的上涨潜力。

18. 仅有价值是不够的

这里应该特别说明,虽然绝大多数的交易员都认为价值不足是买进股票的一个必要条件,但是,他们中没有一个人认为这是一个充分条件。在交易中,必须还要有其他的重要因素,因为交易的这只股票的定价可以很低,而且在未来的几年内,股价都不会有任何变化。即使你买进了这样的股票,不会亏损太多,但是,这仍然是一个严重的错误的投资方式,因为它套牢了你的资金,你本可以利用这笔资金在其他地方赚到更多钱的。

19. 刺激因素的重要性

某只股票的价格很高,在未来几年内都停滞不前,套牢了你的大部分资金。因此,在此,需要问你一个关键的问题:什么才会促使股价上涨?

沃森挑选股票包含两个必要的步骤。第一步,甄别那些能够满足他的价值标准的股票,这是比较简单的一步,只用挑选出即将要买进的股票即可。第二步,寻找那些刺激因素(当前发生的事件或者即将要发生的事件),这些因素能够识别哪些股票在近期内会大幅上涨。为了发现这些刺激因素,他要和许多公司进行广泛的交流,此外,还要和他的竞争对手、分销商以及顾客们交流。从定义上来说,每笔交易都需要一个刺激因素。

马斯特斯发现了一整套交易模式,它主要依赖这些刺激因素。通过数年的研究和观察,他最终发现了这些交易模式。在这些模式中,股票是如何随着这些刺激因素的出现而发生变化的。虽然绝大多数交易模式本身也许只有一点点优势,但是,当我们综合考虑它们,就能分辨出那些胜算高的交易模式。

20. 大多数交易员只关注何时入市,却忘记了何时退市

何时退市和何时入市一样重要。从定义上来说,任何一个忽略了交易清仓的市场策略都是不完整的。一个清仓的策略包括下列的一个或者多个因素:

- **止损点**。详见条目 15。
- **利润目标**。许多接受过我的采访的交易员(比如,欧卡姆斯和库克)只要市场实现了他们预先定好的利润目标就要清仓某只股票。
- **时间停止点**。如果某只股票(或者股指)不能在某段确定的时间段内实现目标,那么这只股票就应该被清仓。马斯特斯和库克都说过,时间停止点是一个很有帮助的交易策略。
- **违背交易前提**。如果完成某笔交易的条件和预先设想的不一致,那么,这笔交易就应该被立即取消。例如,当科恩期待 IBM 公司的收益不好时,它却公布出比预期收益还要好的收益,那么科恩就会立即清仓。虽然他在这笔交易中赔了许多钱,但是,如果他犹豫不决,恐怕他要赔掉更多的钱。
- **与预期不一致的市场行为**(见条目 21)。
- **考虑投资组合**(见条目 22)。

在这些因素中,有些因素可能对所有的交易员都管用(例如,与预期不一致的市场行为);其他因素的作用要根据每个交易员的个性而各有不同。例如,使用止损点对米内尔维尼来说是必要的,他采用了基于时机的交易方法,但是,止损点却与欧卡姆斯和沃尔顿使用的交易方法恰恰相反。这两位交易员倾向于买进那些低价值的股票,这些股票刚刚经历了大跌。(但是,当这两位交易员卖空时,他们也会使用止损点,这样他们会遭遇无限制的损失。)又如利润目标,它在一些交易员的交易方法中是不可分割的一部分,但是,由于它限制了潜在的利润,因此,对其他的交易员和投资者来说,它是有害而无益的。

21. 如果市场行为和预期不一致,那么立即退出市场

许多交易员都提过,如果市场不能对某个事件(比如,盈利报告)做出预期的反应,他们就会认为这是一个信号,说明他们做出的决定是错误的,而且他们马上就会清仓。当我采访科恩时,他认为债券市场会看涨,可在当时看来,债券市场在长期内都会下跌。他给我列举了一系列的理由,证明他为什么相信债券市场要在接下来的几个月内会经历一个实质性的反弹,而且当我坐在他旁边时,他还买进了一只股票。在接下来的几天内,债券市场的确经历了反弹,但是,上涨很快受到阻力,股价也下滑至新低。在结束对科恩的采访后的一周内,我又对他进行了一个后续的电话采访,我问他,现在他是否仍然要买进股票,因为数周前他相信债券市场会看涨。“不,”科恩答道,“在交易中,你使用你自己的理论,然后让市场告诉你,你是否做出了正确的决定。”

22. 何时清仓这个问题不仅与股票本身相关,而且还与有没有更好的股票投资有关

可投资的资金总是有限的。买了某只股票后就不能再买另一只股票了。因此,如果出现了更好的投资机会,那么,就要及时地清算看起来不太赚钱的投资。例如,沃森采用的是他自创的“只有一头猪在槽内”的方法。他不断升级他的投资组合——用那些他期望能升得更高的股票来代替另外的一些市盈率前景更好的股票。因此,关于当前持有的股票,投资者需要问一个关键的问题,这个问题不是“这只股票会涨得更高吗?”而是“相对于用同等数量的资金投资的其他股票,这只股票是更好的投资吗?”

23. 需要耐心

不管你使用何种标准来挑选股票以及决定入市的时机,你要有耐心,等待一些条件被满足。例如,欧卡姆斯就耐心地等待股票跌至他的“便宜的”的价位上,即使他要错过80%以上的他想要买进的股票。1999年中期,欧卡姆斯只投资了13%,因为,正像他在接受采访时说过的那样:“那时并没有便宜的股票。我不会拿我的资金去冒险,直至我找到那些便宜的股票。”

24. 设定目标的重要性

基辅医生一直都大力倡导设定目标有多么重要。一直以来,他不仅与奥林匹克运动员共同工作,而且还与那些专业的交易员共同工作。他坦承,相信你可能达成的目标会帮助你达到目标。但是,只相信目标还不够。基辅说道,要想实现目标,你不仅要相信它,而且还要付出实际行动。他继续说,对别人说出承诺尤其有效。

基辅医生强调,优秀的业绩需要人们设定目标,要把这些目标设在交易员的舒适区以外。因此,想要取得成功的交易员需要不断地重新修订目标,因此,这些目标都是可以不断被拉伸的。此外,这些交易员还需要时时监测他们的业绩,以确保他们在达到目标的正确道路上,诊断出阻碍他们前进的因素。

25. 这一次会不一样

每一次市场出现狂热时,人们总会听到节制的言语,“这一次会不一样”,然后再说出一些解释,为什么这个特别的牛市还会继续下去,尽管股价一直很稳定。当金价在1980年飙升至每盎司1000美元时,人们就会作出这样的解释,这一次的黄金“不同于其他任何商品”。原以为,由于在日益上涨的通货膨胀的世界中(还记得两位数字的通货膨胀率吗?)黄金在物资储备中的特殊作用,供求的自然规律并不适用于黄金。当日本股市在上世纪80年代飙升时,其市盈率高达同等时期的美国公司的市盈率的五到十倍,人们又把下面的解释当做定心丸:这一次的日本股市不一样,因为许多公司之间都互相持有对方大量的股票,而且它们很少抛售这些股票。

截止到我正在写这本书时,市场疯狂追捧技术股,尤其是互联网公司的股票。这些股票没有市盈率,甚至收益的前景也不太好,但是,它们的发行价高得离谱。再一次地,这次也没有博学家能够解释为什么这一次会不同;为什么收益也不再重要(至少对这些公司来说)。在本书中接受采访的这些交易员都说过,要警惕当前市场对这些方面的追捧。在写完这本书的手稿之前,许多互联网公司的股票都经历了大跌。然而,这条信息仍然与市场相关,因为部分市场或者部分领域仍再次高喊:“这一次也会不一样。”但是,我们只需要记住一点:市场永远都不会一样。

26. 基本面没有熊市和牛市之分;当基本面与股价相关时,它才有熊市和牛市之分

如果一个大公司的股价上涨的幅度超过打了折扣的利好基本面,那么投资这个大公司其实就是一笔很糟糕的投资。反过来说,一家一直处于困境中的公司,它现在正在遭受负面新闻的影响,如果它的股价下跌的幅度超过打了折扣的利坏基本面,那么这笔投资其实就是很好的投资。正像加兰特被问到她能给投资者提供哪些建议时,她这样回答道:“一家很好公司的股票也许很糟糕,反过来说,一家很糟糕的公司的股票也许还不错。”

27. 成功的投资和交易与预测无关

例如,雷斯卡波强调道,他从来都不做任何预测,也不会对那些声称他们自己具备预测能力的人们嗤之以鼻。当说起市场预测这个话题时,他被问到为什么他要笑时,他回答道:“我的确在笑那些预测市场的人们。他们不了解市场,没有人了解市场。”

28. 永远都不要把你看到的或者听到的当做是市场事实,要靠你自己辨别一切

当库克第一次询问 tick(在纽约证券交易所上市的那些最后一笔交易是上涨的交易价格减去那些最后一笔交易是下跌的交易价格)的含义时,一位有经验的经纪人告诉他,如果价差非常大,那就说明这是一个买入的信号。库克通过多年的研究以及记录下多年他对市场的观察,他发现了真相恰恰相反。

本德通过质疑在整个股市行业中用到的潜在的期权定价模式中的核心前提条件,就此开始他的股票交易生涯。他深信这些世俗认知都是错误的,于是,他就发现了一种交易方法。事实上,这种方法基于打赌断定这些期权定价模式不会被大众接受。

29. 永远都不要听信别人的观点

要想在市场中取得成功,自己做出决定非常关键。无数的交易员都曾经说过,听信别人的观点是他们最容易犯的错误。由于沃尔顿和米内尔维尼听信别人的观点,他们都亏损了全部的资金。谈及这段经历时,米内尔维尼说道:“我的错误就是把决策的权力拱手让给他人。”沃森就占了大便宜。

他是低价吸取到这个教训的。此外,科恩也谈到他认识的某个人有能力成为一名伟大的交易员,但是他永远都不会成为这样的人,因为“他拒绝自己做出决定”。

30. 警惕自我

沃尔顿提醒道:“在这个行业中,奇怪的一件事情就是不管你多么成功,如果你让你的自我参与到交易中来,那么一个坏电话就能把你赶出这个行业。”

31. 需要自我反省

每位交易员都必须明白自己的性格缺点,它也许会阻碍你的交易成功,因此,你应该做出适当的调整。例如,沃尔顿最终就意识到,他的性格缺点就是容易听信其他人的观点。他的这个个人缺点迫使他一定要确保只有他一个人在工作,即使他管理的资金规模看起来需要有另外一位员工的加入。此外,为了安全地阻止他想要听信别人观点的冲动,他把极小一部分的资金搁置在一旁——资金数额太小而不能对他构成任何危害——只适应于一些特别小的交易。

基辅医生把他和交易员共同工作的情形描述为“谈话过程,旨在发现每位交易员的哪些个人缺点阻碍了他的业绩”。他帮助过的这些交易员肯定具备了下列的个人缺点:

- 某位交易员有寻找低价股票的倾向,这使他错过了许多好的交易,因为他经常想要试图找到更低的买入价;
- 某位交易员采用逐级缩小的入市方法,这种方法和他经历过的那些赔钱的交易相冲突,即使需要根据他的计划才能买进股票;
- 某位交易员经常在做出退出市场的决定后还要保留部分的头寸,这对他本人非常有害,因为他很着急,期盼着这只股票在他清仓后股价能够攀升。

仅仅有自省意识还是不够的,某位交易员肯定也愿意做出一些必要的改变。库克也和交易员一起工作,也见过那些拥有良好的交易技巧的交易员最终还是失败了,因为他们没有改正他们的性格缺点。他列举的其中的一个例子就是他有一位客户,这位客户习惯于每周五在股市快结束时进行交易,他认为这样很刺激。虽然这位交易员在市场的其他板块都做得非常好,这些多得数不清的小额收益远远超出了他每年四次在股市快结束时进行交易时亏损的资金。尽管他本人也意识到了这种缺点,但是,他拒绝做出改变,最终输得血本无归。

32. 不要感情用事

具有讽刺意义的是,虽然许多人参与到股市中来是为了寻找兴奋,但是这些金融怪杰经常说道,不要在交易中掺杂感情,这对投资者来说,也是一条很重要的建议。沃森曾经说过:“你必须不带感情地进行投资。如果你掺杂了感情,那么你就会做出非常糟糕的决定。”

33. 把你的那些个人问题视为你交易中的主要警告牌

健康问题和感情压力有时也能阻碍交易员的成功。例如,库克赔钱的那段时期(在他成为一名连续盈利的交易员以后)恰恰是他的困难时期(比如,受伤,他父亲患了心脏病)。当沃尔顿决定要中断交易时(这是一个突显他是一名成熟的交易员的标志),他正准备和他的妻子离婚。他离婚后的那段期间恰是他那段罕见的赔钱交易的时期。原则就是:如果你的健康现在有问题,或者你正在经历其他方面的个人困难,那么,你一定要注意交易业绩恶化的迹象。在这段时期内,缩减交易规模也许是一个不错的想法。当你初次看到这些迹象时,就要做好停止交易的准备。

34. 分析完成的那些交易,可以洞察未来

分析你完成的那些交易,你也许能够发现一些交易模式,它们本可以用于改善你的未来业绩。例如,米内尔维尼在分析他曾经完成的那些交易中,发现了他的交易模式,要是他能够最大限度地控制他的亏损,那么他的收益就会更高。这种发现帮助他改进他的交易规则,最终也提高了他的交易业绩。

35. 不要担心你看起来有点傻

永远都不要让你的市场决定受限于或者受别人对你的看法的影响。有一个例子,它刚好完美地诠释了担心他人对你的看法带来的危害。在职业生涯的初期,当米内尔维尼做出清仓的决定后,他却没有清仓,反而一直持有,结果亏损了许多钱。这是因为他担心他的经纪人要嘲笑他。

36. 杠杆的危害

具有讽刺意义的是,即使马克·库克在刚刚开始交易时,大多数的交易都取得了成功,但是,由于他过多地使用了杠杆,最终他赔得血本无归。如果你过度依赖于杠杆,那么,它只用一个错误,就能把你从这个游戏中驱赶出去。

37. 头寸大小的重要性

极好的投资业绩不仅需要交易员挑选了合适的股票,而且要相信完成大规模的潜力巨大的交易。基辅医生在看过科恩的交易业绩的统计数据后说道,科恩的近100%的实质性收益都来自于他的5%的交易。科恩本人也大概估计出,在他完成的交易中,大约只有55%的交易是赚钱的交易。这些话语含蓄地暗示出当科恩下大赌注时,他经常是正确的。的确如此,他在决定应该加大油门从事哪些交易方面的能力才是他的成功中的一个必要因素。

又如,即使雷斯卡波是一个系统性的交易员,他偶尔也会在交易中提高杠杆的使用率,只要他认为这些交易的成功胜算率比较高。有趣的是,在这些交易中,他从来都没输过一分钱。

值得说明的是,所有的交易并不都完全一样。那些被认为有着较好的潜在收益/风险能力的交易或者胜算高的交易都应该扩大规模,使其规模比其他交易的规模都要大。当然,“更大规模的交易”根据每个人的能力而各有不同,但是,要明白一个概念,交易员的平均交易规模是100股,而基金经理的平均交易规模是100万股。

38. 复杂并不是成功的必要因素

为了提示交易信号,库克使用了一些交易模式和指示器,它们事实上都非常简单。但是,正是因为他合理地运用了这些交易模式和指示器,他才能取得成功。

39. 要把交易当做一种职业,而不是一种业余爱好

正像库克和米内尔维尼二人指出的那样,“业余爱好花费金钱”。沃尔顿也给出了相似的建议:“要么全力进行交易,要么就不做。不要犹豫不决。”

40. 交易就像其他行业中的生意,也需要完整的商业计划

库克建议道,每位交易员都应该准备一份完整的商业计划,它应该包括下列所有的重要问题:

- 你要在哪个股市上进行交易?
- 你的本金是多少?
- 如何发出买入的指令?

- 哪种类型的股价下跌会让我终止交易和重新评估这些交易?
- 你设定的利润目标是哪些?
- 你会采取哪些步骤来分析这些交易?
- 如果你个人的性格缺点出现,那么,这些交易步骤如何变化?
- 工作环境如何设定?
- 如果交易员完成一笔成功的交易,那么,你该给他多少报酬?
- 要想继续改进交易技巧,交易员应该做哪些事情?

41. 确定那些胜算高的交易

虽然我采访的这些大师们使用的交易方法各不相同,但是,按照他们自己的方式,他们都找到了如何识别那些胜算高的交易的方法。

42. 寻找低风险交易的机会

接受我采访的许多交易员都已经发现了那些关注识别低风险交易的方法。低风险交易的特征就是它包含了两种因素:耐心(因为,只有极少数的想法才会管用)和控制风险(定义中固有的特征)。

43. 确保每做一笔交易,你都要有一个很好的交易理由

正像科恩解释的那样,买进某只股票是因为它的股价“太低”,卖出它是因为它的股价“太高了”,像这样的理由并不是好的理由。沃尔顿又重新诠释了彼特·林奇提出的原则:“如果你不能用四句话说出你为什么要买进这只股票,那么,很有可能,你就不应该买进它。”

44. 使用常识进行投资

沃森从彼特·林奇的模型交易中找到一条线索,他是一个强烈支持常识研究的人。正像他在无数的例子中证明过的那样,一个人经常做的最重要的研究就是简单地去尝试某家公司的产品或者拜访零售商在各个卖场的销售情况。

45. 买进那些难以买到的股票

沃尔顿说过:“当我想要买进股票时,我想看到的事情之一就是这些股票是非常难买到手的股票。当戴尔股价在42美元时我发出买进的指令,但是,当股价在45美元时,买进的指令却被退了回来。我喜欢这样的股票。”米内尔维尼也说过:“那些准备反弹的股票经常是一些很难买到手的股票,它并没有推动市场上涨。”他还说过,“那些不太有技巧的交易员”易犯的错误之一就是“等待购买这些回落的股票,可是他们永远都没有等到”。

46. 不要让先前的价格较低的清算阻止你想要买进的其他股票

沃尔顿认为，他很愿意再次买回他之前曾经卖出的那些股票，即使再次买进时的价格比他卖出时的价格高出许多，这是其中的一个变化，帮助他成为一名成功的交易员。米内尔维尼也强调了需要制订一个退市之后再入市的计划。“否则的话，”他说道，“你就会发现你自己只能眼睁睁地看着这只股票上涨50%或者100%，而你却无能为力。”

47. 如果投资的资金本可以更有效率地用在其他地方，那么继续持有一只亏损股就是一个错误，即使后来它反弹了

当一只股票自从你买进后就开始大幅下跌，这时，作为一名投资者，一定要保持情绪稳定，“现在我应该如何退出市场呢？我不能再继续赔下去了”。即使这是真的，这种想法也让你的资金被那些没出息的股票套牢，从而使你失去更多的交易机会。谈及为什么沃尔顿要在一些股票自从他买进后就下跌了70%时把它们卖出，他这样回答道：“通过清算我的投资组合以及再投资那些更坚挺的股票，我就能够赚回一些钱。要是我继续持有它们，等待它们死猫反弹，那么我就会赔得更多。”

48. 你没有做出全有或者全无的决定

这是一条米内尔维尼提供的建议。如果你不确定你在某个头寸上是否能赚到钱，那么，从部分头寸中赚取一些利润也是无可厚非的。

49. 注意股价对新闻事件的反应

沃尔顿寻找那些在好新闻的影响下股价上涨的股票，但是这些股票对负面新闻几乎没有太大的反应。如果某只股票不能及时地对负面新闻做出反应，那么，按照沃尔顿的话来说，“它还没有受到市场的庇护”。

50. 内部认购是一个重要的确认条件

公司的管理层或者公司愿意购买其自家的股票，这也许不是买进这只股票的充分条件，但是，它的确提供了强有力的肯定性，这只股票是一笔不错的投资。有一些交易员（例如，欧卡姆斯和沃尔顿）都说过，内部认购在他们挑选股票的过程中是一个关键性的因素。

欧卡姆斯重点强调道，内部认购的统计数据需要被客观对待。“我把某人买进股票的数量和他的净资产以及薪酬对比了一下。例如，如果他买进股票的数量超出了他的月薪，那么我就认为这笔交易是显著的。”此外，欧卡姆斯还指出，确保内部认购的股票一定是新发行的股票，而不是买卖期权，这非常有必要。

51. 希望是一个四个字母的单词

库克提出建议,如果你发现你自己说了这样的话:“我希望这个头寸还会再回来。”那么,你不应该买进它,而应该退出市场或者缩减你持有的头寸。

52. 关于投资组合多样化的争论

投资组合多样化经常被人们赞美成一个美德,因为它有益于交易员控制风险。这种论断到目前为止还是有效的,因为总的来说,你用你的资产投资了一只股票或者两只股票,使其处于冒险的境地,这并不是明智的,你应该分散你的投资,购买多只股票。但是,除最低水平以外,投资组合多样化也许有时还会带来不好的结果。例如,欧卡姆斯用下面的语言解释了他为什么要限制用他的资产最多可投资10只股票:“这是一个很简单的逻辑:我的前十个想法经常比我的前一百个想法要管用得多。”

接下来的这些话语并不是对投资组合多样化的争论。的确,一些最小限度的投资组合多样化带来的收益经常是令人满意的。只需要明白一点,虽然这些投资组合多样化是有益的,但是,更多的投资组合多样化有时却是有害的。每位交易员都需要独自考虑清楚,投资组合多样化应该维持在一个什么样的水平线上。

53. 警惕数据处理

如果你处理了足够多的数据,那么,模式就会显而易见——即使你处理的是随机数据。数据处理——让计算机自动循环搜索数据,测试你输入数以万计的数据,旨在发现盈利模式——将带来看起来还不错的交易模式(系统),但是,它并不具备预测的能力。像这样的后见之明的分析诱惑研究员去交易一个毫无价值的系统。通过首先假设市场的行为,再等待测试,而不是盲目地搜寻数据模式,肖避免了这个陷阱。

54. 共同指标和边际指标

肖明确地指出,虽然他的公司识别出来的每个市场低效率不能在交易中赚到钱,但是,这些低效率综合在一起,你就能够发现其中的盈利机会。一般来说,要是这些边际的技术面指标或者基本面指标被我们综合考虑,那么,我们就有可能发现其中的更加靠谱的指标。

55. 除非预期相同的条件在市场上盛行，过去的非常好的收益才可以借鉴

要明白地理解为什么某笔投资（股票或者基金）在过去的那段时间内收益非常好，这十分重要。例如，在上世纪 90 年代，许多收益好的基金都把它的高收益率归功于买进高市值的股票。结果，这些高市值的股票的发行价特别高，与市场上的其他股票相比，它的市盈率也特别高。一个新投资者期望着它们在未来继续能有非常好的收益，但是，事实上，这位投资者正在拿投资作赌注，它要指望这些高市值的股票成为与其他股票相比股价更高的股票。

正像栏目作家乔治·丘奇写过的那样："每一代都有着它自己的性格特征，但是，基本的原因却是一致的：人们坚持认为，不管在过去发生了什么事情，它都会在无限的未来中继续发生，即使它的根基正在发生变化。"

56. 流行能够摧毁一个正确的方法

关于这条原则，一个完全的例证就是上世纪 80 年代的投资组合保险（随着投资的股票价值的下降，连续不断地抛售股指期权，旨在降低裸露的风险）的出现。在使用投资组合保险的初期，投资组合保险为投资者们提供了一个非常合理的策略，当股市下跌时，他们可以控制亏损。然而，随着这个策略越来越受人们的欢迎，它也为它自己的灭亡挖掘了坟墓。在 1987 年 10 月的股市崩盘之前，投资组合保险还在被广泛使用，这也加速了股价下跌拉动投资组合保险被更多人使用的多米诺骨牌的效应，最终使股价更低，而投资组合保险就越被更多人使用。它越被更多的人使用，股价就更低。甚至还有人论断出，单纯地大规模地以远远低于市场的价格销售投资组合保险也是诱发 1987 年 10 月 19 日股市大崩盘的重要因素之一。

57. 就像一枚硬币，市场也有两面性——但是，硬币是不公平的

正像你可以打赌落下来的硬币是正面还是反面一样，你也可以决定买进或者卖空某只股票。但是，这并不像是一个硬币的正反面那样，正反面的概率并不都是 50%：股价长期攀升的趋势将导致人们对卖空股票有一个强大的负面偏见。正像雷斯卡波说过的那样："卖空某只股票是沉默的，因为胜算的概率不高。在过去的几十年中，股市每年都会上涨 10%。为什么你要逆这个潮流而做事呢？"（事实上，这也是我们为什么也要卖空某只股票的一个极好的原因。）

卖空还有另外一个劣势，那就是股价的上涨会封顶。但是，买进一只好的股票，最终会给你带来几倍甚至是几十倍的收益，而最好的卖空交易也仅能给你带来100%的收益（除非这只股票的价格跌至零）。反过来说，买进的交易只能最多有100%的亏损率（假设没有使用保证金），但是，从理论上来说，卖空交易的亏损却没有限制。

最后，除个别股指产品以外，市场一直不利于卖空交易。卖空的交易员不得不借别人的股票，才能卖空他自己持有的股票，这种行为使你自己在未来的某个日期内承担对借来股票的风险，迫使你重新补仓。一般来说，被迫使用卖空交易来补仓的企图将导致股价过高，或者一文不值，其崩盘之前股价狂涨。因此，卖空交易员面临着这笔交易是否是正确的而带来的实实在在的风险，以及由于人为的被迫清仓而带来的亏损的风险。卖空交易面临的另外一个困难就是这些股票只能在报升（股票的成交价格比上一次的价格高）时卖出——这条规则导致卖出的指令发出时，股票只能在比当前市场价格更低的价格上进行交易。

58. 为什么要卖空

由于卖空本身有很多劣势，那么，要卖空某笔交易是蛮干的，得出这样的结论似乎也合情合理。这样的结论合乎情理，但他是错误的。作为一个凭证，请思考下面的这个令人惊讶的事实：在本书中接受我的采访的那些交易员中，十之八九的交易员都曾经使用过卖空这个策略！（唯一例外的交易员就是欧卡姆斯。）很明显，肯定有一些特别的原因让他们使用卖空策略。

理解卖空策略的重要性的关键就是要在一个完整的投资组合背景下看待这些卖空交易，而不是单独地看待这些交易。由于这些交易本身存在着劣根性，卖空交易却有一个非常好的特征：反过来说，它们与投资组合内的其他交易相互关联（当长线股票在赔钱时，这些卖空的交易就很有可能赚钱）。这个特征让卖空成为降低风险的最有帮助的措施之一。

为了明白卖空是如何降低风险的，我们要将下面的两个对投资组合的假设而进行对比。投资组合A仅仅持有长线股，而且当年的收益只有20%。投资组合B同样也持有长线股，但是，除此之外，还增加对一小部分卖空交易的投资。为了让你清楚明白地了解这个例子，假设投资组合B中的卖空交易当年的收益支出恰好平衡。基于以上的两个假设，投资组合B当年的收益仍有20%。但是，却有一个关键的不同之处：投资组合B中的股价下跌的幅度将更小。为什么呢？因为投资组合 B 中的卖空交易随着这个组合内的其他股价的下跌而表现得更好。

在我们上面的例子中，我们假设卖空交易的收益支出平衡。如果某位交易员能够在卖空交易中赚到净收益，那么，这些卖空交易就会给你带来控制风险和增加收益的机会。事实上，即使这些卖空交易本身的收益支出平衡，那么，它也只会给你带来增加收益的机会，并不会带来风险。[①] 怎么会是这样呢？在卖空交易中使用更多的杠杆（如果这个交易员要把全部的资产都用在投资卖空交易上面，那么他就会使用保证金）——可以采用这个措施，而且还没有风险，因为这些卖空交易对投资组合内其他的投资来说是一个保值措施。

你现在应该明白了为什么我采访的这些交易员都用这些卖空交易补充他们的投资组合：这些卖空交易允许他们提高他们的收益/风险率（带来更低的风险，或者更高的收益，或者两者的结合）。

如果卖空交易能够帮助投资组合降低风险，为什么人们会往往认为这是一个高风险的尝试呢？有两个原因。第一个，卖空交易一般都会被人们认为是独立的交易，而不是在一个完整的投资组合内的交易。第二个，卖空交易带来的无限的亏损也将导致巨大的风险。然而，幸运的是，这种风险可以被人为地控制，我们稍后再讨论这点。

59. 卖空交易中的一个不可或缺的原则

虽然卖空交易会降低投资组合内的风险，但是，任何一笔卖空交易的亏损都有可能会远远超出原有的投资资金。例如下面的例子：

• 1998 年 6 月的一笔价值达 1 万美元的关于亚马逊股票的卖空交易在 7 个月的时间内，亏损额高达 12 万美元。

• 1998 年 10 月的一笔价值达 1 万美元的关于易趣股票的卖空交易在 7 个月的时间内，亏损额高达 23 万美元。

• 1997 年 1 月的一笔价值达 1 万美元的关于雅虎股票的卖空交易在两年的时间内，亏损额高达 68 万美元。

---

① 为了更加准确地解释这个问题，这句话也同样适用于投资组合内的卖空交易带来的净亏损，但是，更全面地阐释这个问题将超越本书的权限。

这些例子已经清楚地论证了，只需要在卖空交易中做出一个错误的决定就能抹去这个账户。由于从理论上来说，这些卖空交易有着无限的风险，对于卖空交易来说，其中一条关键的原则就是：制订一个针对于止损的计划，然后，严格遵守这个计划。

下列是我采访过的那些交易员提及的一些控制卖空交易中的风险的方法：

• 当某笔卖空交易达到预先设定的最大亏损点时，即使这个交易员的看跌分析完全没有发生变化，那么，也要立即清仓。正像沃尔顿说过的那样："即使我深信这个公司最终要破产，我也要补它。我不会让投资组合内的卖空交易的1%的亏损演变成5%的亏损。"

• 限制卖空交易在投资组合内的最高比例。因此，随着卖空交易的股价的攀升，这个头寸最终必须要降低，以阻止卖空交易在这个投资组合内所占的比例上升。

• 卖空交易要在短期内完成，经常和一个具体的刺激因素有关，比如一份收益报告。不管这笔交易是赚钱还是赔钱，交易员都要在几周内或者甚至几天内完成清仓。

60. 识别哪些交易是卖空交易（或者股票，不适用于那些只买进股票的交易员）

加兰特只关注卖空交易，她一直都在潜在的卖空交易中寻找下列的危险信号：

• 高应收账款（大笔的显著的商品或者服务费用）；

• 更换会计师；

• 频繁更换财务总监；

• 某家公司责怪卖空交易员带动了其股票的价格的下跌；

• 某家公司完全改变了他们的核心业务，以迎合当前股市追捧的产品或者服务。

此外，这些被特别注意的股票还需要满足另外三个条件。只有在满足这些条件以后，才能进行做空交易。这些条件如下：

• 非常高市盈率；

• 一个刺激因素，引起股价在近期内产生剧烈波动；

• 一个已经停止的或者完全相反的上升趋势。

沃森认为,完美的卖空交易就是高市值的只有一种产品的公司。他寻找那些公司,它们的未来的销售是有弱点的,由于它们的唯一或者主要产品承受不起打折带来的销售额的下降,或者是因为竞争对手可以随意进入市场与其竞争。

61. 使用期权,以表示特定的价格预期

普遍的期权价格将反映出这个假设:价格运动是随意的。如果针对于某只股票的价格在未来有可能会发生变动,你设定了特定的价格预期,那么,你就很有可能会识别出哪些期权交易具备了潜在的更高收益(在同等的风险水平线上),而不是买进某只股票。

62. 卖出你想买进的那些股票的价外卖出期权

这是欧卡姆斯使用的一个技巧,它对许多投资者来说很有益,但是,只有极少数的投资者才会使用它。对投资者来说,这个想法就是在执行价格上卖出卖权,而且投资者也想在执行价格上买进这只股票。如果这只股票未能下跌到你有意购买的价格上,这个策略将保证你能赚到一些利润,而且,如果它真的达到了你有意购买的价格上,那么,由于你已经收到了一笔期权保证金,这个策略将帮助你降低你的交易成本。

例如,让我们假设 XYZ 公司的股票的交易价格是 24 美元,而且,你想要在 20 美元时买进它。一般来说,要实现这个投资目标,你就会在价格上限是 20 美元时,发出买进这只股票的指令。欧卡姆斯建议使用的另外一个方法就是在 20 美元时卖出卖权。用这种方法,如果这只股票未能下跌到 20 美元,那么,从卖出卖权中,你至少能赚到一笔钱。从卖出期权的定义上来说,在期权结束之后,这笔交易将一文不值。另一方面,如果这只股票下跌到 20 美元以下,卖权的买家将执行这个期权合约,最终你将在 20 美元时长期持有这只股票,这个价格也是你想要买进时的价格。此外,在后者的假设中,由于你已经卖出了这个卖权,你就会得到一笔期权保证金,事实上,你的买入价就降低了。

63. 华尔街上的那些研究报告往往都具有偏见性

有一些交易员都提到了华尔街上的那些研究报告往往都具有偏见性。沃森也说过这种偏见性,由于投资银行的关系——一般来说,那些分析师都感到一种莫名的压力,迫使他们偏向性地发布一些公司的股票,即使他们一点儿都不喜欢这些股票。这些公司往往是分析师所在公司的客户。

64. 成功的普遍性

本章旨在总结那些决定成功交易和成功投资的因素。但是,我相信,成功的交易需要的相同特征同样也适合于其他领域中的成功。实质上,除极个别的针对具体市场情形的条目外,列举的这些所有条目都是一个指导你通过努力能够取得成功的蓝图。

附录:期权——基本概述

股票期权有两种:买入期权和卖出期权。买进买入期权为买方提供权利——但不是义务——在一定期间内按照约定的价格或者执行价格来买进一定数量的股票(或者其他金融工具)。卖出期权为买方提供权利——但不是义务——在期权合约结束之前的任何一段时间内按照执行价格卖出一定数量的股票。(注:因此,购买一个卖出期权是一笔看跌的交易,然而卖出一个卖出期权却是一笔看涨的交易。)期权的价格叫做佣金。例如一个期权,IBM 在 4 月份的一个买入期权赋予买方在合约期间内的任何时候都能够以每股 130 美元的价格买进 100 股的权利。

买入期权的买方通过锁定一个特定的购买价格,能够从预期的价格上涨中获利。购买期权的买家可能遭受的最大亏损等同于购买期权时支付的佣金。如果执行价格高于普遍的市场价,那么最大亏损只发生在该期权的期限内。例如,当以 130 美元购买 IBM 的期权结束时,如果 IBM 的交易价格是 125 美元,那么这个期权在合约结束时将一文不值。如果在合约结束时市场价格高于执行价格,那么,这个期权将很有价值,而且也会被继续执行下去。但是,如果市场价格和执行价格之间的差额少于购买期权而支付的保证金,那么,这笔交易的净收入仍然显示的是亏损。为了让买进期权的买方实现净利润,那么,在买入这个期权时,市场价格和执行价格之间的差额必须超过所支付的佣金(根据佣金成本进行调整后)。市场价格越高,所得的利润就越大。

卖出期权的买方通过锁定销售价格,从而能够从预期的股价下跌中获取利润。就像买入期权的买方一样,他可能遭受的最大损失受到他在购买这个期权时支付的保证金数额的限制。在卖出期权的合约内,如果执行价格超过市场价格的差额超出购买这个期权的佣金,那么,这笔交易就能得到净利润(根据佣金成本进行调整后)。

由于买入期权和卖方期权的买方有限制的风险和无限制的潜在收益,反过来对卖家来说也是同样的道理。如果期权被执行,那么期权的卖方(经常被称为承销商)接受了保证金,但是,他需要以承担在执行价格上实行一个完全相反立场的义务为代价。例如,如果某个买入期权被执行,卖方必须在潜在的市场中以执行价格假设一个空头(因为,由于这个期权被执行了,买方必须在那个执行的价格上假定一个多头)。

买入期权的卖家从预测的下跌市场的行情中获得利润。在这种情况下,卖出这个买入期权而获得的保证金提供了最有吸引力的交易机会。然而,如果交易者希望股价能够大幅下跌,那么,他通常会更好地做空潜在的市场或者买进一个卖出期权——像这样的交易最终肯定会有潜在的利润。以类似的方式,卖出期权的卖方从预测上升的市场行情中获取利润。

一些新手不理解为什么交易员总是不愿意买进股票期权(买入期权或者卖出期权,这要依赖于市场行情),因为像这样的交易往往都有着潜在的无限的和有限的风险。这种迷惑不解反映出他们没有把概率考虑在内。尽管从理论上来说,期权卖家的风险是无限制的,但是,最有可能发生的价格水平(也就是说,当期权交易发生时,价格很接近当时的市场价格)将会给卖方带来净利润。大概来说,期权的买方愿意接受大概率的小损失,而不愿意承担小概率的高额亏损,期权的卖方只愿意接受在很小概率基础上才能拥有高额亏损的代价,换来大概率基础上才能实现的小收益。在有效的市场中,不管是连续买进期权的买方还是连续卖出期权的卖方在长时期内都不会有任何明显的优势。

期权的保证金包括两部分:固有价值和时间价值。一个买入期权的固有价值是当前市场价格高出执行价格的差额。(一个卖出期权的固有价值则是当前市场价格低于执行价格的差额。)事实上,如果期权以当前市场价格进行交易,那么,属于保证金的一部分的固有价值也可能被实现。这个固有价值是一个期权中的基本价格。为什么呢?因为,如果保证金低于固有价值,那么,交易者可能就会买下并执行期权,而且能够马上抵消股市中的不利因素——头寸,因此才能实现一个净利润(假设交易者能够以最低的交易成本进行补进)。

那些有固有价值的期权(换句话说,执行价格低于市场价格的买入期权以及执行价格高出市场价格的卖出期权)称为有利期权。那些没有固有价值的期权被称作是亏本期权。那些执行价格和市场价格非常接近,那么这种期权叫做成本期权。

一个亏本期权,从定义上来说,其固有价值相当于零,仍然有一些价值,因为在期权期限内,市场价格有可能超越执行价格。一个有利期权会有一个远远高于固有价值的价值,因为这个期权的头寸将有利于当前市场内的头寸。为什么呢?因为期权和市场头寸在价格波动有利的情况下都会同等获利,但是,期权的最大亏损却是有限的。超出固有价值的那部分保证金就是时间价值。

下面的三个因素就是影响一个期权的时间价值的最重要的因素,它们分别是:

1. 执行价格和市场价格之间的关系。那些亏本期权几乎都没有时间价值,因为在期权合约期间内,市场价格不可能和执行价格接近——或者超出执行价格。那些有利期权也几乎都没有时间价值,因为这些期权的头寸和现行市场的头寸非常相似——除了一个极端不利的价格走向以外,都能同等盈利或者同等亏损。换句话说,对于一个有利期权来说,控制风险是没有用的,因为执行价格与当前市场价格相距甚远。

2. 剩余的时间一直持续到合约期满。在合约期限内的剩余时间越长,这笔期权就越有价值。这是正确的,因为在期限未满之前,一个更长的生命周期就会增加固有价值增长的可能性。

3. 不稳定性。在期权合约期限内,时间价值因对当前市场预测的不稳定性而各不相同。之所以会有这样的结果,是因为更大的不稳定性会增加固有价值的增长的可能性。换句话说,不稳定性越大,市场可能波动的价格范围就会增大。

虽然不稳定性是决定期权保证金的一个极其重要的因素,但是,在这里应该强调的是,市场未来的不稳定性从来就不能被人们确切地知道,除非我们已经知道了事实以后(相反,剩余的时间一直持续到合约期满以及市场价格和执行价格之间的关系这两个因素在任何时候都可以确切地被人们知道)。因此,不稳定性必须在历史的不稳定性的数据基础上进行预测。市场价格暗示的未来不稳定性就被称作暗示的不稳定性,它也许要高出或者低于历史的不稳定性。